고즈원은 좋은책을 읽는 독자를 섬깁니다.
당신을 닮은 좋은책 — 고즈원

개정판
김동환의 다니엘 학습법

김동환 지음

개정판 1쇄 발행 | 2007년 9월 10일
개정판 22쇄 발행 | 2025년 11월 20일

저작권자 ⓒ 2007 김동환
이 책의 저작권자는 위와 같습니다. 저작권자의 동의 없이
내용의 일부를 인용하거나 발췌하는 것을 금합니다.
Copyright ⓒ 2007 by Kim Dong Hwan
All rights reserved including the rights of reproduction
in whole or in part in any form. Printed in KOREA.
이 책은 '규장'에서 2002년 5월 8일 1판 1쇄 발행한
『다니엘 학습법』을 새로 펴낸 것입니다.

발행처 | 고즈원
발행인 | 고세규
신고번호 | 제313-2004-00095호
신고일자 | 2004. 4. 21.
(121-896) 서울특별시 마포구 동교로13길 34 (서교동 474-13)
전화 02)325-5676 팩시밀리 02)333-5980

값은 표지에 있습니다.
ISBN 978-89-91319-96-7

고즈원은 항상 책을 읽는 독자의 기쁨을 생각합니다.
고즈원은 좋은책이 독자에게 행복을 전한다고 믿습니다.

김동환의 다니엘 학습법

개정판

김동환 지음

제가 공부하는 데 은사가 있다면 그것은 말씀에 기초하여 하나님의 뜻대로 기도하고, 말씀을 읽고 암송하며, 공부에 대한 분명한 목표를 세우고 집중했기 때문입니다. 부모님은 제가 어렸을 때부터 기도와 말씀에 기초한 신앙과 생활 훈련을 해오셨습니다. 비결이라면 다른 게 없습니다. 바로 '말씀'과 '기도' 뿐입니다.

고즈윈 God'sWin

부족한 자식을 위해 한평생 눈물로 기도하신
어머니를 생각하면 눈물이 앞을 가립니다.
그 은혜 평생 갚아도 갚을 수 없음을 고백합니다.
사랑하고 존경하는 나의 믿음의 스승님이신
어머니 박삼순님께 이 책을 바칩니다.

프롤로그

신앙과 실력이 겸비된 21세기 다니엘을 기다리며

이 시대의 다니엘을 꿈꾸며

고 3 때까지도 저는 어머니에게 피멍이 들 정도로 많이 맞았습니다. 그 자국을 본 친구들은 성적도 좋은 너를 네 어머니는 왜 그렇게 때리느냐며 놀라곤 했습니다. 그러나 제가 맞은 이유는 간단합니다. 하나님 말씀대로, 그리스도인답게 살지 못했기 때문입니다. 예수님을 믿게 되면서 우리 집에는 대원칙이 하나 생겼습니다.

"기도하지 않으면 공부하지 마라. 성경 읽지 않으면 밥 먹지 마라."

어쩌면 황당한 말 같지만 저는 그렇게 교육을 받았습니다. 어머니는 매일 정해진 양의 성경을 보도록 훈련시키셨고 매일 정해진 시간에 기도하지 않으면 공부할 필요가 없다고 늘 말씀하셨지요.

"너는 하나님의 자녀이고, 왕 같은 제사장이다. 너는 너를 위해 살려고 이 땅에 태어나지 않았다. 너는 하나님의 영광을 위해 사는 그리스도인이다. 그리스도인은 먹든지 마시든지 무엇을 하든지 하나님의 영광을 위해서 사는 사람이다. 그러니 하나님과의 대화이자 그리스도인의 호흡인 기도를 하지 않고 영혼의 양식인 성경말씀을 보지 않은 채 육(肉)의 양식을 먹으려는 생각을 하지 마라. 아무리 시험공부가 중요하고 대학이 중요하다고 해도 그 일은 모두 하나님의 영광을 위해서 해야 한다. 어떤 일도 하나님의 영광보다 중요한 것은 없다. 하나님의 말씀인 영(靈)의 양식을 먹지 않으면서, 그 시간이 아깝다고 성경을 보지 않고 기도하지 않는다면 그런 공부는 할 필요가 없다."

하나님 말씀은 제게 곧 삶의 법(法)이었습니다. 말씀에 비추어 합당하게 행하지 않으면 어김없이 종아리에 피멍이 들고 말았습니다. 그렇게 많이 맞았건만 저는 지금 어머니께 너무나 감사합니다. 내 종아리에 피멍이 들 때마다 그리스도인으로 사는 것이 무엇인지 뼛속 깊이 각인되었기 때문이지요.

| 잠 23:13-14 |

아이를 훈계하지 아니치 말라. 채찍으로 그를 때릴지라도 죽지 아니하리라. 그를 채찍으로 때리면 그 영혼을 음부에서 구원하리라.

서울대학교에서 2년간 캠퍼스 사역을 하면서, 그리고 대학에 들어가고부터 지금까지 청소년 사역을 하면서 저는 수많은 청소년과 청년들을 만났습니다. 그들을 볼 때마다 가슴이 설렙니다. 동시에 심한 절망감도 느낍니다. 우선 하나님이 그들 한 사람 한 사람에게 가지고 계신 놀라운 사랑과 계획을 생각할 때면 그 감격으로 가슴이 벅차 옵니다. 그 한 사람 한 사람이 너무나 귀한 하나님의 자녀이고 하나님이 귀하게 쓸 종들이기 때문입니다. 그러나 그들이 쓰레기 같은 인본주의 쾌락 문화에 찌들어 살아가는 모습을 볼 때, 그들이 가진 정금보다 귀한 믿음이 훼손되고 왜곡되고 병들어 있는 모습을 볼 때, 너무나 화가 나서 온몸이 떨립니다.

하나님을 위하는 다니엘처럼

과연 이 거대한 인본주의 쾌락 문화 한가운데에 있는 청소년에게 이 시대의 다니엘을 기대해도 좋을지, 생각해 보면 가슴이 떨립니다. 불가능한 일입니까? 온 나라가 성적 지상주의와 명문대 지상주의에 매몰되어 성적이라는 기준 하나로 사람을 판단하는 이 시대에 저는 믿음의 후배들에게서 이 시대의 다니엘을 꿈꾸지 않을 수 없습니다. 하나님은 패역한 인본주의 쾌락 문화가 휩쓰는 21세기에 하나님의 마음을 흡족하게 하는 준비된 일꾼, 이 시대의 다니엘을 찾고 계십니다.

| 단 1 : 8 |

다니엘은 뜻을 정하여 왕의 진미와 그의 마시는 포도주로 자기를 더럽히지 아니하리라 하고 자기를 더럽히지 않게 하기를 환관장에게 구하니.

| 단 6 : 10 |

다니엘이 이 조서에 어인이 찍힌 것을 알고도 자기 집에 돌아가서는 그 방의 예루살렘으로 향하여 열린 창에서 전에 행하던 대로 하루 세 번씩 무릎을 꿇고 기도하며 그 하나님께 감사하였더라.

그는 도대체 무슨 마음으로 바벨론이라는 거대 제국의 환관장에게 왕이 주는 진미와 포도주를 먹지 않겠다고 말할 수 있었을까요? 다니엘은 목숨이 서너 개라도 되었던 것일까요? 죽음이 두렵지 않았던 것일까요? 다른 포로들은 황송하고 감사한 마음으로 왕이 주는 음식을 받아먹는데 왜 유독 다니엘은 그것을 먹을 수 없다고 말했을까요? 다른 포로들처럼 그냥 먹을 수는 없었을까요? 다니엘서를 읽을 때마다 저는 이런 생각을 해 봅니다. 어린 다니엘은 하나님에 대한 바른 신앙의 절개를 지키기 위해 우상에게 바쳐진 왕의 진미와 포도주를 먹지 않겠다고 목숨을 걸었습니다. 뜻을 정했습니다. 거대 제국의 권력의 핵심인물 환관장은 눈에 보이는 왕을 두려워하여 다니엘에게 왕이 주는 음식을 먹으라고 강권했지만 소년 다니엘은 눈에 보이는 바벨론의 왕보다는 눈에 보이지 않는 하나님을 두려워했습니다.

하나님에게 기도하면 죽임을 당하는 상황에서도 다니엘은 하루 세 번 하나님께 기도하는 일을 그치지 않았습니다. 권력자가 되면 자신의 안위와 안정을 지키기 위해 타협해야 할 가능성도 많아집니다. 그런데 어떻게 죽을 줄 알면서도 하나님께 감사하며 기도할 수 있었을까요? 그냥 속으로만 기도하고 하나님께 이해해 달라고 기도할 수도 있었을 텐데 말입니다. 다니엘은 왜 타협의 여지없이 온전히 하나님만 바라보았을까요? 21세기 인본주의 문화에 철저하게 찌들어 사는 우리에게는 너무나 이해하기 어려운 일입니다.

하지만 다니엘의 행동을 보며 하나님은 얼마나 기쁘셨을까요? 하나님의 마음을 아프게 해 드리지 않기 위해 자신의 목숨을 아끼지 않았던 다니엘의 모습을 보면서 하나님이 그를 얼마나 측은히 여기며 기뻐하셨을지 생각해 보셨습니까? 하나님은 인본주의와 타협하지 않은 다니엘을 보면서 너무나 기뻐하셨습니다.

그런 그에게 하나님은 지혜와 지식을 허락하여 주십니다.

| 전 2:26 |

하나님이 그 기뻐하시는 자에게는 지혜와 지식과 희락을 주시나, 죄인에게는 노고를 주시고 저로 모아 쌓게 하사 하나님을 기뻐하는 자에게 주게 하시나니, 이것도 헛되어 바람을 잡으려는 것이로다.

21세기의 쓰레기 같은 인본주의 쾌락 문화 속에 찌들어 살고, 적당히 세상과 타협하며 하나님을 믿고 있는 믿음의 후배들에게 과연 이 시대의 다니엘을 꿈꿀 수 있습니까? 시험이 다가오면 주일에도 교회에 안 가고 집에서 혹은 학원에서 시험공부 하는 것이 당연하고, 고3이 되면 으레 1년간 교회에 가지 않는 것이 관례화되어 있는 지금과 같은 성적 지상주의 시대에 다니엘과 같이 타협하지 않는 신앙, 지조와 절개를 지킨 온전한 신앙을 기대할 수 있는지 묻고 싶습니다.

하나님을 위해 뜻을 정하는 자

많은 사람들이 기대할 수 없다고 말합니다. 그들의 이야기를 들어 보면 정말 절망적이고 참담한 상황입니다. 하지만 제게는 꿈이 있습니다. 패역한 인본주의 시대와 타협하지 않으며, 오히려 그것을 하나님의 방향으로 변혁할 이 시대의 다니엘들이 사회 각 영역에서 우뚝 서는 모습을 꿈꾸고 있습니다. 저는 이 꿈을 버릴 수 없습니다.

저는 이 책을 보는 사랑하는 믿음의 학부모님들과 후배들에게 이 꿈을 나누고 싶습니다. 우리가 이 꿈을 실현할 수 있다는 믿음을 심어 주고 싶습니다. 이 책을 읽는 모든 이들이 이 시대의 다니엘이 되기로 뜻을 정할 것을 소망합니다. 저는 그렇게 이 시대의 다니엘을 꿈꿉니다. 이 패역한 시대에는 하나님이 귀하게 쓰실 더욱더 많은 준비된 일꾼들이 나와야 하며 또 나올 수 있습니다. 바알에게 무릎 꿇지 않은 칠천 명을 남겨 두셨던 하나님은 패역한 이 21세기에도 여전히 그분의 종들을 준비시키시고 그분의 일을 위해 사용하십니다. 이 시대의 다니엘은 과거의 다니엘이 그러했듯이 하나님의 영광을 위해 뜻을 정하고 그렇게 사는 사람들입니다. 부디 사랑하는 믿음의 후배들이 지금이라도 그리스도인으로서 정체성을 바로 깨달아 하나님을 위해 살고 공부하기로 뜻을 정하기 바랍니다.

이 책이 나오기까지 참 많은 분들이 도와주셨습니다. 먼저 하나님께 전적으로 모든 영광을 돌려드립니다. 나의 믿음의 스승이신 어머니 박삼순 전도사님께 감사합니다. 어머니의 눈물의 기도가 없었다면 지금의 내가 있을 수 없고 앞으로의 나도 있을 수 없을 것입니다. 지금도 새벽마다 눈물이 마르지 않는 어머니를 보면서 저 역시 그 길을 가리라고 다짐합니다. 사랑하는 가족—다정하신 아버지 김학열 집사님, 정말 멋진 동생, 귀한 누나— 모두에게 감사드립니다.

특별한 사랑과 훈계를 주신 사랑의 교회 옥한흠 목사님과 친동생처럼 아껴 주시며 목회자의 본을 보여 주시는 존경하는 홍문수 신반포 교회 담임 목사님, 저를 늘 기도와 사랑으로 도와주시는 신반포 교회 성도님들과 대전 면류관교회 천태일 목사님께 감사의 말씀을 전합니다. 부족한 저를 위해 늘 쉬지 않고 기도해 주시는 그 사랑에 가슴 깊이 감사드립니다. 그리고 저를 기도해 주는 모든 분들에게 머리 숙여 감사드립니다.

2007년 8월
김동환

Contents

프롤로그 ■ 7

1 예수께 붙은 학생은 실력도 하늘을 난다

다른 비결이 없습니다. 오직 말씀과 기도뿐입니다. 하나님의 뜻대로 기도하며, 말씀을 읽고 암송하며, 공부에 대한 분명한 목표를 세우고 집중해야 합니다.

1. 은혜로 한 서울대 수석졸업 · · · · · · 19
2. 신앙교육 특급비밀 · · · · · · 28
3. 시련의 날들을 기도로 돌파하다 · · · · · · 41

2 하나님의 영광을 위하는 학생은 공부 자세도 다르다

제가 공부하는 것은 나만을 위해 하는 것도 아니고 나중에 출세하기 위해서도 아닙니다. 다만 내가 하나님의 일을 하기 위해 준비된 일꾼이 되기 위해 이 공부를 하려는 것입니다.

4. 수업 시간은 예배시간 · · · · · · 55
5. 세상 욕심으로 공부하는 사람보다 더 열심히! · · · · · · 66
6. 서울대의 이상한 학부생 · · · · · · 76
7. 공부보다 더 중요한 것이 있다 · · · · · · 99
8. 특공 제자훈련 희망 야학 사역 · · · · · · 112

3 내 자녀 다니엘로 키우려는 학부모의 필수 교육지침

자녀를 위해 눈물로 기도하지 않으면 밥을 먹지 않겠다고 결심하십시오. 자녀를 위해 눈물로 기도하지 않으면 내가 살지 않겠다고 결심하고 그대로 행하십시오.

- 9. 유산보다 신앙을 물려주십시오 ･･････････ 139
- 10. 신앙과 학업이 조화를 이루게 하십시오 ･･････ 155
- 11. 인본주의 교육은 아이들의 영혼을 죽입니다 ･･･ 171
- 12. 신본주의 교육헌장 ･････････････････ 188

4 예수께 붙은 학생을 위한 성적 상승 노하우

아직 여러분에게는 하나님 안에서 역전의 기회가 얼마든지 있습니다. 절대로 포기하지 마시고 조금만 더 힘을 내서 뜻을 정해 다시 시작하십시오.

- 13. 뜻을 정한 초등학생을 위한 신앙훈련과 학습지침 ････ 201
- 14. 뜻을 정한 중고생을 위한 신앙훈련과 학습지침 ･････ 220
- 15. 뜻을 정한 크리스천 학생의 자기 관리법 4가지 ･････ 240
- 16. 다니엘 학습법 십계명 ････････････････ 270

에필로그 ■ 291

부 록 다니엘 아침형 Study Map ■ 303

1

예수께 붙은 학생은 실력도 하늘을 난다

다른 비결이 없습니다. 오직 말씀과 기도뿐입니다.
하나님의 뜻대로 기도하며, 말씀을 읽고 암송하며,
공부에 대한 분명한 목표를 세우고 집중해야 합니다.

■ ■ 제가 공부하는 데 은사가 있다면 그것은 말씀에 기초하여 하나님의 뜻대로 기도하며, 말씀을 읽고 암송하며, 공부에 대한 분명한 목표를 세우고 집중했기 때문입니다. 부모님은 제가 어렸을 때부터 기도와 말씀에 기초한 신앙과 생활 훈련을 해 오셨습니다. 비결이라면 다른 게 없습니다. 바로 말씀과 기도뿐입니다.

1 은혜로 한 서울대 수석졸업

> '걸어 다니는 종합병원'이라는 별명이 붙을 정도로 연약한 제가 우리나라에서 가장 좋다는 서울대학교에서, 가장 우수한 성적으로 졸업할 수 있었던 것은 말 그대로 하나님의 은혜입니다. 하나님이 주신 지혜와 지식의 은사로 이런 결과를 낳았습니다.

졸업식장 진풍경

2000년 2월 정든 서울대학교를 떠나던 그날은 무척이나 따뜻했습니다. 저는 학생 대표로 김대중 전 대통령께 상을 받고 이희호 여사께 격려의 말을 들었습니다. 남들은 우수한 성적으로 졸업하는 것을 축하하며 환호해 주었지만 저는 그저 담담했습니다.

그 자리에는 사랑하는 부모님과 가족, 그리고 제 제자들이 자리해 있었습니다. 그 특별한 친구들은 제가 야학에서 가르쳤던 학생들이었습니다. 아버지가 IMF 때 실직하여 한때 공부를 포기하려 했던 경수, 진성이, 수철이….

공부는 은사다

저는 서울대학교를 졸업할 당시 다섯 과목의 A제로를 뺀 전 과목에서 A플러스를 받았습니다. 대학교 4년을 점수로 환산하면 99.26으로, 저처럼 서울대학교를 수석 졸업하신 원종수 권사님보다 훨씬 더 좋은 성적이라고 알고 있습니다.

사람들은 서울대학교를 수석으로 졸업했다는 사실 하나만으로 제가 보통사람과 많이 다를 거라고 생각합니다. 대학교 재학 시절에도 학생들이나 교수님들은 모두 늘 저를 보며 "저 아이는 무언가 다르다. 결코 평범하지 않다."고 말했습니다.

그러나 저는 누가 보아도 평범합니다. 엄밀히 말하면 평범보다 훨씬 못합니다. 저는 퇴행성 디스크라는 병 때문에 매일 병원에서 치료를 받으면서 학교를 다녀야 했습니다. 대학에 다니는 동안 허리가 아파 엠티도 가 보지 못했을 정도로 몸이 많이 아팠습니다. 앉아 있으면 허리가 너무 아파 서서 밥을 먹어야 할 때도 많았습니다. 그리고 대학을 졸업한 지금도 여전히 병원에서 치료를 받고 있습니다.

지금 아무리 생각하고 또 생각해 보아도 '걸어 다니는 종합병원'이라는 별명이 붙을 정도로 연약한 제가 우리나라에서 가장 좋다는 서울대학교에서, 가장 우수한 성적으로 졸업할 수 있었던 것은 말 그대로 하나님의 은혜입니다. 하나님이 주신 지혜와 지식의 은사로 이런 결과를 낳았습니다.

제가 공부하는 데 은사가 있다면 그것은 말씀에 기초하여 하나님의 뜻대로 기도하며, 말씀을 읽고 암송하며, 공부에 대한 분명한 목표를 세우고 집중했기 때문입니다. 부모님은 제가 어렸을 때부터 기도와 말씀에 기초한 신앙과 생활 훈련을 해 오셨습니다. 비결이라면 다른 게 없습니다. 바로 말씀과 기도뿐입니다.

너무나 쉽고(?) 어처구니없이 간단한 답이라고 생각하실지 몰라도,

저는 잠언 1장 7절과 야고보서 1장 5절 말씀 그대로 믿고 어릴 때부터 기도하며 열심히 공부했습니다. 물론 지금도 그렇습니다. 서울대학교에서는 매년 수석 졸업생이 나옵니다. 그렇지만 하나님을 믿는 학생이 어떤 식으로 공부해서 그렇게 좋은 성적을 내고 졸업했는지는 잘 모릅니다.

구약성경 잠언 1장 7절에 이런 말씀이 있습니다.

"여호와를 경외하는 것이 지식의 근본이거늘 미련한 자는 지혜와 훈계를 멸시하느니라."

저는 바로 이 말씀을 붙잡았습니다. 그러면 이제부터 어떻게 해서 제가 이 말씀을 받게 되었고, 이 말씀에 따라 살아왔는지 외람되나마 그간의 저의 짧은 삶을 펼쳐 보겠습니다.

사실 저희 집은 전형적인 유교 집안이었습니다. 한학(漢學)을 공부하신 할아버지는 도포에 갓 쓰고 긴 수염을 날리며 사셨습니다. 외가 역시 유교와 불교가 혼합된 색채가 농후한, 절에는 다녀도 교회 근처에는 얼씬도 않던 집안이었다고 합니다. 집안 식구들은 때마다 제사를 지냈습니다. 특별히 기독교에 대해 부정적인 인상이 강했는지, 예수 믿는 사람이 집에 오면 어린 저도 대문 앞까지 나와 소금을 뿌리곤 했습니다.

어릴 때 밖에서 놀다가 집에 들어가면 어머니는 항상 누워 계셨습니다. 어머니는 아버지와 결혼하고 서울로 올라온 다음부터 조금씩 몸이 아프기 시작하셨다고 합니다. 삼 남매를 돌볼 기운조차 없을 정도로 어머니의 병은 좀체 낫지 않았습니다. 급기야 시골에 있던 친척 누이가 저희 삼 남매를 돌보기 위해 올라올 정도로 어머니의 건강은 나빠졌습니다. 그러나 제가 일곱 살이 되던 해에 어머니는 깨끗이 병이 나았습니다. 그 일을 계기로 저희 집안은 모두 예수님을 믿게 되었습니다.

아픈 어머니

집에서 보는 어머니는 항상 자리에 누워 계신 모습이었습니다. 어린 마음에 그 사실이 저를 너무나 힘들게 했습니다. 그에 대한 반작용이었을까요? 저는 밖에서는 굉장히 활발하고 누구보다 장난도 잘 치는 장난꾸러기에, 골목대장 노릇도 도맡아 하곤 했습니다. 집에는 되도록 늦게 들어갔습니다. 집에 들어가 봐야 어머니는 항상 자리보전이시고 집안 분위기는 늘 어두웠기 때문입니다. 그래도 집에 들어가면 비록 나이는 어렸지만 곧장 안방으로 달려가 어머니 다리도 주물러 드리고 이마에 손도 올려 보는 그런 아이였습니다.

어머니의 병 치료차 큰 병원이란 병원은 안 다녀 본 데가 없었으나 병세가 호전되기는커녕 점점 심해지기만 했습니다. 하나같이 병의 원인이 무언지 알 수 없다고 입을 모았습니다. 현대의학으로도 어찌해 볼 수 없어 어머니는 불공을 드린다고 절에도 다니고, 유명한 무당을 불러 굿도 여러 차례 했습니다. 특히 저는 굿을 하는 것이 너무나 무섭고 싫었습니다. 그래서 항상 굿판이 벌어질 때는 집에 있지 않고 멀찍이 나가 있다가 다 끝날 때쯤 되어서 돌아오곤 했습니다.

병석에 누운 어머니는 누나에게 피아노를 가르칠 만큼 음악을 사랑하셨습니다. 저는 그런 어머니께 노래를 불러 드리고, 재롱도 부리며 위로해 드렸습니다. 집으로 돌아오면 그날 있었던 일들을 시시콜콜 어머니께 말씀드렸습니다. 그러면 어머니는 잠잠히 제 얘기를 들어주곤 하셨습니다. 그러나 저의 재롱이나 위안이 아픈 어머니를 근본적으로 낫게 해 드릴 방도는 되지 못했습니다. 어머니는 결국 모든 것을 포기하고 죽는 날만 기다리는 심정이 되셨다고 합니다.

당시 제 누나를 지도하던 피아노 선생님이 크리스천이었습니다. 줄기차게 어머니에게 전도해 오던 그분이 어느 날 어머니에게, "한 번이라도 교회에 가 보세요. 다른 것은 다 해 봤지만 교회에는 가 보지 않았잖아요." 하더랍니다. 그때까지도 어머니는 절대 교회에 나가면 안 되는 줄 알고 계셨습니다. 불교신자가 교회에 나가면 노여움을 산다는 기복신앙이 있으셨나 봅니다. 자신이 아픈 것은 괜찮지만 혹 자녀들에게 해가 되지 않을까 하여 교회에 나가는 것을 한사코 거부해 왔다고 하셨습니다. 그런데 어느 날 그 선생님께서 이런 말씀을 하셨답니다.

"만약 동환이 엄마 이렇게 젊은 나이에 죽으면 어린 삼 남매는 누가 돌보고 키우겠어요. 동환이 아빠 저렇게 매일 술 드시는데 혹시라도 아이들 고아원에라도 가게 되면 어떡해요. 동환이 엄마가 이렇게 죽는 날만 기다리면 안 되잖아요. 나와 함께 교회에 한 번만 가 봐요."

어머니는 그동안 내심 교회에 가 보고 싶었지만 혹시나 자녀들이 조상귀신의 노여움을 사서 좋지 못한 일이 생길까 봐 그것이 두려워 차마 가지 못했다고 합니다. 저는 그 이야기를 들으면서 정말 눈물이 많이 났습니다.

'자식이 뭔데 왜 어머니는 자기 몸이 그렇게 아픈데도 자식들부터 생각하시는 것인지…'

어머니는 아이들이 고아원에 갈 수도 있다는 선생님의 이야기를 듣고 깜짝 놀랐다고 합니다. 그리고 어떻게 해서든 살아야겠다는 마음을 먹고 아픈 몸을 이끌고 교회에 갔다고 합니다.

어머니가 처음으로 교회에 가던 날, 예배당에 걸린 십자가를 보았는데 그 십자가가 너무나 무섭게 보이더랍니다. 그래서 도저히 예배당 안으로 들어갈 용기가 나지 않았다고 합니다. 하지만 몸이 너무 아파 교회에 왔기 때문에 억지로 들어가셨습니다. 마침 교회에 계시던 목사님이 어머니의 사정을 듣고 그 자리에서 기도해 주셨습니다. 지친 어머니는 쓰러지셨다가 몇 시간 만에 일어나셨는데 일어나자마자 몸이 가벼워진 것이 느껴지더랍니다. 오랫동안 병마에 시달리던 어머니가 하나님의 강권적인 은혜로 병이 깨끗이 나은 것입니다.

그렇게 한순간에 기적을 체험하신 어머니는 그날로 집 대문에 교패를 다셨고, 다음 날부터 새벽 4시에 일어나 새벽기도를 시작하셔서 지금까지 평생 해 오고 계십니다. 이 일을 계기로 저희 가족은 모두 예수님을 믿게 되었습니다.

예수님을 믿지 않았을 때의 아버지를 생각하면 항상 떠오르는 영상이 있습니다. 어머니가 병으로 누워 계실 때 아버지는 그 일로 늘 속상해하셨습니다. 그래서 항상 술을 드시고 늦게 오셨는데 그러면 어리지만 장남인 제가 가끔 술에 취한 아버지를 모셔올 때가 있었습니다. 만취하여 아무렇게나 길에 쓰러지신 아버지, 취기에 무작정 안 가겠다고 떼를 쓰거나 볼이 얼얼할 정도로 얼굴을 비비는 아버지, 그런 아버지를 겨우 겨우 모시고 왔던 기억이 여러 번 있습니다.

어머니가 병석에서 일어나 그렇게 열심을 내시자 결국에는 아버지도 함께 교회에 나가게 되셨습니다. 뼛속까지 유교사상에 절어 계시던 분이 그 사건을 계기로 예수님을 믿게 된 것입니다.

새벽을 깨우는 어머니

하나님은 어머니를 기도하는 사람으로 변화시켜 주셨습니다. 어머니는 보통 새벽 4시면 일어나시는데, 새벽기도를 마치면 아침식사를 준비하고 등교 준비를 도와주셨습니다. 그런 다음 지하실에 가서 기도하고, 점심 드시고 다시 기도하면서 주무시기 전까지 기도하셨습니다. 어머니가 예수님을 믿은 다음 그렇게 열심히 기도하실 때, 그러니까 저는 일곱 살 때 예수님을 믿게 되었지요.

　어머니는 부드러운 분이십니다. 그런데 신앙의 문제만큼은 엄격하셨습니다. 예수님을 믿고 교회에 나가면서부터 가정예배를 드리며 매일 성경을 읽게 하셨고, 기도하게 하셨습니다. 주일에 교회에 가지 않는 것은 도저히 상상할 수 없는 일이었습니다. 중간고사나 기말고사 기간이라도 예외는 없었습니다. 어머니는 항상 교회에 가면 맨 앞에 앉아라, 다른 생각 하지 말고 집중해서 설교를 들어라, 온 마음을 다해 진심으로 예배드리라고 말씀하셨습니다.

　교회에 나오는 수많은 성도님들이 자기 자녀에게 뭐라고 말씀하십니까? 공부 잘해야 명문대에 갈 수 있고, 공부 잘해야 좋은 직장도 얻을 수 있다고 합니다. 교회에 나가 하나님께 예배드려라, 하나님과의 관계가 바른 것이 우선이라고 말씀하시는 부모님은 그다지 많이 만나보지 못했습니다. 저는 모태신앙이 아닙니다. 하지만 일곱 살에 예수님을 믿기 시작하여 어릴 때부터 어머니에게 철저한 신앙교육을 받았습니다. 어머니가 새벽기도를 마치고 찬 공기를 가르며 집으로 돌아오시면 곧바로 하시는 일이 있습니다. 바깥 기운을 안고 성큼 들어온 어머니의 몸은 차갑습니다. 그 어머니가 누나를 필두로 이렇게 기도해 주셨습니다.

　"하나님, 사랑하는 딸이 피아노로 하나님을 영화롭게 하는 자녀로 쓰임 받게 해 주십시오. 하나님, 사랑하는 아들 동환이가 사람들의 영혼을 치료하는 하나님의 종이 되어서 하나님을 기쁘시게 하도록 해 주세요. 하나님, 사랑하는 막내가 사람들의 육신의 병을 고치는 하나님의 종이 되어서 의사 누가와 같이 하나님을 기쁘시게 하는 데 쓰임 받게 해 주세요."

정말 연약한 여인의 바람이지요. 어머니는 매일 그렇게 기도해 주셨습니다. 하지만 20년이 지난 지금 저희 삼 남매는 어머니의 기도대로 되었습니다. 저희 누님은 피아노를 전공하여 미국에서 공부를 마치고 돌아오셨습니다. 저는 서울대학교를 졸업한 후 바로 총신대 신학대학원에 진학했습니다. 대학원을 졸업한 뒤 현재 5년째 신반포 교회 중등부 청소년 담당 목사로 사역 중에 있습니다. 동생은 고려대학교 의대를 졸업하고 지금 고대병원에서 의사로 일하고 있습니다. 세상의 눈으로 볼 때 다 죽어 가던 보잘것없는 한 여인을, 하나님께서 긍휼히 보사 살려 주시고, 그 여인의 눈물의 기도를 외면하지 않으신 것입니다.

저는 지금도 새벽마다 눈물로 기도하시는 어머니의 모습을 봅니다. 어렸을 때는 어머니가 도대체 왜 그렇게 우시는지 그 이유를 몰랐습니다. 어린 마음에 우리 집이 가난해서, 형편이 어려워서 우신다고 생각했습니다. 하지만 제가 하나님 안에서 신앙이 자라나자 점차 그 눈물의 의미가 무언지 알게 되었습니다. 어머니의 눈물은 하나님의 은혜에 너무나 감사해서 흘리는 눈물이라는 것을 알았습니다. 스펄전 목사님이 천국은 마른 눈으로 갈 수 없는 곳이라고 하셨던 것처럼 이제 저 역시 눈물 기도의 의미를 알았습니다.

2
신앙교육 특급비밀

> 어머니는 한 번도 공부하라고 말씀하신 적이 없습니다. 대신 항상 기도하고 성경 보라고 가르치셨습니다. 하루에 적어도 10번은 들었습니다. 매일 성경 읽기와 기도시간을 엄수하지 않으면 어머니는 아예 밥을 주지 않으셨습니다.

부흥회, 변화의 바람

저는 어려서부터 대학에 들어갈 때까지 '공부하라'는 소리를 거의 듣지 않고 자랐습니다. 그 대신 '성경 읽어라', '오늘 성경 얼마큼 읽었니', '기도해라', '오늘 얼마큼 기도했니'라는 소리는 귀가 따갑도록 들었습니다. 자투리 시간이 나면 주기도문과 사도신경을 외웠습니다. 초등학교 등하교 시간에는 매일 주기도문과 사도신경을 50번씩 외우라고 하셨습니다. 중학교 때는 잠언을 100번 이상 읽었습니다. 만일 매일 성경 읽기와 기도시간을 엄수하지 않으면 어머니는 아예 밥을 주지 않으셨습니다.

예수님을 믿고 난 뒤 저희 가족의 생활에 한 가지 새로운 변화가 생겼습니다. 교회에서 열리는 부흥회에 반드시 참석한다는 것입니다. 부흥회는 봄 여름 가을 겨울 할 것 없이 1년에 서너 차례씩 있었습니다. 이 기간에는 아무리 중간고사나 기말고사가 코앞이라도 부흥회에 참석하는 것이 원칙이었습니다. 부흥회는 하루 저녁 집회를 갖더라도 서너 시간씩 밤늦게까지 합니다. 공부는 미리미리 해 두는 거라고 말씀하시는 어머니는 우리들에게 평소보다 이른 저녁을 해 먹이시고, 예배가 시작되기 30분 전에 미리 가서 은혜 받을 준비를 하자며 우리를 데리고 교회로 가십니다. 한번 상상해 보십시오. 초등학교 2학년, 유치원생, 다섯 살배기 아이, 이렇게 셋을 맨 앞줄에 나란히 앉혀 놓고 크게 찬양하며 힘껏 박수 치는 어머니의 열띤 모습을.

제가 초등학교 2학년 때 일이었습니다. 그날도 저희 집 근처에 있는 교회에서 서울지역 연합집회가 있다는 소식을 들은 어머니가 저희 삼 남매를 집회에 데려 가셨습니다. 그런데 사람이 어찌나 많은지 저는 가족들과 떨어져서 성가대석 근처에 따로 앉게 되었습니다. 집회가 진행되고 드디어 여러 목사님들이 참석한 성도들을 위해 기도해 주시는 시간이 되었습니다. 그런데 목사님 가운데 한 분이 멀찍이 있던 저를 지목하여 일으켜 세우시더니 앞으로 하나님을 위해 큰일 할 사람이라고 다 함께 기도해 주어야 한다고 말씀하시는 것이 아닙니까? 저는 무척 놀랐습니다. 지금도 생각해 보면 어떻게 그런 놀라운 일이 실제로 있었나 싶습니다. 제가 직접 겪은 일인데도 정말 믿기 어려운 일이었습니다. 모두 다 하나님 은혜였습니다.

결국 저는 처음 뵙는 목사님의 손에 이끌려 강대상 앞으로 나가 무릎을 꿇었습니다. 그곳에 모인 목사님들이 모두 제 머리에 안수하고 기도해 주셨습니다. 목사님은 앞으로 제가 하나님의 종으로서, 하나님이 큰일을 맡기실 때 그 사명을 온전히 감당할 수 있도록 해 달라고 기도하셨습니다. 신기하게 그 일은 제 마음속 깊은 곳에 아로새겨졌습니다. 기도도 더욱 많이 하게 됐고, 하나님의 일을 사모하는 마음을 품고 그 마음을 키워 나가게 되었습니다.

자녀를 초달하라

어머니는 항상 기도하고 성경 보라고 가르치셨습니다. 하루에 적어도 10번은 들었습니다. 나이는 비록 어려도 저는 교회 가는 것이 좋았습니다. 예수님을 믿기 전에는 아파서 항상 자리에 누워만 계시던 어머니가 어쩌면 저렇게 밝고 건강해질 수 있을까 생각하면 하나님은 분명히 계시고 너무나 두려운 분이라는 사실이 믿어졌기 때문입니다. 흔히 예수님을 믿기 전에 이런 질문을 합니다.

"부처님이 힘이 세요? 하나님이 힘이 세요?"

저는 어린 마음이지만 이 질문에 확실히 답할 수 있었습니다. 부처님한테 아무리 많이 기도하고 불공을 드려도 낫지 않던 어머니가 결국 하나님께 고침을 받았으니 당연히 하나님이 세다고 말입니다.

초등학교 때 저는 유달리 친구들에게 전도를 많이 했습니다. 물론 어머니께서 전도는 하나님이 가장 기뻐하시는 일이기에 최우선으로 해야 한다는 말씀을 귀가 아프게 하셨기 때문입니다. 저는 전도할 때 이렇게 이야기했습니다.

"부처님, 공자님, 하나님 중에서 누가 가장 셀까? 바로 하나님이야. 왜냐하면 우리 어머니가 죽을병에 걸리셨을 때 부처님께 빌어도 고쳐 주지 못했고 공자님께 빌었는데도 고쳐 주시지 못했어. 그런데 하나님께 기도했더니 하나님께서 우리 어머니를 고쳐 주셨어. 이왕 너희들이 종교를 선택해 믿을 바에는 가장 센 거 믿으라는 거야."

참 어떻게 보면 어처구니없는 전도였지만 어린 저에게는 그것이 진리였기에 저의 고사리 같은 손을 통해 하나님께서 역사해 주셔서 많은 영혼을 전도할 수 있었습니다.

어머니는 우리 삼 남매를 집중적으로 제자훈련 하셨습니다. 어머니는 신앙교육에 관한 한 매를 아끼지 않는 분이셨지요. 제가 초등학교 때부터 유별나게 공부를 많이 했던 것은 아닙니다. 친구들과 어울려 밖에서 자유롭게 뛰어놀았습니다. 대신 기도하고 성경 읽는 일, 저녁 예배에 빠지거나 예배시간에 기도와 성경 읽기가 조금 부족하다 싶으면 굉장히 혼이 났습니다.

어머니는 그런 부분에서 간단히 말로 나무라고 넘어가는 분이 아니셨어요. 저희의 경건생활이 느슨해진다 싶으면 언제나 회초리를 드셨습니다. 너무 아팠습니다. 어린 나이에 피멍이 든다는 것이 무언지 알았으니까요. 저희 삼 남매는 피멍이 들어 걸을 수 없을 정도로 맞으면서 하나님 말씀대로 살지 않으면 안 된다고 배웠습니다. 잠언은 이렇게 말씀합니다.

| 잠 3:12 |

대저 여호와께서 그 사랑하시는 자를 징계하시기를 마치 아비가 그 기뻐하는 아들을 징계함같이 하시느니.

| 잠 23:13-14 |

아이를 훈계하지 아니치 말라. 채찍으로 그를 때릴지라도 죽지 아니하리라. 그를 채찍으로 때리면 그 영혼을 음부에서 구원하리라.

지금은 그 당시 어머니의 엄한 초달을 감사히 여기고 있습니다. 맞을 때는 많이 아프고 도망치고도 싶었지만, 비뚤어지지 않고 기독교 신앙 안에서 자랄 수 있었던 것이 다 그 덕분이라고 믿기 때문입니다.

폭포수와 같이 쏟아진 방언

대개 자녀가 중학생쯤 되면 부모님은 자녀의 학업에 관심을 갖기 시작합니다. 그런데 저희 집은 그렇지가 않았습니다. 여전히 공부하라는 이야기는 뒷전이고 기도했냐, 성경 읽었느냐, 은혜는 많이 받았느냐고 물으셨습니다. 매일 저녁 가정예배 드릴 때 돌아가면서 기도하는 훈련이 계속되었습니다. 하루를 잘 사는 기준은 뭐니 뭐니 해도 오늘 어머니께서 내 주신 신앙의 훈련을 얼마만큼 제대로 감당했느냐 하는 것이었습니다.

제가 중학교 2학년 때였습니다. 저는 방언으로 기도하시는 어머니가 부러웠습니다. 어머니는 제게 방언으로 기도하면 얻을 수 있는 여러 가지 유익에 대해 말씀해 주셨습니다. 더욱 깊이 기도할 수 있고, 더 오래 기도할 수 있다는 말씀이었습니다. 저는 방언에 대해 어머니의 이야기를 들으면서 너무나 신기했습니다. 그때부터 방언을 간절히 사모하며 남몰래 기도했습니다.

때마침 부흥회가 있었습니다. 저는 부흥회 때 '하나님, 저도 방언을 하게 해 주세요.'라고 간절히 기도드렸습니다. 방언은 하나님의 주권적인 선물이므로 무조건 기도를 많이 한다고 받는 것은 아닙니다. 하지만 저는 방언을 사모하는 제게 하나님이 은혜 주시기를 간절히 기도했습니다. 저도 어머니처럼 더욱더 오래 깊이 하나님과 기도하고 싶었습니다.

부흥회 마지막 날이 되었습니다. 매일 저녁 서너 시간씩 부흥회를 갖는 것은 쉬운 일이 아닙니다. 그날이 닷새째로 마지막 날이고 보니 육신적으로 몹시 피곤했으나 영적으로는 더욱 살아나는 것을 깨달았습니다. 내 안에서 하나님의 은혜를 사모하는 열심이 더욱 커져 갔습니다.

사실 저는 방언이란 사람들이 무의식적으로 하려고 노력하다 보면 되는 것이 아닐까 하고 막연히 생각했습니다. 옆 사람이 하는 것을 보고 기억해 두었다가 감정이 고조되면 그 기억을 따라 모방하는 것이라고 말입니다. 그러나 제가 실제로 방언을 받고 보니 그런 것이 아니었습니다. 하나님이 저의 입술을 주관해 주시니 나도 모르게 방언이 나왔습니다. 제가 안 하려고 한다고 안 할 수 있는 것이 아닙니다. 마지막 날 주여 세 번을 크게 외친 후 큰 소리로 기도를 하는데 갑자기 제 혀가 이상하게 꼬이면서 이상한 말을 하기 시작했습니다. 참 재밌는 것은 막상 방언을 처음 받은 순간 너무 당황하고 주변 사람이 어떻게 생각할까 두려워 방언을 하지 않으려고 했습니다. 그런데 나의 의도와 상관없이 계속 나왔습니다. 주변을 의식해 방언을 그만하려고 하면 할수록 더 큰 소리로 무언가 강렬한 힘이 나의 혀를 붙잡고 방언이 터져 나왔습니다.

저는 마지막 집회 기간 내내 눈물 흘리며 한도 끝도 없이 기도했습니다. 잠깐 기도한 것 같은데 어느새 서너 시간이 훌쩍 흘렀나 봅니다. 주위 어른들은 어쩌면 어린애가 저렇게 하나님의 은혜를 받아서 눈물 콧물 다 흘리며 큰 소리로 기도하느냐고 했답니다. 그때 저의 모습이 무척 인상적이었는지, 지금까지 잊지 않고 부모님께 이렇게 묻는 분들이 있다고 합니다.

"그때 그렇게 은혜 받았던 아이는 지금 뭐합니까?"

지금 목회자가 되었다고 하면 하나같이 고개를 끄덕이며 말한답니다.

"아, 역시…. 그러면 그렇지."

이제부터는 새벽기도다!

그렇게 은혜를 받고 보니 삼라만상이 다 달라 보였습니다. 정말 새롭고 말할 수 없는 기쁨이 생겨났습니다. 저녁에 집에 돌아와서 다시 방언이 안 되면 어쩌지 하고 기도해 보면 또다시 방언이 터져 나왔습니다. 그때부터 저녁에 한 시간 기도하고, 새벽에 일어나 어머니와 함께 기도하기 시작했습니다. 본격적으로 어머니와 함께 새벽기도를 나가기 시작하자 또 다른 기쁨이 밀물처럼 밀려왔습니다. 새벽기도를 마치고 돌아오는 길은 내 속에서 찬송이 샘솟는 시간이었습니다. 저는 계속해서 이렇게 고백했습니다.

'아! 참 감사하다. 어떻게 이런 일이 있을 수 있을까?'

오랫동안 예수님을 믿었지만 막상 그런 체험을 하고 보니 제가 지금까지 알고 있던 성경말씀이며 지식들이 내 몸 깊숙이 와 닿는다고 느껴졌습니다. '이런 걸 두고 체득된다고 하는구나.' 하고 새삼스레 깨달았습니다. 학교에 가도 무엇을 봐도 모든 게 새로워 보였습니다.

새벽기도를 시작한 중학교 2학년, 그해 겨울은 무척 추웠습니다. 새벽 4시 반에 일어나 졸린 눈 비비고 나가려면 너무 추워서 제대로 숨을 쉴 수도 없을 정도였습니다. 매서운 바람 때문에 숨이 가쁘고 뼛속까지 한기가 전해졌습니다. 그런데도 매일 제시간에 일어나서 체육복으로 갈아입고 어머니를 따라 걸었습니다. 족히 10분은 걸어야 교회에 도착합니다. 갈 때는 그렇게 고생스럽고 힘이 들었습니다.

어떨 때는 그냥 집에 가서 좀 더 잘까? 너무 피곤한데 그냥 오늘은 쉴까? 그런 생각이 들 때도 있었습니다. 그렇지만 앞서 가시는 어머니를 바라보며 발걸음을 재촉하여 교회에 도착해서 예배드리고 기도하면 하나님께서 얼마나 큰 은혜를 부어 주시는지 모릅니다. 돌아오는 발걸음은 날아갈 듯 가볍고, 입에서는 기쁨의 찬양이 절로 흘러나왔습니다.

  제가 워낙 소심한 편이어서 길에서 소리 내어 스스로 찬양을 한다는 것은 상상조차 힘든 일이었습니다. 그런데 어느 날 새벽기도를 마치고 집으로 돌아가는 길인데 우유 배달 아저씨께서 힐끗 쳐다보고 가시는 것이었습니다. 순간 왜 그러실까? 하다가 문득 제 입술에서 저도 모르게 찬양이 계속 나오는 것을 깨달았습니다. 그분은 어린 학생이 새벽부터 무슨 노래를 저렇게 부르나 했나 봅니다. 저는 그 순간 정말 하나님께 감사했습니다. 나같이 소심한 사람의 입술을 통해서도 하나님은 찬양받으시길 원하시는구나! 정말 그 은혜가 너무나 감사했습니다. 매일 새벽 5시까지 교회에 가서 예배드리고, 6시 반에 집에 돌아와 밥 먹고, 7시에 학교 가고, 그렇게 중·고등학교 학창시절을 보냈습니다.

  중학교 2학년 때부터 이렇게 매일 새벽기도를 드리다 보니 왜 공부를 해야 하는지에 대한 확실한 이유와 목표를 깨닫게 되었습니다. 하나님이 주신 재능을 최선을 다해 잘 준비해서 이다음에 하나님이 나를 쓰실 때 부족함이 없는 준비된 일꾼이 되기 위해 힘들어도 현재 참고 공부해야 한다는, 공부에 대한 선명한 동기가 내 마음속에 생겼습니다. 새벽에 기도하면 할수록, 하나님을 점점 깊이 경험할수록 성령 하나님께서 하나님을 위해 더욱더 시간을 아끼고 더 열심히 준비해야 한다는 감동을 주셨습니다. 그때부터 아침에 일찍 일어나서 먼저 하나님께 기도하고 말씀 본 후 시간을 아껴서 공부하는 습관이 조금씩 몸에 뱄고 쭉 그렇게 공부해 왔습니다.

크리스천 학생의 본때

저는 중학교에 들어가면서 과학 과목을 참 잘했습니다. 중학교 3년 과학 평균이 100점이었으니까요. 그 당시 과학고가 선풍적인 인기를 누리고 있었고 제가 다니던 중학교에서도 10여 명이 과학고에 진학했습니다. 개인적으로 저도 과학고에 가고 싶었습니다. 하지만 과학자가 될 것도 아니고, 목회자가 되려면 신학을 공부해야 하고, 그러려면 인문학에 소양이 깊어야 한다기에 저는 제 뜻을 접고 인문계로 진학하기로 마음먹었습니다. 그러고 보니 저는 중학교 때 이미 과 선택을 마친 것이나 다름없었습니다.

저는 초등학생 때부터 장래 희망이 뭐냐고 물어 오면 목사라고 했습니다. 중학생, 고등학생, 대학생이 되어서도 한결같이 목사라고 적었습니다. 어린 나이지만 목사가 되려면 어떻게 해야 하는지 목사님께 여쭤 보고, 목사님이 한두 가지 말씀해 주시면 잊지 않고 있다가 꼭 그렇게 준비했습니다. 중학교 때 친구들은 목사가 되겠다는 제게 이렇게 말했습니다.

"목사 될 놈이 무슨 공부를 그렇게 열심히 하냐? 공부 못하는 사람들이나 신학교에 가는 거야. 목사 될 거면 그렇게 공부 안 해도 돼. 커트라인을 봐라. 그러니 다른 걸 생각해 봐. 법대나 뭐 그런 데…."

하지만 저는 속으로 꾹 참고 열심히 공부했습니다. 저는 강남의 모 고등학교에 진학했습니다. 그런데 그 학교에는 부모가 돈이 많은 아이도 많고, 집안 좋은 아이도 많았습니다. 제겐 새로운 경험이었지요. 똑똑하고, 집안 좋고, 장관 아들, 국회의원 아들에 벼락부자의 아들을 보니 옷차림부터가 달랐습니다.

그런 친구들은 돈이 많으니까 다들 과외를 하고 있었습니다. 저희 반만 해도 서너 명을 뺀 전원이 과외를 하고 있었습니다. 한 달에 몇 백만 원을 들여 과외를 하는 학생들이 믿기지 않을 정도로 많았습니다. 심지어 매달 천만 원이라는 엄청난 돈을 들여 과외를 하는 학생도 보았습니다. 어떤 아이는 아버지가 한 달에 8백만 원에서 천만 원밖에 못 벌기 때문에 과외비로 3백만 원밖에 못 준다며 좀 더 좋은 선생님한테 배우고 싶어도 그럴 수 없다고 불평했습니다. 제게는 그것이 별천지의 머나먼 이야기처럼 들렸습니다. 그러면서 속으로 이렇게 생각했습니다.

'그렇다면 그런 것 안 해도 공부 잘할 수 있다는 걸 보여 주겠다!'

저는 중학교 때에도 무식하게 공부했습니다. 학원도 안 다녔고, 누구 하나 이끌어 주고 가르쳐 주는 사람도 없었습니다. 물론 공부를 못 하지는 않았습니다. 하지만 더 잘하고 싶어도 전국에서 몇째 간다는 아이들이 어떻게 공부하는지 전혀 몰랐던 것입니다. 중·고등학교 때까지 저는 작은 상을 펴 놓고 공부했습니다. 작은 상을 펴고 앉아 계속 공부하다 보면 여름에는 더워서 다리에 땀이 차고 곰팡이가 생기기도 했습니다. 중학교 2학년 때 저는 무작정 선생님을 찾아갔습니다.

"선생님, 제가 보니까 다른 애들은 영어 문법책도 보면서 공부하는데 저는 학교 수업만 열심히 듣고 아직 그런 것을 한 번도 본 적이 없습니다. 어떤 책으로 공부해야 하는지 좋은 책이 있으면 알려 주십시오."

그러자 선생님은 방학 동안 공부하면 좋을 거라면서 책을 소개해 주셨습니다. 선생님이 해 주신 말씀을 귀하게 듣고 그 책으로 열심히 공부하다 보니 정말 실력이 향상되었습니다. 그래도 혼자 공부했기 때문에 모르는 것이 있어도 가르쳐 주는 사람이 없었습니다. 저는 줄기차게 선생님들을 찾아가 연일 질문했습니다. 그래서 선생님들과 관계가 아주 좋았습니다. 선생님들께서는 제게 격려와 사랑을 아끼지 않으셨습니다.

목사로 통하는 아이

고등학교 때 부반장을 했는데 그때 반 아이들이 저에게 물었습니다. "너는 앞으로 무슨 과 갈 거야? 앞으로 뭐 할 거야?"

저야 물론 "나는 목사가 될 거다. 하나님을 기쁘시게 하고 하나님을 위해서 열심히 사는 것이 내 꿈이자 목표다."라고 말했습니다. 그러자 아이들은 저를 정신 나간 사람 취급했습니다. 심지어 교회에 다닌다는 아이들조차 자기도 예수님을 믿지만 공개적인 자리에서 창피하게 어떻게 그런 말을 하느냐며 이상한 눈으로 보았습니다. 중학교와 고등학교 모두 학교에서 예배드릴 때 대표로 기도하는 것은 언제나 제 몫이었고 이상한 사람 취급당하는 것도 어제오늘의 일이 아니니 별로 새로울 것은 없었습니다.

그러나 그렇게 묻는 아이들을 보면서 '세상의 세련된 문화가 바로 이런 것이구나.' 하고 깨달았습니다. 법대에 간다, 의대에 간다고 말하는 아이들은 하나같이 똑똑하고 집안 좋고 능력이 있었습니다. 앞으로의 진로에 대한 계획이 확고했습니다. 하지만 그들은 전부 자기 자신을 위해 공부합니다. 철저히 자기의 목표와 계획을 위해 공부하는 겁니다. 그런 아이들은 공부할 때도 어떤 문제집을 푸는지 안 가르쳐 줍니다. 문제집 앞면을 가리든지 찢어 버리든지 합니다. 같이 과외 하는 아이들은 끼리끼리 공부합니다. 모르는 것을 물어봐도 가르쳐 주지 않습니다. 하지만 저는 그래서는 안 된다고 생각했습니다. 아는 것은 친구들에게 친절히 가르쳐 주었습니다.

저는 학교에서 목사님으로 통했습니다. 중·고등학교 시절에 음란 잡지 한두 번 안 보는 사람이 없다지만, 아이들이 아무렇지도 않게 그런 잡지를 가지고 와 돌려 보면서 저에게도 보라고 권하면 저는 얼른 그 자리를 피했습니다. 아이들끼리 음담패설을 하는데 제가 못 알아듣고 엉뚱한 소리를 하는 통에 아이들은 그것도 모르냐고 무시하면서 그 다음부터 아예 저를 끼워 주지도 않았습니다. 별명은 목사님에, 광신자라고 왕따를 당하는 일도 많았습니다. 하지만 저는 하나님이 함께하시기에 왕따를 당해도 즐거웠습니다. 왕따를 당하는 상황에서도 마음이 참 편했습니다.

3
시련의 날들을 기도로 돌파하다

> 몸이 너무 아파 저 자신도 돌보기 힘든 상황에 여러 일들을 겪으면서 몸과 마음이 더 힘들어졌습니다. 힘든 만큼 기도를 많이 하게 되었습니다. 하나님께 계속 말씀드리지 않으면 도저히 하루를 살 엄두가 나지 않았습니다. 정말 살기 위해 부르짖어 기도하지 않을 수 없었습니다.

하나님을 위해 공부하는데…

고등학교 3학년이 되면서부터 학교에서 집으로 돌아오는데 계속 허리가 아팠습니다. 간혹 통증이 느껴졌지만 그다지 심각하게 여기지는 않았습니다. 제가 워낙 참을성이 많습니다. 하지만 공부를 하려고 하는데 계속 아프니까 안 되겠다 싶어서 병원을 찾아갔습니다. 허리가 안 좋다면서 쉬어야 한다는 진단이 나왔습니다. 하지만 그때 제가 고 3이고 시험이 4, 5개월 앞으로 다가온 터라 쉴 수 없다고 하자 의사 선생님은 그래도 책상에 앉는 시간을 줄이고 쉬어야 한다고 말했습니다.

저는 그 사실을 부모님께 말씀드리지 않았습니다. 큰 키에 상을 펴고 앉아서 공부하다 보니 자세가 안 좋아 무리가 된 것이지요. 한 번 앉으면 몇 시간이고 계속 공부했습니다. 옆에서 조언해 주는 사람 하나 없이 무식하게 공부한 겁니다. 결국 시험을 3개월 앞두고 너무 통증이 심해져 공부와 병원 치료를 병행하게 되었습니다. 매일 병원에 가서 물리치료 받고 또다시 공부하고 그러면서 하나님께 간절히 기도했습니다.

'하나님, 시험도 얼마 안 남았는데 몸이 너무 아파서 공부하기가 힘듭니다. 하나님, 저는 하나님을 위해 공부합니다. 제가 공부하는 것은 다른 이유가 없습니다. 그러니 안 아프게 해 주세요.'

그렇지만 몸이 쉬어야 할 상황에서 계속 무리를 하니까 병세는 전혀 호전되지 않았습니다. 의사 선생님은 정상적인 사람도 그렇게 생활하면 몸이 망가지는데, 몸도 안 좋은 상태에서 계속 그러면 정말 큰일 난다고 주의를 주셨습니다. 하지만 저는 속으로 3개월만 참고 대학에 들어간 다음 그때 치료받으면 될 거라고 생각했습니다. 지금 생각해 보면 그 생각이 얼마나 어리석었는지 알 것 같습니다. 시험에 떨어지더라도 그때 확실하게 치료받고 그 다음해를 기약했어야 했는데 말입니다. 하지만 그때 제 주위에는 그 일을 솔직하게 털어놓고 상의할 만한 사람이 없었습니다.

제가 아무리 바빠도 대학 시절 야학 선생님으로 아이들의 학업을 지도하고 제자훈련 하면서 도움을 주고자 한 것이 바로 이런 이유에서입니다. 저는 이끌어 주는 사람이 없어서 시행착오를 많이 겪었습니다. 중·고등학교 때 나에게 이런 사람이 있어서 이런 것을 가르쳐 주고 이렇게 해 준다면 얼마나 좋을까를 늘 꿈꿨습니다. 변변하게 이끌어 주는 사람도 없이, 학교에서는 공부 못한다고 왕따당하고, 선생님한테 버림받고, 집안 형편도 어려운 아이들, 그런 아이들은 점점 더 고립될 수밖에 없습니다.

저는 서울대학교 영문학과에 응시했다가 결국 떨어졌습니다. 더욱

속이 상했던 것은, 시험을 보는 도중에도 허리가 너무 아파서 50분을 제대로 못 앉아 있었다는 겁니다. 하도 허리가 아파 서서 시험을 보면서 눈물도 많이 흘렸습니다. 진통제를 맞아 정신도 몽롱하고 몸도 아픈, 그야말로 최악의 상태에서 시험을 치른 것입니다.

'하나님, 저는 하나님을 위해서 지금까지 공부했고, 열심히 기도했는데 왜 이렇게 몸이 아픈 겁니까?'

열심히 시험에 최선을 다하였으나 몸이 아파 그 이상 집중하지 못했습니다. 시험에 떨어지자 그 점이 너무 속상해서 눈물만 흘렸습니다. 설상가상으로 병원에서 옛날보다 병이 더 악화되었다는 말씀을 들었습니다. 그때 치료를 잘 받았으면 괜찮았을 텐데 임시방편으로 잠깐씩 치료한 것은 아무 소용이 없다고, 왜 이렇게 몸을 망가뜨려 놨느냐는 호통만 들었습니다.

시험에 떨어지고, 몸도 아프고, 부모님이 많이 기도해 주셨는데 실망을 안겨 드려 더욱 죄송해서 가슴이 아팠습니다. 부모님도 제가 고생한 것을 잘 아시기에 마음 아파하셨습니다. 병 때문에 포기할 수 없다고 결심한 후 저는 다시 시험에 도전하기로 뜻을 정하고 공부하기 시작했습니다. 매일 저녁 병원에 가서 물리치료를 받은 다음 공부했습니다. 그렇게 다시 시험을 준비하는데 저희 집에 안 좋은 일이 생겼습니다.

엎친 데 덮친 격

어머니, 아버지가 큰아버지 장례식에 다녀오시던 길이었습니다. 아버지가 운전을 하시다가 잠깐 졸아서 자동차가 그만 가로수를 들이받고 말았습니다. 모두들 차 안에 있는 사람들이 즉사했을 거라고 생각했습니다. 유혈이 낭자하고 차는 형체를 알아볼 수 없을 정도로 부서졌기 때문입니다. 마침 지나가던 트럭 운전사가 어머니, 아버지를 구출하여 병원으로 옮겼고, 두 분은 중환자실에 입원하게 되었습니다. 그야말로 마른하늘에 날벼락이었습니다.

그때 아버지는 열 명 중 한두 명이 살아난 기적 같은 케이스였고, 어머니 역시 온몸에 찰과상과 심각한 골절상을 입은 상태였습니다. 그 교통사고로 부모님은 2년간 고생하셨습니다. 아버지는 6개월간 병원에 입원해 계시면서 사경을 헤매셨습니다. 그런 상황에서 공부인들 제대로 할 수 있었겠습니까? 또 집안 형편도 몹시 어려워졌습니다. 병원에서 산소마스크를 쓰고 누워 계신 아버지를 뵈니 마음이 더욱 착잡했습니다. 그렇게 건강하고 성격이 괄괄하던 아버지가 하루아침에 의식을 잃고 쓰러지셨으니 도저히 믿을 수 없고 믿기 싫은 상황이었습니다. 다행히 하나님의 도우심으로 수술을 잘 마쳤고 아버지는 목숨을 구했습니다. 하지만 지금도 그 후유증으로 다리를 약간 저십니다.

입원하신 아버지를 대신하여 장남이 감당해야 할 일은 너무 많았습니다. 병원과 관련된 일을 처리하고 아버지가 일러 주시는 대로 아버지 사업도 돌보았습니다. 가을이 되자 부모님의 병세도 차츰 좋아지셨습니다. 어느새 다시 시험 기간이 다가왔고, 저 역시 본격적으로 공부를 해야겠는데 정신없이 몇 달을 지내다 보니 병원에 못 가 몸이 말이 아니었습니다.

어머니, 아버지가 많이 좋아지시긴 했어도 예전 같지는 않으셨습니다. 아버지는 다리에 쇠를 박아 넣으셨고, 그렇게 온화하시던 어머니는 몸이 너무 편찮으시다 보니 부쩍 화를 자주 내셨습니다. 그런 모습을 보면서 마음이 아팠습니다.

그 시절에는 교회에 가면 맨 구석에 앉아 예배를 드렸습니다. 30분 전에 가서 자리에 앉으면 어찌나 눈물이 솟는지 그렇게 고개를 숙이고 있다가 예배가 끝나면 사람들이 다 나간 다음 조용히 집으로 돌아왔습니다. 그 기간 내내 그렇게 예배를 드렸습니다.

목사가 된다더니?

고등학교 친구들 가운데는 잘살고 집안 좋은 아이들이 많았습니다. 그런데 제가 몸이 아프고 대학에도 떨어지고 다시 공부한다니까 서울대 법대, 의대에 들어간 녀석들이 저를 위로한다고 자리를 마련했으니 나오라는 연락이 왔습니다. 저는 당시 몸도 아프고 집안 형편도 좋지 않고 부모님도 병원에 입원해 계셔 최악의 상황이었습니다. 그렇지만 친구들이 한번 만나자고 하니 큰맘 먹고 나가 보았습니다.

친구들은 벌써 차도 있었습니다. 의대, 법대에 다니고 멋진 스포츠카를 타고 다니는 이른바 '세상에서 잘나가는' 친구들이었습니다. 그 친구들을 따라 세상에 태어나서 처음으로 술집이란 곳을 가 봤습니다. 보통 술집이 아니었는지 테이블당 백만 원이라고 하는데 저는 놀라지 않을 수 없었습니다. 저는 원래 술을 안 마시니까 남들 술 마시는 것을 보고 조용히 있다가 집으로 돌아왔습니다. 착잡했습니다.

'나는 예수님 믿고 우리 집은 예수님 안에서 잘 살려고 하는데…. 왜?'

집안이 불교를 믿고 돈도 많고 본인이 똑똑해서 서울대 법대에 간 친구가 고등학교 때 제게 이런 말을 한 적이 있습니다.

"너는 머리도 나쁘지 않고 나름대로 공부도 잘하는데 왜 하필이면 목사가 되려고 하는 거냐? 교회는 의지가 박약하고 좀 모자라고 능력 없는 사람들이 대리만족을 위해 찾아드는 곳인데, 너는 왜 신학을 하려고 하냐? 나는 너를 이해하지 못하겠다. 세상에 하나님이 어디 있어. 다 인간이 만든 문화 산물이야. 하나님을 믿을 바에는 너 자신을 믿어라. 네 실력을 믿어. 그래서 나처럼 법대를 가든지 의대를 가라."

그 친구를 1년 뒤에 그곳에서 다시 만났는데, 친구는 서울대 법대에 들어가고 저는 대학에도 못 간 것입니다. 그 친구는 제게 이렇게 말했습니다.

"너는 그렇게 기도도 많이 한다면서? 하나님을 섬긴다면서? 너희 집도 모두 하나님을 믿는다면서 너희 집에 왜 그런 사고가 생기고, 넌 몸도 아프고 대학에도 못 가고 왜 그러냐? 거 봐. 세상에 하나님이 어디 있어. 기도 많이 하고 정직하게 살려고 했는데 왜 네가 그렇게 되냐. 교회 갈 시간에, 성경 보고 기도할 시간에 공부하고 운동했으면 몸도 안 아프고 대학도 갔을 거야. 하나님이 어디 있어. 증거를 대 보라고. 이제라도 네 자신을 믿고 너를 위해 열심히 살아. 제발 좀 정신 차려."

저는 너무나 속이 상했습니다. 그날 집에서 정말 많이 울었습니다. 정말 나 자신에게 화가 나고 내가 너무 싫었습니다. 하나님께 영광을 돌리기는커녕 나로 인해 하나님이 세상 사람들에게 손가락질 당한 것이 너무나 죄송했습니다. 그리고 밤새 미친 듯이 부르짖으며 전심으로 하나님께 기도하고 또 기도했습니다. 하나님 용서해 주세요. 하나님 도와주십시오. 하나님 살려 주십시오. 하나님밖에 없습니다. 하나님, 이 모든 것을 아시는 하나님 불쌍히 여기시고 도와주십시오.

그 당시 저는 매일 매일 기도하며 울었습니다. 지치고 몸이 아파도 부모님께 아프다는 내색 한 번 하지 못했습니다. 병원비도 많이 들고, 동생 역시 고 3이다 보니 학원비도 제때 달라고 하기가 어려웠습니다. 대학에 떨어진 것도 너무 죄송하고 몸이 아픈 것도 제가 다 지혜롭지 못해 그런 것 같아 하루하루가 너무나 괴로웠습니다.

낮은 자의 하나님

그때는 정말 밑바닥이 뭔지 절감했습니다. 돈 없는 것이 이런 거구나, 몸 아픈 것이 이런 거구나 하고 뼈저리게 느꼈습니다. 더욱이 텔레비전이나 라디오에서 오늘은 교통사고로 몇 명이 죽었다, 몇 명이 다쳤다는 소식만 들려와도 남 이야기 같지가 않았습니다. 그런 소식을 들으면 그 사람들을 위해 꼭 기도하게 되었습니다. 그 시절에 사귄 친구들 가운데는 세상에서 낙오된 아이들이 많았습니다. 비닐하우스에서 사는 친구, 생활고를 못 이기고 엄마가 집을 나갔다는 친구도 있었습니다. 가슴속에 상처가 많은 친구들이었습니다. 세상을 보더라도 삐딱하게 봅니다. 전에는 그 친구들에 대해 이해하지 못하는 부분이 많았습니다. 그러나 제가 직접 인생의 쓰라림을 경험하면서 점점 이해의 폭이 넓어졌습니다. 저보다 더 힘든 사람들을 위하는 마음이 조금씩 싹트기 시작했습니다.

상황이 안 좋다 보니 시험에도 자신이 없어졌습니다. 모의고사 점수가 아무리 잘 나와도 실전에서 몸이 더 아프면 시험을 못 볼 텐데 하는 생각만 들고 이번에도 떨어지면 어떻게 하나 생각하니 불안하고 초조했습니다. 부모님이 병원에 입원하시면서 공부 외에 밥하고 청소하고 빨래하는 집안일도 함께 나누어 해야 했습니다. 몸이 너무 아파 저 자신도 돌보기 힘든 상황에 여러 일들을 겪으면서 몸과 마음이 더 힘들어졌습니다. 힘든 만큼 기도를 많이 하게 되었습니다. 일단 너무 속이 상하니까 기도하지 않으면, 하나님께 계속 말씀드리지 않으면 도저히 하루를 살 엄두가 나지 않았습니다. 정말 살기 위해 부르짖어 기도하지 않을 수 없었습니다.

누군가에게 나의 상황을 이야기하고 싶은데 말할 사람이 없었습니다. 실은 말을 하고 싶지 않았습니다. 말을 하면 겉으로는 걱정해 주는 것 같아도 뒤에서는 오히려 그것을 꼬투리 삼아 더 무시하고 비웃는다는 것을 알고 있었기 때문입니다. 사실 제가 고 3 초기만 하더라도 몸이 아픈 사실을 사람들에게 이야기했습니다. 겉으로 보기에는 사람들이 굉장히 생각해 주는 것 같았습니다. 하지만 사실은 그렇지 않다는 것을 깨달았습니다. 그런 다음부터 몸이 아프다거나 어려운 집안 사정을 다른 사람에게 좀처럼 이야기하지 않았습니다. 그러니 저는 하나님하고만 이야기할 수밖에 없었습니다. 그렇게 항상 하나님과 이야기하다 보니 사람들과 이야기하는 시간보다 하나님과 이야기하는 시간이 더 많아졌습니다. 하루를 통틀어 사람하고 30분 이야기했다면, 하나님과는 한두 시간씩 이야기했습니다.

아픈 만큼 더욱 구한 하나님의 은혜

몸은 점점 더 나빠졌습니다. 이제는 신경성으로 발전하여 공부를 하려고 앉으면 여러 가지 걱정이 밀려와 몸이 더 아팠습니다. 진짜 기도를 안 하면 하루도 견딜 수 없었습니다. 기도를 안 하면 아침에 학원 가기가 싫고 무서웠습니다. 그래서 저는 더욱 철저히 기도했습니다. 편찮으신 부모님을 위해서 기도하고, 제 자신의 건강을 위해서 기도하고, 동생을 위해서 기도했습니다. 그 간절한 상황에서, 더 물러날 수 없는 상황에서 하나님은 저를 철저하게 기도로 훈련시키고 준비시키셨습니다. 기도하면 하나님이 마음에 평안을 주셨습니다.

하나님께 원망하는 마음은 들지 않았어도 상황이 워낙 힘드니 빨리 천국에 가고 싶다는 생각이 들었습니다. 그러나 하나님은 매일 기도하면서 도움을 구하는 제게 평안함을 주시고 다시금 공부할 수 있도록 도와주셨습니다.

저의 일상은 언제나 같았습니다. 새벽에 기도하고 학원에 가고 물리치료 받고 집으로 돌아와서 다시 공부하는 것이 전부였어요. 저는 서울대 영문학과에 지원했다가 낙방했습니다. 영문학과 종교학 모두 신학을 하는 데 도움이 된다고 들었습니다. 저는 속으로 생각했습니다.

'하나님, 영문학도 좋고 종교학도 좋다면 이왕이면 영문학과에 가고 싶습니다. 물론 제가 영어를 좋아하기도 합니다만 다른 사람들이 보기에 영문학과가 좀 더 폼 나지 않겠습니까?'

그러나 영문학과에 지원했다가 떨어지자 저는 이렇게 회개했습니다.

'하나님이 진정으로 기뻐하시는 것은 내가 종교학과에 가서 공부하는 것인데, 내게 아직까지 인간적인 생각이 남아 있구나! 아직도 내가….'

저는 저도 모르게 제 주위의 친구들을 의식하고 있었던 겁니다. 다른 아이들은 서울대학교에서도 가장 좋다는 과에 들어가는데 내가 그들보다 모자란 것이 뭐가 있나 하는 생각에 종교학과보다는 영문학과를 가려고 했던 것입니다. 그래서 다시 시험을 준비할 때는 미련 없이 종교학과에 가서 제대로 공부해 보겠다고 결심하게 되었습니다.

그러나 시험이 다가오면서 시험 제도가 바뀌었습니다. 저는 본고사도 보고 수학능력시험도 보았습니다. 그때 2~3일간 시험을 보게 되었는데 저는 정말 자신이 없었습니다. 제 자신의 한계를 느꼈습니다. 몸이 아파 꼬박 하루 동안 시험을 보는 일도 무린데 3일간이라고 하니, 하나님께 정말 간절히 눈물로 매달릴 수밖에 없었습니다.

그런데 놀라운 일이 일어났습니다. 그렇게 몸이 아프더니 시험 기간 내내 몸이 아프지 않았습니다. 진통제를 먹지도 않았는데 3일 내내 평소보다도 몸이 가뿐하고 마음도 평안했습니다. 결국 그해 저는 서울대학교 종교학과에 합격했습니다. 그렇게 대학에 합격하고 보니 이런 생각이 들었습니다.

'그때 나는 아팠고, 그렇게 아픈 나를 하나님이 그 시간에 친히 아픈 몸과 마음을 붙잡아 주시고 도와주셔서 내가 대학에 합격할 수 있었구나!'

그러니 제가 제 힘으로 대학에 간 것이 아닙니다. 온전히 하나님의 은혜로 대학에 들어간 것입니다. 정말 하나님께 감사했습니다. 물론 부모님도 크게 기뻐하셨습니다.

2

하나님의 영광을 위하는 학생은 공부 자세도 다르다

제가 공부하는 것은 나만을 위해 하는 것도 아니고 나중에 출세하기 위해서도 아닙니다. 다만 내가 하나님의 일을 하기 위해 준비된 일꾼이 되기 위해 이 공부를 하려는 것입니다.

■■■ 교회에 예배드리러 가는 것만이 하나님을 기쁘시게 하는 것이 아닙니다.
주님의 일꾼이 되기 위해 열심히 공부해서 실력을 키우는데 그 일을 하나님이 싫어하실 리가 없습니다.
수업할 때는 예배드리는 마음으로 자세를 가다듬습니다.

4
수업 시간은 예배시간

> 수업 시간은 제게 예배나 다름없습니다. 그래서 더욱 집중할 수 있는 겁니다. 하나님이 말씀해 주시는데 하나라도 잘못 들으면 어떻게 합니까? 집중하지 않고 잡념을 가진다면 그것은 하나님께 죄송스러운 일입니다.

내 공부가 아니다

제가 막 대학에 입학했을 때 서울대 법대에 들어간 친구의 소식을 다시 접할 수 있었습니다. 그 친구는 공부를 아주 열심히 했습니다. 2학년 때 일찌감치 사시 1차 시험을 패스했다고 합니다. 그는 밤 12시까지 학교 도서관에서 열심히 공부합니다. 그런 다음 차를 몰고 강남역이나 압구정동으로 나갑니다. 그리고 그곳 나이트클럽에서 제일 마음에 드는 여자를 하나 골라서 함께 춤추며 어울리다 차에 태운다고 합니다. 그 친구는 집안도 좋고, 돈도 많고, 키도 크고, 잘생기고, 게다가 서울대학교 법학과라는 멋진 학벌도 있으니 여자들이 마다할 리 없었습니다. 그렇게 그들은 같이 호텔로 갑니다. 그는 여성과의 성관계를 통해 그날 공부하면서 받았던 스트레스를 모두 날려 버립니다. 마음껏 즐기고 나서 아침이 되면 사우나를 하고 다시 학교로 와서 더욱 열심히 공부하며 살아가는 것입니다.

　수단과 방법을 가리지 않고, 온갖 정신적·육체적 피로를 씻어 가며 자기 목표만을 향해 달려가는 모습입니다. 자신의 성공과 야망을 위해 스스로 할 수 있는 최선의 노력을 다하며 무섭게 질주하고 육체적 쾌락으로 스트레스를 풀며 자신의 모든 힘을 응집시켜 한 우물만 파는 것입니다. 그렇게 해서 그는 졸업하기 전까지 사시 1, 2차에 모두 패스했습니다. 그 정도로 탁월합니다.

　제가 대학에 들어가서, 또 졸업해서 사회에서 지금까지 보고 느낀 것은 각각의 분야에서 가장 탁월한 인재들은 크리스천보다 하나님을 모르고 자신만을 위해 노력하는 세상 사람들이 더 많다는 것입니다. 가끔 생각합니다. 이건희 삼성그룹 회장이 독실한 하나님의 신자라면 얼마나 좋을까? 정몽구 현대 자동차 회장이 독실한 하나님의 신자라면 얼마나 좋을까? LG그룹 구본무 회장이 독실한 하나님의 신자라면 얼마나 좋을까? SK그룹 최태원 회장이 독실한 하나님의 신자라면 얼마나 좋을까? 그렇다면 그 사람들이 회사와 사회에 얼마나 선한 영향력을 미쳤을까?

　믿지 않는 사람도 자기 자신과 꿈을 위해 저토록 열심히 공부하는데, 하나님의 영광을 위해 세상 사람들보다 더 치열히 공부해야 하는 크리스천 학생들이 오히려 하나님이 주신 기회와 시간을 낭비하는 경우를 너무 많이 보았습니다. 매일 매일 하나님이 주신 재능을 잘 훈련하도록 준비하기보다는 오히려 매일 하나님이 주신 소중한 재능을 망치로 깨 버리는 학생들이 너무 많습니다. 하나님이 날마다 주시는 새로운 은혜와 소중한 기회들을 날마다 게으름과 무기력으로 흘려 버리는 학생들이 너무 많습니다.

만약 제가 나 자신만을 위해 공부했다면 저는 구태여 목회자의 길을 안 갔을 것입니다. 세상 친구들이 "야! 그 정도 성적이면 다른 과에도 충분히 갈 수 있는데, 왜 굳이 종교학과에 가서 목사가 되려 하니?" 하며 비웃으면서 저를 세상 물정 모르는 사람 취급할 때 저는 아무 말도 하지 않았습니다. 그렇지만 속으로는 이들보다 더욱 열심히 해서 하나님의 영광을 위해 공부한다는 것이 어떤 것인지 분명하게 보여 주겠다고 결심했습니다. 저는 다시 통증을 참고 공부하기 시작했습니다.

흔들리는 지하철에서, 빈 강의실에서

전국의 수재가 다 모인다는 서울대학교여서 그런지 정말 똑똑한 사람들이 많았습니다. 교양과목을 수강할 때는 쟁쟁한 타 과 학생들과 같이 수업하고 경쟁해야 한다는 부담감도 느꼈습니다.

열심히 공부하려고 하는 제게 몇 가지 제약이 있었습니다. 첫째 거의 매일 운동 재활 치료를 해야 하는 심각한 건강상의 문제가 있고, 둘째 통학 거리상의 문제가 있고, 셋째 교회와 야학 교사 봉사로 실질적으로 공부할 수 있는 시간이 그리 많지 않다는 시간상의 문제가 있었습니다.

저는 시간과 거리상의 제약을 극복하기 위해 오가는 지하철 안에서 또 새벽기도를 마치고 나서 다니엘 아침형 학습 습관으로 모자란 시간들을 많이 보충했습니다. 수업을 마치고 집으로 돌아오는 한 시간 반 동안 그날 배운 내용 중 외우지 못한 것을 외웠습니다. 저는 보통 그날 배운 것은 수업 시간 안에 거의 다 외우려고 노력했습니다. 다 못 외웠을 경우 흔들리는 지하철 안에서도 보기 쉽도록 큰 글씨로 적어 가지고 다니며 외웠습니다. 따로 복습할 시간이 없었습니다. 미처 이해하지 못했거나 어려운 부분, 기계적으로 암기해야 될 것을 따로 가지고 다니며 외우는 겁니다. 아예 노트 필기를 할 때 그 부분은 큰 글씨로 적습니다. 눈이 많이 피곤했기에 외울 부분 한 문장을 본 다음 눈을 감고 외울 때까지 옆 사람에게 피해가 가지 않을 정도로만 소리를 내며 외웠습니다. 그렇게 한 부분을 다 외운 후에 다른 부분을 보고 또 조용히 눈 감고 강의 시간을 떠올리며 외웠습니다.

암기할 때 가장 좋은 방법은 제가 실제로 그 내용을 누군가에게 가르쳐 보는 것입니다. 누군가에게 설명하고 가르쳐야 한다면 제가 먼저 그 내용을 숙지하고 있어야 합니다. 저는 우선 빈 강의실을 찾아 아무도 없는지 확인하고 오늘 배운 내용을 칠판에 적어 가며 차근차근 강의합니다. 처음에는 어색합니다. 하지만 자꾸 해 보면 제가 모르는 부분을 설명하기 위해 계속 생각하게 되고 이해하려고 노력하면서 학생의 입장과 선생님의 입장에서 동시에 그 문제를 바라보게 됩니다.

서울대학교에는 프레젠테이션 방식의 수업이 많습니다. 어떤 책의 내용을 충분히 숙지한 다음 그것을 다수 앞에서 발표하는 것으로, 본인의 실력 향상에도 굉장히 도움이 됩니다. 그러나 학생들은 대부분 이것을 싫어합니다. 앞에 나가서 발표하려면 많은 준비를 해야 하기 때문에 웬만큼 공부를 열심히 하는 학생이 아니면 안 하려고 합니다. 하지만 저는 일부러 하겠다고 말씀드립니다. 이렇게 발표를 자원해 놓으면 그때부터는 공부를 안 하려야 안 할 수 없는 겁니다. 제가 못하면 하나님 영광 가린다는 마음으로 더욱더 자신을 채찍질하며 힘써 준비했습니다. 발표 준비를 하면서 때로는 내가 왜 손을 들었나, 왜 이렇게까지 힘들게 공부할까, 그냥 대충 발표하자는 생각도 듭니다. 그럴 때마다 저는 잠시 준비하는 것을 멈추고 그 자리에서 간절히 하나님께 부르짖어 기도합니다. 다시 공부를 기쁜 마음으로 할 수 있는 마음이 될 때까지 하나님께 은혜를 구하고 기쁨을 구합니다. 한참을 기도하다 보면 하나님께서 저에게 새로운 아이디어와 마음의 기쁨을 주십니다. 그리고 다시 저는 내용을 수정하며 힘을 내 발표 준비를 합니다. 저는 그런 식으로 수업 시간에 집중하려고 노력했습니다.

수업은 예배다

제 소원은 한 시간만이라도 몸이 안 아픈 상태에서 공부해 보는 것이었습니다. 억지로 참으면서 공부하는 것이 아니라 안 아픈 상태에서 실컷 공부해 보고 싶다는 마음이 있었습니다. 그런 제가 들어가고 싶은 학교에, 그것도 들어가고 싶은 과에 들어가서 공부하게 되었으니 얼마나 감사한지요. 저에게는 그 수업 한 시간 한 시간이 너무나 귀했습니다.

저는 새벽기도를 할 때 반드시 오늘의 공부를 위해 기도했습니다.

"오늘 몇 시부터 몇 시까지 어떤 과목의 수업이 있습니다. 어느 강의실에서 어떤 교수님이 가르치십니다."

이렇게 그 수업을 위해 하나하나 꼽아 가며 매일 기도합니다. 새벽부터 기도로 오늘 하루의 공부를 계획하며 그림을 그려 보는 것입니다. 그런 다음 그 수업 시간에 공부하러 들어간다고 생각해 보십시오. 저는 너무나 기뻤습니다.

'내가 드디어 이 수업을 받게 되었구나. 이 수업은 앞으로 하나님의 일을 하는 데 필요하다.'

이렇게 감사가 넘쳤습니다.

저는 학점을 잘 주지 않고 매우 어렵다는 수업도 다른 학생들은 폭탄 수업이라며 피할 때 제가 장래 목회자가 되는 데 필요하다고 생각되면 전부 들었습니다. 제 성적표를 보시면 알겠지만, 서울대학교에서 정말 어렵다고 하는 수업은 거의 다 들었습니다. 특별히 저는 중국어 공부를 열심히 했습니다. 보통 학생들은 어학 과목을 기피합니다. 점수도 박하고 공부 시간은 많이 드는 과목이기 때문입니다. 그러나 저는 중국어를 고급과정까지 들었습니다. 중화권 선교에 대한 꿈이 있어서 대학 시절부터 미리 준비하는 것이 좋겠다고 생각했기 때문입니다. 그래서 중국어 수업을 상당히 많이 들었고 그만큼 다른 과목에 비해 힘이 많이 들었습니다.

그렇게 힘들게 공부한 것이 지금 유용하게 사용되고 있습니다. 제가 섬기는 신반포 교회 중등부 학생들을 데리고 매년 대만 단기 선교에 가고 있습니다. 그곳에서 대만 목사님들과 교제하면서 제가 중국어로 말하면 무척 반가워하고 기뻐하셨습니다. 학생들도 제가 중국어를 하면 무척 자랑스러워합니다. 대학 시절 힘들게 준비한 중국어가 이렇게 하나님 나라의 확장을 위해 쓰이는 것이 너무나 기쁘고 감사드립니다. 더욱더 감사한 것은 『다니엘 학습법』을 비롯하여 『다니엘 아침형 학습법』, 『다니엘 마음관리 365일』, 『다니엘 3년 150주 주단위 내신관리 학습법 : 중학생 편/고등학생 편』, 『다니엘 건강관리법』 등 저의 책들이 모두 중국어로 번역되고 중화권 전역으로 보급되어 많은 중화권 학생들이 보고 있다는 것입니다. 저는 거의 매년 대만에 가서 전국 대만 학부모 학생들을 대상으로 다니엘 학습법 세미나를 합니다. 그것을 통해 수많은 대만의 학생들과 학부모님들이 인본주의 방식을 버리고 하나님 중심의 신본주의 학습법을 배우고 실천하고 있습니다. 정말 저같이 병들고 아픈 사람이 이렇게 쓰임을 받는다고 생각하면 오직 하나님께 감사드릴 따름입니다.

저는 수업 시간을 예배시간으로 간주합니다. 교회에 예배드리러 가는 것만이 하나님을 기쁘시게 하는 것이 아닙니다.

모든 일은 주님의 영광을 위해 해야 한다는 말씀을 저는 어려서부터 귀가 따갑도록 들었습니다(고전 10 : 31).

주님의 일꾼이 되기 위해 열심히 공부해서 실력을 키우는데 그 일을 하나님이 싫어하실 리가 없습니다.

수업할 때는 예배드리는 마음으로 자세를 가다듬습니다. 우선 수업 시간에는 지각하지 않는 것을 기본으로 합니다. 미리 가서 마음의 준비를 합니다. 부흥회에 갈 때, 하나님께 예배드리러 갈 때는 언제나 경건한 마음으로 미리 가서 준비하는 것이 원칙이라고 어려서부터 철저히 배웠기 때문입니다. 수업 시간은 제게 예배나 다름없습니다. 그래서 더욱 집중할 수 있는 겁니다. 저는 예배드릴 때 무섭게 집중합니다. 하나님이 말씀해 주시는데 하나라도 잘못 들으면 어떻게 합니까? 집중하지 않고 잡념을 가진다면 그것은 하나님께 죄송스러운 일입니다. 7살 때부터 어머니께 예배시간을 생명보다 소중하게 여기라는 말씀을 하루에도 몇 번씩 들었습니다. 하나님께 예배 잘 드리는 것이 그 어떤 것보다 소중하다고 말씀해 주시면서 몸소 본을 보여 주셨습니다.

저는 강의 시간을 예배시간처럼 경건하게 보냈습니다. 우선 강의가 시작되기 전 미리 자리를 잡고 앉아 하나님께서 오늘 이 강의를 들을 수 있도록 인도하심을 머리 숙여 감사기도 드립니다. 저는 정말이지 수업을 들을 수 있다는 사실만으로도 하나님께 감사 감격했습니다. 수업이 시작되면 교수님의 강의를 목사님의 설교말씀이라고 생각하고 집중력을 높여 듣습니다. 수업을 마치고 나면 오늘의 수업을 잘 듣고 마칠 수 있게 하심에 감사하여 진정을 담아 감사기도를 드렸습니다.

이것이 제가 대학에서 4년간 수업 받을 때 임하는 자세였습니다. 저는 학교에 다니면서 지각을 딱 한 번 했습니다. 몸이 너무 피곤해서 아침에 평소보다 늦게 일어났습니다. 그때 학교에 가면 지각을 하지 않을 수 있었습니다. 그런데 기도하지 않고 성경 보지 않고 도저히 하루를 살아갈 자신이 없기에 아침 경건의 시간을 가진 다음 학교에 갔습니다. 결국 지각을 하고 말았는데 그 수업이 끝나자마자 저는 그 자리에서 눈물을 뚝뚝 흘렸습니다. 그리고 다시는 지각하지 않겠다고 하나님께 약속드렸습니다.

직통수업, 완전학습

하나님은 제게 진정으로 공부할 수 있는 기회를 주셨습니다. 저는 제가 잘나서 서울대학교에 입학했다고 생각하지 않습니다. 몸이 아픈 제게 하나님이 시험 기간 동안 건강을 주시고 붙들어 주셔서 시험에 합격하게 해 주셨기 때문에 그저 하나님께 감사하고 감격하는 것입니다. 지금도 그 일이 생생합니다. 시험 기간 내내 하나님께서 내게 허락하신 건강과 집중력 그 모든 것은 인간의 의지로 만들어 낸 것이 아니었습니다. 눈에 보이지 않지만 살아 계시고 지금도 역사하시는 전능하신 창조주 아버지 하나님의 도우심이었습니다. 정말 지금도 그때의 일이 생생합니다. 저는 하나님의 은혜로 대학에 들어간 것이기에 정말 그 은혜에 보답하기 위해 몸은 아팠지만 제가 할 수 있는 최선의 몸부림만은 하기로 뜻을 정했습니다.

저는 항상 일찍 등교합니다. 그리고 항상 앉는 자리에 앉습니다. 교실마다 약간 차이는 있지만 대략 앞에서 한두 줄 뒤에 앉습니다. 교수님의 모습이 제일 잘 보이기 때문입니다. 저는 항상 그 자리에 앉습니다. 그런 다음 기도를 합니다. 오늘 강의하시는 교수님을 위해, 하나님께서 집중력과 지혜를 주셔서 제가 이 수업을 잘 이해하고 머릿속에 잘 저장할 수 있도록 기도합니다. 기도를 마친 뒤 조용히 그리고 천천히 코로 숨을 들이마시고 입으로 조금씩 내보냅니다. 그리고 지금 수업하는 장소가 서울대학교가 아닌 북극이나 남극쯤 된다고 머릿속에 이미지를 떠올리기 시작합니다. 오직 그곳에는 교수님과 저 외에는 없다고 생각합니다. 거기에 교수님이 앉아 계시고 바로 그 앞에 제가 있다고 생각하는 것입니다. 교수님이 말씀하면 그 말은 즉시 내 귀에 꽂힌다는 자기암시를 줍니다. 이렇게 머릿속에서 완전히 세팅된 상태에서 수업을 듣습니다. 그러면 수많은 학생들과 함께 수업을 듣더라도 그 수업은 오직 나만을 위한 일대일 수업이 됩니다. 그런 상태로 수업을 듣게 되면 수업 내용이 굉장히 역동적이고 재미있습니다. 물론 사람마다 잘하는 과목이 있고 못하는 과목이 있습니다. 그리고 못하는 과목은 자연히 수강 신청을 하기가 싫습니다. 하지만 지식이 어느 한쪽으로 치우치지 않으려면 제반 과목들을 골고루 공부해야 합니다. 그때는 이렇게 기도합니다.

"하나님, 이 과목은 제가 앞으로 아무개 분야 전문가가 되기 위해 잘 알아야 하는 분야입니다. 그런데 제가 잘 못합니다. 제가 너무나 힘들어하고 싫어하는 과목입니다. 하나님, 도와주세요. 하나님의 도움 없이 저는 이 과목을 공부할 수 없습니다."

예를 들어 듣기만 하면 굉장히 졸리고, 강의 내용에 별다른 흥미를 못 느끼는 수업이 있습니다. 그럴 때는 이렇게 기도하십시오.

"하나님, 제가 이 교수님을 좋아하게 해 주시고, 제가 그 과목을 좋아하도록 해 주십시오. 수업을 들을 때는 제가 좋아하는 수업을 듣는 것처럼 동일한 마음으로 기뻐하며 들을 수 있도록 도와주십시오."

하나님께 이렇게 간절히 기도하면 참 신기한 일이 벌어집니다. 졸리던 수업도 조금씩 집중하게 되면서 나중에는 그 수업이 점점 좋아집니다. 수업이 좋아지니까 책을 더 많이 읽고 적극적으로 수업에 임하게 됩니다. 그러면 교수님의 관심도 받게 됩니다. 읽기 과제물도 다 읽을 뿐 아니라 읽고 나서 질문도 하니까 교수님도 제 질문에 좀 더 신경 써서 답해 주십니다. 그러면 교수님과 특별한 관계가 형성되면서 그 학문에 대해 좀 더 심도 있게 공부할 수 있습니다. 저는 개론 수업을 듣더라도 개론에만 머물지 않고 그 다음 단계까지 책을 읽었습니다. 전공자 수준으로 공부하고 개론 수업을 들으면 더 많은 것을 깨닫는 유익이 있습니다. 이렇게 공부를 하면 수업 시간에 집중이 아주 잘됩니다.

오늘 수업이 두 번 있으면 예배를 두 번 드린다고 생각합니다. 그리고 하나님께서 예배시간에 목사님을 통해서 제게 말씀해 주시듯이 교수님의 입술을 통해서 특별히 제게 말씀하시고자 하는 바가 있다고 여깁니다. 이 지식이 내게 필요하니까 교수님을 통해서 제게 말씀해 주신다고 생각하면 저는 이 지식을 머릿속에 바로 입력해야겠다, 바로 이해해야겠다고 마음먹게 되는 겁니다.

저는 지금도 오른손 가운뎃손가락이 툭 불거지고 굳은살이 박여 있습니다. 필기를 하도 많이 해서 그렇게 됐습니다. 수업 시간에는 교수님이 말씀하시는 대로 받아 적고, 예배시간에는 목사님의 설교말씀을 열심히 적어 둡니다. 최대한 상세히 적으려고 합니다. 심지어 수업 시간에 선생님이 해 주셨던 여행 이야기 혹은 농담까지 적습니다. 그래서 나중에 수업 노트를 볼 때 마치 그 수업 전체를 듣는 것처럼 연상하며 공부할 수 있습니다. 그래서 같은 수업을 듣는 학생들은 꼭 제 노트를 빌려 달라고 합니다.

군사부일체(君師父一體)라고 했습니다. 본래 저희 집안의 유교적 전통 탓인지 저는 이 말을 유념하고, 교수님을 항상 깍듯이 대합니다. 스승을 아버지처럼 대하고, 교수님의 강의를 목사님의 설교말씀을 듣는 것처럼 듣다 보니 부모님을 대하듯, 목사님을 대하는 듯한 마음으로 교수님을 대합니다. 그러면 교수님도 저를 남다르게 눈여겨보십니다. '요즘도 이런 학생이 있네.' 하고 말입니다.

5
세상 욕심으로 공부하는 사람보다 더 열심히!

> 제가 공부하는 것은 나만을 위해 하는 것도 아니고 나중에 출세하기 위해서도 아닙니다. 다만 내가 하나님의 일을 하기 위해 준비된 일꾼이 되기 위해 이 공부를 하려는 것입니다.

노트 빌려 주는 대신에

같은 수업을 듣는 학생들은 제 노트를 빌려 달라고 예약을 합니다. 솔직히 제 마음속에 딴마음이 전혀 안 드는 것은 아닙니다.

'저 사람은 공부를 안 하고 수업도 빠진 사람이다. 그래도 내 노트에는 어느 것 하나 빠짐없이 잘 정리되어 있기 때문에 이 노트를 가지고 집중적으로 공부하면 단기간에 공부한 것에 비해 적어도 B 이상 아마 A까지 받을 수 있을지 모른다. 또 저 사람은 열심히 한 사람인데, 내 노트를 빌려다가 빠진 것을 보충하고 보완한다면 어쩌면 나보다 더 좋은 점수를 받을 수도 있잖아? 단 몇 명만 A를 준다는데 그러면 상대적으로 A플러스를 받기가 어려워질 텐데…'

제 속에 이런 갈등이 없었던 게 아닙니다. 그러나 저는 빌려 준다고 말합니다. 그러면서 이렇게 토를 답니다. "대신 내가 하는 얘기를 잘

들어 줘." 그리고 예수님 안 믿는 사람을 붙잡고 복음을 전합니다. 노트를 빌리려고 한 사람이라면 안 들을 수 없습니다. "나는 하나님을 믿는데…."

그 사람들은 하나님을 다 압니다. 기독교가 뭔지 대충은 압니다. 그렇기 때문에 저는 바로 제가 믿는 하나님에 대해 듣는 사람의 수준에 맞게 복음을 전합니다. 1시간이면 충분합니다. 또 이 사람이 정말 공부를 안 했다면 제가 직접 시험공부를 도와줍니다. 단 이때에도 토를 답니다.

"나랑 우리 교회에 세 번만 갑시다."

그렇게 해서 대학부에 나왔다가 예수님을 믿게 된 사람도 여럿 있습니다.

노트를 빌려 주면서 제 마음에는 지금껏 해 왔던 것보다 더 열심히 공부하지 않으면 안 된다는 결심이 섭니다. 제 노트를 빌린 사람들 중에는 나보다 훨씬 건강하고 더 지혜로운 사람도 있고, 더 탁월한 사람도 많습니다. 그들이 제 노트를 기반으로 더 열심히 공부한다면 저는 그들에게 처질 수밖에 없습니다. 그러니 저는 노트를 빌려 주기 전보다 더 열심히 기도하며 더 최선을 다할 수밖에 없었습니다. 지금 돌이켜 생각해 보면 전도하기 위해 노트를 빌려 준 것이 오히려 더 최선을 다할 수 있는 좋은 동기부여가 되었던 것 같습니다.

독서에 목숨을 걸다

저는 독서에 목숨을 걸었습니다. 교수님이 필요한 참고문헌을 제시해 주시면 저는 그 책을 반드시 읽었습니다. 보통 다른 학생들은 그 책들을 다 읽지는 않습니다. 그러면 저는 언제 읽을까요?

저는 매일 치료를 병행해야 했기 때문에 하루에 공부할 수 있는 시간이 정해져 있었습니다. 만일 그 이상 공부하면 다음 날 무리한 여파가 바로 옵니다. 그렇기 때문에 저는 항상 정해진 시간 안에서 그 시간을 최대한으로 활용할 수밖에 없었습니다. 시간을 최대한 집약적으로 쓸 수밖에 없는 상황이었습니다. 그래서 저는 공휴일만 되면 너무나 행복했습니다. 부족한 독서를 할 수 있어서 너무 기뻤습니다.

동시에 현실의 문제는 저를 늘 괴롭혔습니다. 기쁜 마음으로 책을 들고 앉아 읽다가도 허리가 아파 오면 너무나 괴롭습니다. 그러면 누워서 읽습니다. 곧 팔이 아파 옵니다. 그러면 서서 읽습니다. 이렇게 책을 읽다가 무릎을 꿇고 하나님께 울면서 기도합니다.

"하나님, 절 보셨지요? 저 정말 아픕니다. 정말 하나님 위해서 열심히 하고 싶습니다. 그런데 앉아서 책을 읽다가 아프니까 누워서 읽습니다. 목이 아프고 팔이 아프니까 다시 서서 읽습니다. 하나님, 저 좀 빨리 건강하게 해 주세요. 좀 더 건강해지면 제가 지금보다 더 열심히 하겠습니다. 하나님 불쌍히 여겨 주십시오. 하나님 나의 통증을 줄여 주십시오. 저는 지금 너무 힘듭니다. 너무 괴롭습니다. 정말 하나님의 도움이 절박하게 필요합니다. 하나님 살려 주세요.

그런데 하나님, 왜 하필 저처럼 이렇게 건강하지 못한 사람을 통해 일하려고 하십니까? 서울대학교에 나보다 똑똑하고 건강하고 능력 있고 하나님 믿는 학생들이 수두룩한데, 왜 하필 나를 택해서 하나님도 힘드시고 저도 힘들게 하십니까? 하나님 정말 잘하고 싶은데 아파서 너무 속상하고 하나님께 죄송합니다. 하나님 저 좀 도와주세요. 하나님의 도움 없이는 오늘 도저히 공부 못할 것 같습니다. 하나님 나의 아버지! 나를 불쌍히 여겨 주십시오."

하나님께 통곡합니다. 한참을 울고 나서 저는 다시 하나님께 기도합니다.

"하나님, 그럼에도 저를 통해 하나님이 일하길 원하신다면 이 일을 감당할 새 힘과 아픈 것을 견딜 수 있는 인내를 주십시오. 지혜를 주십시오. 기쁘게 공부할 수 있도록 제 마음을 바꾸어 주십시오."

그렇게 부르짖어 하나님께 기도하고 나면 참 놀라운 일이 벌어집니다. 우선 몸이 덜 아프게 됩니다. 과장처럼 들릴 수도 있지만 있는 그대로 솔직히 말씀드리면 숨 쉬는 것이 달라집니다. 마치 공기가 달라졌다고 할까요? 아무튼 몸이 부드러워집니다. 그리고 마음에 새로운 기쁨과 평안이 찾아옵니다. 포기하려던 마음에서 다시 한 번 뜻을 정해 시작해 보자는 긍정적인 마음이 생깁니다. 기도하기 전에는 없던 전혀 새로운 마음이 생깁니다.

그때부터 또다시 책을 보기 시작합니다. 그렇게 한참을 공부하다가 도저히 더 책이 읽혀지지 않으면 헬스클럽으로 운동하러 갑니다. 거기서 한 시간 반 정도 운동을 하고 난 후 다시 책을 읽습니다. 그러고 나면 다시 공부가 잘됩니다.

독서할 때 저는 몸 상태에 따라 책을 다르게 선택합니다. 몸 상태가 최고일 때는 가장 하기 싫고 정말 읽기 힘든 책을 골라서 읽습니다. 그러다가 서서히 집중도가 떨어지고 몸이 아프기 시작하면 좋아하거나 쉬운 과목의 책을 읽습니다. 그러면 하루가 금세 지나갑니다.

저는 개인적으로 추석 명절을 무척 좋아합니다. 학기 중에 마음먹고 충분히 책을 읽고 공부할 수 있는 시간이기 때문입니다. 가급적 전공 서적은 방학 때 미리미리 읽어 둡니다. 한 번 읽어 둔 책은 학기 중에 다시 보면 그만큼 빨리 읽을 수 있습니다. 독서는 전 세계의 위대한 스승을 나의 스승으로 만들 수 있는 정말 좋은 방법입니다. 청소년 시절, 청년 시절 시간을 아껴 좋은 책을 가까이 하십시오. 그것이 여러분의 인생에서 가장 귀한 재산이 될 것입니다.

공부하기 전에 지혜를 구하라

공부하는 시간이 한정되어 있는 만큼 저는 공부하기 전에 꼭 하나님의 도우심을 구합니다. 제게 공부하는 시간은 예배드리는 시간입니다. 오후 8시부터 10시까지 공부한다고 하면 하나님께 먼저 기도를 드립니다.

"하나님, 제가 이 시간에 공부하려고 하는데 시간이 얼마 없습니다. 그렇지만 공부할 것이 너무 많습니다. 이 공부는 꼭 해야 합니다. 하나님, 저는 이 시간에 하나님이 집중력을 주시면 제가 공부할 것들을 다 할 수 있다고 믿습니다. 그러니 하나님, 도와주십시오. 하나님께서 분명히 약속하시지 않았습니까? '너희 중에 누구든지 지혜가 부족하거든 모든 사람에게 후히 주시고 꾸짖지 아니하시는 하나님께 구하라. 그리하면 주시리라.' (약 1:5)고 말입니다.

제가 하나님을 기쁘시게 하기 위해 공부하길 원하고 그렇게 뜻을 정했습니다. 하나님 야고보서에서 약속하신 것처럼 지혜를 지금 구합니다. 하나님께서 반드시 주신다고 약속하셨습니다. 저는 이 말씀을 믿습니다. 제가 공부하는 것은 나만을 위해 하는 것도 아니고 나중에 출세하기 위해서도 아닙니다. 다만 내가 하나님의 일을 하기 위해 준비된 일꾼이 되기 위해 이 공부를 하려는 것입니다. 하나님, 도와주십시오."

그렇게 5분 정도 기도합니다. 그런 다음 바로 공부하느냐 하면 그

게 아닙니다. 또 5분 정도 성경을 봅니다. 주로 제가 좋아하는 잠언을 봅니다. 그러면 심신이 평안하고 차분해집니다.

그러면 공부할 수 있는 시간 가운데 10분을 썼으니까 110분이 남습니다. 그 110분간 계속 공부할 수는 없습니다. 45분 정도 집중하고 10분 쉽니다. 더욱 집중해서 공부해야 한다면 30분 집중하고 10분을 쉽니다. 집중력을 높이기 위해서 시간을 정해 놓고 훈련했습니다. 30분간 해야 할 독서 분량이 있으면 예정보다 배는 빨리 읽도록 의도적으로 훈련하는 것입니다. 그렇게 하고 허리가 아파서 10분을 누워서 쉬었습니다. 30분 공부하고 10분 쉬고. 그렇게 공부하다 보니 어느 순간 집중력이 매우 높아진 걸 알 수 있었습니다.

공부 바이오 리듬

저는 집중력을 높이기 위해서 의도적으로 많은 노력을 했습니다. 그중 하나가 일찍 자고 일찍 일어나는 습관을 기르는 것입니다. 일명 '다니엘 아침형 학습' 습관입니다. 잠자는 시간과 공부하는 시간도 맞추었습니다. 공부하는 시간이 되면 항상 공부했습니다. 규칙적인 다니엘 학습 습관은 정말 놀라운 집중력을 줍니다. 또 저는 텔레비전을 잘 안 봅니다. 만일 한 시간 동안 텔레비전을 보고 바로 공부를 하려고 책상에 앉으면 30분 동안은 실제로 공부가 안 됩니다.

텔레비전을 다 보았다고 거기서 끝나는 것이 아닙니다. 적어도 30분 정도는 잔상이 남아서 끊임없이 스토리를 유추해 나갑니다. 그동안 책장은 넘어가지만 실제로 공부가 제대로 되지는 않습니다.

또 텔레비전을 한 시간 보면 눈이 엄청나게 피곤합니다. 화면이 계속 바뀌다 보니 한 시간 내내 책을 보는 것 이상으로 눈이 피로해집니다. 실제로 텔레비전 1시간 시청 후 몸이 느끼는 피로는 3시간 동안 집중해서 공부한 것과 맞먹습니다. 그런 상태에서 다시 공부하려니 얼마나 피곤하겠습니까? 그때는 쉬어야 합니다. 텔레비전을 한 시간 봤으면 한 시간은 쉬어야 합니다. 그 다음 공부해야 합니다. 그러니 그 시간이 얼마나 아깝습니까? 그렇다고 해서 제가 텔레비전을 전혀 안 본 것은 아닙니다. 꼭 봐야 한다면 예약 녹화를 해서 내가 쉬는 시간이라고 설정해 둔 그 시간에 봅니다. 그렇게 보는 텔레비전은 너무 너무 재미있습니다. 정말 아끼고 아껴서, 귀한 시간을 만들어서 보기 때문에 더욱 기분이 좋습니다. 물론 광고 방송을 보지 않아도 되니까 그만큼 시간도 절약됩니다. 그리고 여러 회분을 한꺼번에 예약 녹화해 두기 때문에 한 회분을 보고 다음 회를 보고 싶어서 조바심을 내거나 따로 신경 쓸 필요가 없습니다.

어느 날 제가 너무 보고 싶은 텔레비전 프로그램이 있었습니다. 그것을 꼭 보고 싶었는데 시간을 내기가 어려운 상황이었습니다. 고민 끝에 저는 그것을 보기 위해 텔레비전을 2시간 본 만큼 잠을 줄이기로 나 자신과 약속을 했습니다. 그래서 평소보다 2시간 늦게 자고 평소처럼 일어났습니다. 다음 날은 내내 너무나 피곤하고 힘든 하루였습니다. 그때 저는 뼈저리게 느꼈습니다. 그리고 결심했습니다. 두 번 다시 이렇게는 하지 말자고 말입니다. 그때 확실히 깨닫게 되었습니다. 저에게는 2시간 동안 텔레비전을 보는 기쁨보다 2시간의 잠이 더욱 소중하다는 것을.

대학에 들어가서도 계속 지켜 온 습관이 있습니다. 그중 하나가 기도하지 않고 성경 읽지 않으면 밥을 먹지 않는다는 것입니다. 영적으로 굶어 죽는 마당에 밥을 먹어서 무얼 하겠는가 하는 마음이 들었기 때문입니다. 실제로 그런 일이 있었습니다. '오늘은 기도도 안 하고 성경도 안 봤으니까 밥을 굶자.' 그래서 제가 하루를 굶었습니다. 그랬더니 정말 배가 고팠습니다. 정말 밥이 먹고 싶었습니다. '그런데 왜 나는 하루 동안 기도 안 하고 성경 안 보았는데 영적인 갈급함이 육체적 배고픔만큼 심하지 않은 것일까? 이건 무언가 잘못되었다.'

저는 가슴을 치며 회개했습니다. 그때부터 저는 영적으로 민감하게 해 달라고 기도했습니다. 저는 기도 안 하고 성경을 읽지 않으면 밥을 안 먹는다는 원칙에 따라 그것을 지키기 위해 몸부림쳤습니다. 그런 과정을 통해 저는 성경 보지 않고 기도하지 않으면 영혼의 굶주림에 대해 더욱더 민감해지게 되었습니다. 그래서 육신의 밥을 먹기 전에 먼저 영혼의 양식을 먹고 기도하는 것이 생활화되게 되었습니다. 자기 자신과 약속하고 실제로 이렇게 해 보십시오. 두 끼만 그렇게 해 보십시오. 진짜 배가 고프면 당장 기도하고 당장 성경 읽습니다. 그러면 그 다음부터 꼭꼭 그렇게 하게 됩니다.

수고했다, 동환아

저는 이 모든 일을 하나님과 대화하면서 결정해 나갔습니다. 나를 인도해 줄 수 있는 분은 오직 하나님 한 분뿐이라고 생각했습니다. 기도하고 성경 읽는 시간, 하나님과 대화하는 시간이 월등히 많습니다. 제 하루 일과는 한결같습니다. 새벽 4시 반에 일어나서 6시까지 기도하고, 학교에 가기 위해 7시 반에 집을 나섭니다. 그러면 그 사이에 1시간 반이라는 시간이 남는데 그 시간은 저에게 생명과 같은 시간입니다. 그때의 한 시간 반은 저녁의 5시간과 맞먹는 시간입니다. 그 황금 같은 시간에 제일 어려운 공부를 합니다. 창의적인 아이디어가 필요한 리포트도 씁니다. 전날 저녁에 미리 생각을 어느 정도 한 뒤 새벽에 하나님께 기도한 후 아침에 집중적으로 글을 씁니다.

저는 리포트를 내라고 하면 가급적 한 달 전에 다 쓰려고 합니다. 부득이한 경우 늦어도 보름 전에는 다 쓰려고 합니다. 그런 다음 남은 기간 동안 기도하면서 내용을 수정하며 하나님께 기도합니다. 어떻게 하면 좀 더 참신하게 잘 쓸 수 있을지 기도하며 몸부림칩니다. 그렇게 하다 보니 일반 리포트를 보통 대학원생 논문 수준으로 써 냅니다. 저는 리포트를 내면서 교수님께 꼭 돌려 달라고 말씀드립니다. 몇 달씩 품고 있으면서 정리한 생각을 적어 낸 리포트이니만큼 리포트를 낼 때는 마치 아이를 낳는 심정이 됩니다. 그렇게 3, 4학년이 되자 교수님들은 서로 저를 가르치고 싶어 하셨습니다. 보통 한 학기 수업을 마치면 교수님들이 도리어 제게 고맙다는 인사를 하십니다. 저를 가르치게 되어 한 학기 동안 더 많이 준비했고 더 많이 공부하고 긴장하며 강의할 수 있었다고 말씀해 주십니다. 그런 이야기를 들으면 너무나 감사합니다. 그것이 마치 한 학기 동안 병과 싸우면서 눈물로 매달리며 공부한 것에 대해 수고했다고 말씀하시는 하나님의 칭찬처럼 들리기 때문입니다. 저는 그것으로 만족합니다.

"동환아, 이번 학기에도 수고했구나. 애썼다."

6
서울대의 이상한 학부생

> 서울대학교 은어집에도 제 이름이 나옵니다. '이상한 대학생'이라고. 분명히 학부생 같은데 항상 박사들과 어울려 다니고 같이 생활하고 교수님처럼 4층에서 생활하기 때문이지요. 그렇게 저는 '이상한 대학생'으로 불렸습니다.

자네 이름이 무언가?

대학교에 들어와서 1학년 1학기 성적은 한 과목 A제로에 나머지는 모두 A플러스였습니다. 그래서 톱을 했습니다. 저희 과는 정원이 20명인데, 그중 목사가 되기 위해 이 과에 들어온 동기생은 5명이었습니다. 저를 포함하면 모두 6명인 셈입니다. 그들과 같이 기도하고 교제를 나누는 일은 제게 큰 기쁨이었습니다.

선배님들 중에는 예수님을 믿는 분이 많지 않았습니다. 또 제가 몸이 많이 아프다 보니 1학기 때 MT도 한 번 못 갔습니다. 2학기가 되었는데 어떤 과목을 들어야 할지 잘 몰랐습니다. 그러다 수강 신청을 하는데 전공 필수라고 쓰여 있어서 저는 2학기 때 당연히 해야 하는 것인 줄 알고 신청했습니다. 나중에 알고 보니 그 과목은 4학년 전공 필수과목이었습니다. 1학년인 제가 무지한 탓에 듣게 되었던 것입니다.

사실 그때까지 저는 수강 취소를 할 수 있다는 것도 몰랐습니다. 한 번 신청하면 무조건 들어야 하는 줄 알았습니다. 정말 저의 무지함이 대단했습니다. 그 과목은 4학년들도 재수강한다는 그런 어려운 과목이었습니다. 한국 종교학계의 거두이신 윤이흠 교수님이 맡고 계신 과목이었는데 예나 지금이나 상당한 영향력이 있는 분이십니다. 그분은 단 한 번도 A플러스 학점을 준 적이 없는 것으로도 유명하셨습니다.

제가 그 강의실에 앉아 있는 것을 보고 선배님들은 하나같이 강의실을 잘못 찾은 줄 아셨다고 했습니다. 강의실을 확인한 다음에는 '1학년이 왜 이 강의실에 있느냐?'고 의아해했습니다. 교수님은 강의를 시작하기에 앞서 그날 수업의 핵심이 되는 문제를 화두로 질문을 하셨습니다. 그것이 관례였습니다. 교수님은 출석부를 보시고 제일 나이가 많은 고학년부터 차례로 질문을 하셨습니다. 그가 답을 못하면 그 다음 사람에게 질문이 넘어가는 식이었습니다.

첫 번째 수업에서도 교수님은 여지없이 질문을 던지셨습니다. 그러나 선배들은 답을 하지 못했습니다. 점점 제 차례가 다가왔습니다. 처음에는 쟁쟁한 선배들이 계시는데 내 순서까지 오지는 않겠지 생각했습니다. 그런데 선배들의 답이 마음에 들지 않으셨는지 교수님은 계속 다음 학생을 지목했습니다. 그래서 저는 무척 당황하고 걱정되기 시작했습니다. 점점 나에게 순서가 다가오면서 가슴이 콩닥콩닥 뛰기 시작했습니다. 어떡하지? 어떡하지? 저는 도저히 저의 지혜와 능력으로 할 수 없다는 것을 깨달았습니다. 그리고 하나님께 간절히 기도했습니다. '하나님 아버지! 이 수업은 지금까지 제가 듣던 수업과는 너무나 수준 차이가 나는 어려운 수업입니다. 교수님이 내 주신 문제는 저에게 있어서 골리앗처럼 어려운 상대입니다. 제 힘과 능력으로는 도저히 풀 수 없습니다. 하지만 하나님이 도와주시고 나와 한 팀이 되어 주신다면 능히 풀 수 있다고 저는 믿습니다. 하나님 야고보서 1장 5절에서 약속하신 그 지혜를 저에게 주십시오. 다니엘에게 주신 지혜를 저에게도 허락하여 주옵소서. 하나님의 도움 없이는 저는 이 문제를 해결하지 못합니다. 하나님 아버지!'

간절히 기도하며 생각을 정리하기 시작했습니다. 그런데 참 놀라운 일이 벌어졌습니다. 제가 지금까지 한 번도 생각하지 않았던 전혀 새로운 생각들이 그 짧은 시간에 머릿속에서 환하게 비치기 시작했습니다. 마치 누군가가 머릿속에 그 생각을 넣어 주셨다는 말밖에는 다른 표현이 어렵습니다.

저는 그 생각들을 차근차근 정리하여 교수님께 말씀드렸습니다. 그때 교수님은 창밖을 보고 계셨는데 제 답을 들으시고 갑자기 고개를 저에게로 돌리셨습니다. 그리고 제 이름을 물어보셨습니다. 교수님은 지금까지 들어 보지 못한 새롭고 신선한 답이라고 말씀하시면서 아주 잘했다고 칭찬해 주셨습니다. 저는 지금도 그때의 감동과 흥분을 잊지 못합니다. 어떻게 그런 일이 가능했을까요? 하나님과 한 팀이 되어 골리앗을 이긴 다윗처럼 저에게도 하나님이 함께해 주시고 도와주셔서 그런 일이 가능했던 것입니다. 너무나 기분이 좋았고 하나님께 감사했습니다. 수업 시간 내내 마음속으로 하나님을 찬양하며 할렐루야를 외쳤습니다. 수업이 끝날 즈음에 공개적으로 교수님은 특별히 다시 제 이름을 물어보셨습니다.

일주일이 지난 다음 다시 그 과목의 강의 시간이 되었습니다. 교수님은 역시 수업이 시작되자마자 한 가지 어려운 질문을 하셨습니다. 이번에는 선배님들도 지난주에 방심한 것을 만회하고자 미리 공부를 많이 해 오셨습니다. 선배님들의 대답을 들으면서 저는 정말 대단한 답이라고 탄복하며 이번에는 내 순서까지 오지 않을 것이라고 확신했습니다. 그리고 느긋한 마음으로 선배님들의 이야기를 경청하였습니다. 그런데 교수님은 계속 다음 학생을 부르셨습니다. 저는 조금씩 불안감이 엄습해 왔습니다. 설마 이번에는 아니겠지, 누군가 꼭 대답하겠지, 그런데 결국 아무래도 저까지 올 것 같았습니다.

저는 하나님께 기도하기 시작했습니다.

'하나님 지난번에는 하나님 은혜로 정말 불가능해 보이는 골리앗과 같은 문제를 이길 수 있었습니다. 이번 문제 역시 제 힘으로는 도저히 풀 수 없는 어려운 문제입니다. 하나님 저같이 병들고 연약한 사람을 사용하셔서 세상적으로 똑똑하고 지혜 있는 사람에게 하나님이 살아 계심을 보여 주시옵소서. 하나님 저를 도와주셔서 이번에도 하나님의 지혜와 능력으로 능히 여리고성을 무너뜨리게 하옵소서.'

정말 간절히 기도하고 또 기도했습니다. 정말 놀랍게도 하나님께서는 이번에도 제가 준비한 답 이상의 새로운 생각들을 또 허락해 주셨습니다. 한 번도 생각해 보지 못했던 귀한 생각들을 이번에도 허락해 주셨습니다. 저는 너무나 기쁘고 감사했습니다. 그 생각들을 미리 준비한 답에 잘 정리해서 교수님께 말씀드렸습니다. 교수님은 답을 들으시면서 빙그레 웃으셨습니다. 그리고 어린 학생이 참 뛰어나다고 칭찬하면서 아주 좋은 답이라고 격려해 주셨습니다. 그러고는 "자네 이름 김동환 맞지. 그래 잘했어. 그런데 왜 그렇게 뒷자리에 앉나. 다음부터는 이 자리에 앉게나." 하시면서 앞으로는 뒤에 앉지 말고 선생님 앞에 앉으라고 자리를 따로 정해 주셨습니다.

저는 그 수업 시간 내내 할렐루야를 마음속으로 외치면서 수업에 집중했습니다.

수업이 끝나고 나가려고 하는데 교수님이 저에게 남으라고 하셨습니다. 그러곤 밥을 사 줄 테니 이번 주에 교수님 방에 찾아오라고 말씀하셨습니다. 제가 유일하게 그 교수님 시간에 뒷자리에 앉는 이유가 있었습니다. 교수님께서 기독교 신자를 별로 좋아하지 않는다는 얘기를 얼핏 들었기 때문입니다. 교수님께서는 예수님은 좋아하는데 예수님을 믿는 기독교인들이 신앙과 너무 다른 행동을 해서 그것이 한국 사회에 큰 문제가 된다고 이야기하곤 하셨습니다. 저는 어린 마음에 왠지 교수님 앞에 앉기가 거북스러웠던 것 같습니다. 그래서 뒤에 앉았는데 교수님이 자리도 앞자리로 정해 주시고 밥까지 사 주신다고 말씀하시니 무척 고민이 되었습니다. 지금도 기억나는 것이 그 수업을 마친 다음 점심을 먹었는데 그 문제가 고민이 되어 소화가 잘되지 않을 정도였습니다.

그렇지만 교수님의 말씀이니 안 들을 수도 없었습니다. 저는 생각하다 꾀를 하나 냈습니다. 일단 그 주에 교수님 말씀대로 점심시간에 교수님 강의실 근처에서 기다렸습니다. 교수님은 강의가 끝나면 교재를 두고 화장실에 가셨습니다. 저는 바로 이거다 싶었습니다. 그래서 다음 날 교수님이 점심 식사 전에 손 씻으시느라 화장실에 가신 틈을 타서 잽싸게 교수님 방에 달려가 방문을 두드렸습니다. 물론 방에는 아무도 없었습니다. 저는 방문을 세 번 두드린 다음 교수님의 대답이 없는 것을 확인하고 재빨리 아래층으로 내려왔습니다.

일주일이 지나 수업이 끝난 다음 교수님은 제게 물어보십니다.
"너 오라고 했는데 왜 안 왔니?"
"교수님, 제가 점심시간 때 찾아뵈었을 때 안 계셨는데요."

저는 내심 마음이 불안했습니다. 그런데 교수님께서 갑자기 멋쩍게 크게 웃으시면서 이렇게 말씀하셨습니다.

"아, 미안하다. 내가 지난주에 학회 때문에 많이 바빴어. 다음에 찾아오면 정말 맛있는 것을 사 주겠다."

저는 마음속으로 너무너무 기뻤습니다.

그렇게 무사히 한 주를 넘기고 다음 주도 교수님께는 죄송스러웠지만 종전과 같은 방법으로 교수님과의 식사를 하지 않고 자연스레 넘어갈 수 있었습니다.

그 다음부터 수업은 점점 더 엄청난 열기를 띠었습니다. 마치 대학원 수업을 방불할 정도로 엄청난 예습과 토론이 이어졌습니다. 1학년도 저만큼 해 오는데 자존심이 있지, 라고 생각한 쟁쟁한 선배님들이 점점 더 열심히 공부했기 때문입니다. 선배님들은 교수님이 원하는 답에 90퍼센트 가까이 접근했습니다. 정말 놀라운 답이라는 생각이 들었는데도 교수님은 질문을 멈추지 않으시고 꼭 제 대답을 들으려고 하셨습니다. 그래서 저는 이렇게 기도하고 대답했습니다.

'하나님, 이 수업을 듣는 선배들 중에는 하나님을 믿지 않는 사람들이 많습니다. 그들은 기독교를 인간의 문화 산물에 불과하다고 이야기합니다. 그들은 인간의 조상은 원숭이라고 말하며 철저한 인본주의적 사고로 무장한 세상의 엘리트들입니다. 그러나 저는 하나님이 온천지를 창조하시고 전능하신 만왕의 하나님이심을 고백합니다. 저는 지금도 살아 계신 하나님을 믿습니다. 하나님 제가 비록 병들고 그들에게 내세울 만한 세상적인 것들은 가지고 있지 않으나 하나님을 믿는 백성으로서, 하나님의 존귀한 자녀로서 하나님이 주신 지혜와 능력을 가지고 이 수업을 공부하고 있음을 모든 사람이 알게 해 주세요. 나 같은 연약한 자를 통해 세상의 지혜자들에게 하나님이 분명히 살아 계심을 보여 주는 도구로 쓰임 받길 원합니다. 하나님 도와주시고 저도 제가 할 수 있는 최선을 다해 공부하며 준비하겠습니다. 하나님 저를 사용하여 주옵소서. 하나님 저를 통해 하나님이 살아 계심을 인본주의가 견고하게 진을 치고 있는 서울대학교 안에서 보여 주십시오.'

수업 시간마다 교수님께서 저의 생각을 물어보시니까 사실 저도 몹시 부담스러웠습니다. 이제 새파란 1학년생이 알면 얼마나 알겠습니까? 그랬기에 저는 정말 그 학기 내내 새벽마다 더욱더 부르짖고 기도하며 하나님께 지혜를 간절히 기도했습니다. 더 정신 차려 책을 보며 아침 공부를 했습니다. 특별히 그 수업 시간이 있는 날에는 새벽기도 시간을 더 늘렸고 수업 시간 내내 기도하는 마음으로 하나님께 지혜를 구하며 수업에 임하고 교수님의 질문도 주의 깊게 듣고 생각한 다음 답했습니다. 그럴 때마다 하나님께서 특별한 지혜를 부어 주셨습니다. 질문이 거듭될수록 모두 비슷비슷한 답을 하게 됩니다. 똑같은 책으로 똑같이 공부해 왔으니 별다르게 새로운 것이 나오기 어려운 상황이었습니다. 그러나 기도하는 마음으로 하나님 앞에 겸손히 지혜를 구하며 나아가니까 하나님께서 새롭게 깨닫게 하시는 것들이 있었습니다. 그런 깨달음으로 이야기를 하면 교수님은 상당히 신선하게 여기셨습니다. 그렇게 한 학기가 하나님의 특별한 은혜 가운데서 지났습니다. 마치 어린아이를 안아서 강을 건너 주신 느낌이었습니다. 지금도 교수님께 죄송스럽지만 결국 저는 그 학기 내내 교수님과 밥을 먹지 않았습니다. *^^*;;

국책 프로젝트에 합류하다

겨울방학이 지나고 새 학기가 되었습니다. 그런데 저희 과에 큰 소동이 벌어졌습니다. 20년 넘게 단 한 번도 A플러스를 준 적이 없던 교수님이 1학년생한테 A플러스를 줬다는 소문이 쫙 퍼진 것입니다. 2학년 1학기가 시작되고 첫 수업을 받으러 갔을 때 과 사무실에서 연락이 왔습니다. 윤 교수님이 저를 교수님 방으로 부르셨다는 것입니다. 조교 형은 오늘 몇 시에 꼭 오라고 했으니 어디 가지 말고 꼭 찾아뵈라고 신신당부했습니다. 저는 '아, 오늘은 정말 가야 되겠구나. 달리 방법이 없구나.' 생각하며 교수님 방으로 발걸음을 옮겼습니다.

교수님 방을 노크한 후 들어가자 교수님은 저를 보시고 단도직입적으로 말씀하셨습니다.

"김동환, 나도 네가 기독교인인 걸 안다. 그리고 아마 너도 내가 기독교인을 싫어한다는 것을 잘 알 것이다. 그렇지만 지금까지 20년 넘게 학생들을 가르쳐 오면서 내가 만난 학생들 중 네가 가장 샤프했다."

교수님은 제게 진지하게 여러 가지 말씀을 해 주셨습니다.

"내가 종교학을 공부하다 보니 한국은 세계 종교학회의 보고(寶庫)라 할 만하다. 우리나라는 정말 특별한 나라다. 유교, 불교, 기독교라는 메이저 종교들이 한국 사회에 모두 있는데 어느 한 곳이 우열을 점하지도 않고 공존하고 있는 나라가 한국이다. 21세기에 전 세계의 문화권이 나누어지면서 종교로써 새롭게 짜이는 시점에서 한국은 메이저 종교들이 한데 공존하는 이상적인 모델이 될 수 있다. 동양학적인 마인드를 가지고 있는 네가 이제부터 본격적으로 종교학을 공부한다면 세계적인 최고의 석학이 될 수 있다.

솔직히 내가 서울대학교 다닐 때는 학부 시절 제대로 공부를 많이 하지 못했다. 시국도 어려웠고 학부 때는 공부를 체계적으로 하지 못했다. 하지만 너는 다르다. 세계 최고의 석학이 되고자 한다면 학부생 때부터 최선을 다해 공부해야 한다. 넌 명석한 두뇌와 충분한 자질과 가능성이 있고 그렇게 될 수 있다.

네가 신학을 전공하려 한다는 것은 알지만 신학은 어디까지나 서양 학문이다. 네가 아무리 신학 분야의 최고 학자가 된다고 해도 수많은 서구 학자들의 뒤를 따를 뿐이다. 네가 네 학문의 영역에서 세계적으로 인정받으려면 한국 사람으로서 한국 종교를 연구해야 한다. 이제부터 내가 3년의 시간을 주겠다. 서울대학교 종교문제연구소에서는 교육부 5개년 프로젝트의 하나로 '한국인의 종교관에 대한 구조적 연구'를 하고 있다. 내가 너를 그 프로젝트에 합류시키겠다. 거기서 배워라. 철저히 가르쳐 주겠다."

저는 교수님께 생각해 보겠다고 말씀드리고 방을 나왔습니다. 그리고 생각해 보았습니다. 보통 저희 과에 목회자가 되려고 오는 사람은 20명 정원 중 2, 3명 정도 됩니다. 그중 4년간 종교학을 공부하면서 기독교도 인간이 만들어 낸 문화의 산물이라고 생각하고 목회의 길을 포기하는 사람이 있습니다. 목사의 아들로 태어나 목회의 길을 가기 위해 종교학을 공부했다가 나중에는 집안과 절연하고, 학교 근처에서 자취하며 돈 벌어 가며, 계속해서 종교학을 공부하는 학생도 꽤 있습니다. 종교문제연구소란 그런 분들이 모여 있는 곳입니다.

그러니까 교수님은 이렇게 생각하신 겁니다.

'지금 네가 아무리 목사가 된다고 해 봤자 여기서 공부하다 보면 곧 뜻이 바뀔 것이다.'

그분은 그런 뜻으로 저에게 기회를 주셨지만 제 생각은 달랐습니다.

'신앙을 견지해 내며 그곳에서 3년간 잘 배울 수 있다면, 앞으로 내가 신학을 공부해 나가는 데 있어 10년 이상 공부한 만큼 많은 것을 얻을 수 있을 것이다. 한국 종교계의 각 분야 최고 석학들을 만나 두루 배울 수 있는 최고의 기회가 될 것이다. 내가 정신을 바짝 차리고 하나님께 기도하며 이곳에서 견디어 낸다면 짧은 기간이지만 엄청난 것을 준비할 수 있을 것이다.'

저는 전에 하던 대로 새벽에 하나님께 간절히 기도했습니다. 기도를 통해 뜻을 정한 후 저는 교수님을 찾아뵈었습니다.

"교수님 귀한 기회 주신 것 감사합니다. 많이 부족하지만 최선을 다해 열심히 해 보겠습니다."

마치 다니엘이 느브갓네살왕을 통해 바벨론에서 최고의 인본주의 교육을 무상으로 받은 것처럼, 나도 교수님을 통해 서울대학교에서 국책 프로젝트에 참여하여 각 종교별로 당대 최고의 석학들에게 무상으로 배울 수 있는 귀한 기회를 받게 되었습니다. 이 모든 것이 지금 돌이켜 생각해 보면 오직 하나님의 은혜라고 담대히 소리쳐 고백합니다. 나 같은 죄인을 구원하시고 세상적, 객관적 기준으로 병들고 연약한 나에게 하나님은 새 힘과 능력을 허락하시고 나를 3년간 이끌어 주시고 그때마다 때에 맞는 풍성한 은혜로 채워 주셨습니다. 뜻을 지어 성취하시는 여호와 나의 하나님께 모든 영광을 돌립니다. 하나님 감사합니다. 오직 전지전능하신 하나님만이 이 모든 일을 가능케 하셨습니다.

이상한 대학생

저희 과는 1층에 학부생 학과 사무실이 있고, 2층에 대학원생, 3층에 박사 강의실이 있고 4층에 교수실이 있었습니다. 교수님은 교수님 맞은편 방을 제게 주셨습니다. 저는 2학년 때부터 거기에서 생활했습니다. 서울대학교 은어집에도 제 이름이 나옵니다. '이상한 대학생'이라고. 분명히 학부생 같은데 항상 박사들과 어울려 다니고 같이 생활하니 말입니다. 학부생이 왜 교수님처럼 4층에서 생활할까, 그래서 제가 '이상한 대학생'이라는 타이틀로 은어집에 등장하게 된 것입니다.

그 후 저는 40, 50, 60대 어른들과 공부하면서 우리나라 각 종교 분야에서 최고라는 분들을 전부 만나 봤습니다. 객관적으로 각 종교를 연구할 뿐만 아니라 그 분야에서 권위 있는 분들을 초청하여 세미나도 합니다. 그것을 녹취하여 책으로 만드는 작업이 이어졌습니다.

세미나실에 여러 교수님들이 모였는데 학부생은 저 하나뿐이었습니다. 나머지는 박사, 교수, 그 분야의 전문가들입니다. 그런 분들이 모여서 세미나를 했는데 한 분이 주제 발표를 하면 교수님들 사이에 논쟁이 벌어집니다. 그러면 저는 가만히 듣고 있다가 가끔 질문을 합니다. 누구 하나 섣불리 질문하지 못하는 분위기에서 하룻강아지 범 무서운 줄 모르고 하는 질문입니다. 하지만 그 속에 참신한 것들이 있습니다. 저의 모든 사고의 근원에는 성경이 있습니다. 저는 질문을 하더라도 성경으로, 그 속에 담긴 깊은 뜻을 인용하면서 질문했습니다. 질문을 받은 교수님은 놀라며 제 나이를 물어보고 제가 학부 2년생이라고 대답하면 굉장히 흐뭇해하면서 대답해 주시곤 했습니다. 그러고 나면 참석한 박사들의 표정이 싹 달라집니다. '어린 것이 저래도 되나?' 하고 분해서 이를 빠드득 가는 겁니다.

세미나를 마치고 나면 교수님들과 함께 생맥주집으로 자리를 옮겨 계속 대화를 나눕니다. 사실 그런 자리에서 환갑이 넘으신 분들이 술을 권하시면 거절하기가 몹시 힘듭니다. 인간적으로 생각해 보면 제자 된 도리가 아닙니다. 그러나 저는 예수님을 믿는 사람으로서, 세상에서 저를 제일 사랑해 주시고 저를 위해 죽기까지 희생하신 분을 섭섭하게 하거나 가슴 아프게 하고 싶지 않다고 단호하면서도 아주 공손하게 거절했습니다. 그 대신 다른 음료를 먹겠다고 처음부터 정중하게 말씀드리고 선을 그었습니다. 그 다음부턴 술을 권하지 않으셨습니다. 그렇지만 다른 사람들에게는 그런 분위기가 용납되지 않았습니다. 교수님이 술을 따라 주시면 다 마셔야 합니다. 이런 분들이 추천해 주기만 하면 다른 학교 교수로 갈 수 있습니다. 하지만 저는 그런 부분에서 자유로웠습니다. 저는 오직 하나님이 나의 삶의 인도자이기에 교수님들을 누구보다 존경하지만 내 삶의 주인은 하나님이십니다. 사람에게 잘 보이는 것보다 하나님께 잘 보이는 것이 일 순위라고 저는 믿습니다. 그리고 어려서부터 철저하게 맞아 가며 그렇게 배웠습니다. 저는 하나님의 준비된 일꾼이 되기 위해 이곳에서 특별한 훈련을 받고 있는 것이지 교수 자리를 얻기 위해 이곳에 온 것이 아니었습니다. 그렇기에 오히려 교수님들에 대해서도 사심 없이 진심으로 존경하며 마음껏 후회 없이 제대로 배울 수 있었습니다.

놀라운 가르침

그분들을 가까이서 뵙다 보니 제가 성장하는 것이 느껴졌습니다. 저는 그분들께 집중적으로 개인 사사를 받았습니다. 윤 교수님께서 공부할 수 있도록 허락해 주신 4층 연구실 바로 앞에 종교학과 교수님 다섯 분의 방이 있었습니다. 저는 공부하다가 어려운 것이 있거나 이해가 안 되면 저 혼자 기도하고 깊이 생각해 보고 또 생각해 봅니다. 그래도 생각이 나지 않으면 잠시 잊고 학교를 산책하거나 다른 공부를 합니다. 그러고 나서 다시 하나님께 지혜를 구한 후 곰곰이 생각을 합니다. 그렇게 깊이 씨름하고도 도저히 안 되겠다 싶으면 제가 존경하는 그분들을 찾아가 공손히 여쭈어 보았습니다. 그 과정에서 특별히 생각나는 분이 바로 제게 유학(儒學)을 가르쳐 주신 금장태 교수님이십니다.

교수님은 한국 유교 계통의 대부 격이시고 정통 사림(士林)의 마지막 계보를 잇는 분이십니다. 서울대학교에서 가장 공부를 많이 하시고 열심히 하시는 교수님들 중의 한 분이라고 자타가 공인할 정도의 학자이시며 선비이십니다. 그분의 연구실은 사면에 책장이 있고 교수님이 앉는 작은 공간을 빼면 전부 책이 자리를 차지하고 있습니다. 교수님 댁은 학교 바로 앞에 있습니다. 학교와 연구실을 오가며 새벽부터 저녁까지 매일 공부하시는 노학자, 고고한 선비를 뵙는 것 같습니다.

제가 처음 교수님을 찾아갔을 때는 너무나 부드럽게 설명해 주셨습니다. 하지만 핵심을 지적하실 때, 교수님의 눈매는 너무나 매섭고 예리해지십니다. 그런 방문이 정기적으로 이루어지면서 교수님은 이제부터 질문할 때는 A4 용지에 질문을 적어 오라고 말씀하셨습니다. 질문을 하게 된 동기와 본인이 생각하는 답은 무언지 최대한 깊이 생각하고 적어 오라고 하셨습니다. 교수님께서 말씀하신 대로 질문을 적어 내면 교수님은 그 질문을 보고 바로 답해 주지 않으셨습니다. 일주일 동안 생각하고 답해 주셨습니다. 저에게도 일주일 동안 더 깊이 생각해 보라고 말씀해 주셨습니다.

일주일 후에 찾아가서 교수님이 해 주시는 말씀을 들으면 단 몇 마디만 들어도 머릿속이 환해졌습니다. 그렇게 1년을 했습니다. 다시 몇 달이 지나자 이번에는 교수님이 질문 자체를 한 문장으로 만들라고 말씀하셨습니다. 사고를 한 문장으로 집약하지 않으면 질문을 받지 않겠다고 하셔서 또다시 그렇게 질문하는 훈련을 받았습니다. 그렇게 3년간 저는 금 교수님께 사고의 깊이를 배울 수 있었습니다.

지금도 교수님을 떠올리면 그저 감사하고 송구스런 마음뿐입니다. 받은 사랑과 가르침 생각하면 더욱더 정진하여 스승의 은혜에 보답하고 싶습니다. 이런 놀라운 만남과 가르침을 가능케 해 주신 하나님을 다시 한번 소리 높여 온몸으로 찬양합니다. 할렐루야. 할렐루야. 할렐루야.

공부를 통해 깨달은 하나님의 은혜

불교를 깊이 있게 공부하면서, 저는 인간이 만들어 낼 수 있는 최고의 종교가 불교라는 것을 알았습니다. 인간의 지성으로 모든 노력을 다해서 만들어 낼 수 있는 최고의 종교, 가장 완벽한 모델이 불교입니다. 저는 이 점을 깨닫고 동시에 인간의 한계를 보았습니다. 유학이나 불교 수업을 들으면 눈물 흘릴 때가 많았습니다. 하나님이 살아 계심을 절감하니 그 사실이 너무나 감사했기 때문입니다. 석가모니를 공부하면서 예수 그리스도를 더 자세히 알 수 있었고, 공자와 그의 제자들을 공부하면서 예수님과 열두 제자를 더 깊이 알게 되었습니다. 예수님이 얼마나 위대하신 분이고 그분이 하나님의 아들이심을 더 깊이 알게 되었습니다.

그 밖에 여러 교수님들에게서 많은 것을 배웠습니다. 영어로 논문

쓰는 법도 배웠습니다. 영자 신문의 좋은 사설을 읽고 손으로 쓰고 외우고, 그러면서 어떤 식으로 글을 쓰는지 배웠습니다. 어느 교수님은 제가 글을 쓰면 빨간 펜으로 하나씩 밑줄 그으면서 이런 표현은 좋지 않아, 이것은 참 좋은 표현이야, 하면서 일일이 고쳐 주셨습니다. 그런 스승의 귀한 가르침이 없었다면 지금의 저도 없었을 것입니다. 이런 귀한 스승님들을 허락하신 것은 전능하신 만왕의 왕 하나님이십니다. 하나님께서는 하나님의 일꾼으로 쓰시기 위해 병들고 부족한 저를 이렇게 각 분야의 최고의 스승님들을 통해 준비시켜 주셨습니다. 또다시 하나님을 찬양합니다. 하나님 진심으로 감사드립니다. 하나님이 주신 귀한 은혜와 사랑 남은 인생 최선을 다해 갚으며 하나님께 가겠습니다. 하나님 오직 하나님께 세세무궁토록 영광을 돌립니다. 할렐루야. 할렐루야. 할렐루야.

저는 3년간 타 종교를 그냥 대충대충 공부하지 않았습니다. 하나님이 주신 귀한 기회인데 몸은 아프지만 열심히 치료하며 내가 할 수 있는 최선을 다해 몸부림을 쳤습니다. 비록 학부생이지만 주로 만나고 생활하는 분들이 거의 박사 이상의 분들이기에 그분들에게 뒤처지지 않으려고 대학원 수준 이상으로 제대로 공부하려고 노력했습니다. 제대로 된 리포트를 쓰기 위해 미리 교수님을 찾아간 적도 많았습니다. 리포트를 쓰려고 하니 과제를 미리 알려 달라고 말씀드리고 매주 깊이 있는 독서를 하면서 제가 쓸 리포트에 대해 교수님과 상의해 나갔습니다. 매 학기 과목별로 논문을 쓰는 것처럼 리포트를 썼습니다. 애써 쓴 리포트를 내고 난 다음에는 어떤 점이 부족한지, 앞으로 어떻게 쓰는 것이 좋을지 교수님의 고견을 듣기 위해 노력했습니다.

낼 때는 나름대로 잘 썼다고 생각한 리포트도 나중에 여러 가지 지적을 받고 보면 왜 그렇게 허술한지 창피한 적도 많았습니다. 열심히 했지만 이 정도밖에 안 된다고 생각하면 마치 거센 물살을 거슬러 오르기 위해 나룻배를 젓고 있는 듯한 느낌이었습니다. 죽을힘을 다해 노를 저어 보지만 계속 제자리입니다. 너무 힘이 들어서 손을 놓는 순간 어느새 뒤로 100미터 200미터씩 밀려납니다. 그런 느낌으로 3년을 보냈습니다. 그렇지만 3년이 지나고 어느 순간 내가 많이 성장했다는 것을 느꼈습니다. 최고의 교수님들께 집중적으로 교육받다 보니 사고의 폭과 깊이가 학부생 수준이라고 할 수 없을 정도로 많이 자라 있었습니다. 하나님께서는 그 3년간 제게 큰 진보를 이루어 주셨습니다.

저는 대학 4년 동안 세계의 각 종교를 공부하면서 종교를 통해 그 문화를 알 수 있었습니다. 전 세계 수많은 민족들의 문화의 결정체가 바로 종교입니다. 저는 이 종교학을 통해서 사고의 폭을 넓힐 수 있었습니다. 그 과정에서 저는 왜 기독교만이 유일한 종교인가, 기독교는 왜 인간이 만들어 낸 문화의 산물이 아닌가에 대해 줄기차게 고민하며 공부했습니다.

'도대체 왜 불교 신자가 예수님을 믿어야 하는가, 왜 유교 신자가 예수님을 믿어야 하는가, 왜 이슬람이 참 구원의 종교가 아니고 예수님만이 참 구원자일까?'

지성인들에게 무조건 '예수 천국 불신 지옥'이라고 말해 보십시오. 하나님의 특별한 은혜가 없는 한 그들은 아무리 해도 바로 돌아서지 않습니다. 저는 찬송가 411장 '예수 사랑하심은'을 가장 좋아합니다. 이 찬송의 3절 가사를 보면 기독교의 특성이 잘 드러납니다.

"내가 연약할수록 더욱 귀히 여기사 높은 보좌 위에서 낮은 나를 보시네. 날 사랑하심 날 사랑하심 날 사랑하심 성경에 쓰여 있네."

연약할수록, 내가 죄를 짓고 더 많이 지을수록 그것을 보고 더 사랑해 주신다고 합니다. 이것은 도무지 설명할 수 없는 말입니다. 다른 종교학자들도 이 부분을 특별하게 생각합니다. 그 어떤 종교에도 기독교에서 말하는 철저하고 무조건적인 사랑은 없습니다. 예수님은 내가 잘못하면 잘못할수록 혼내는 것이 아니라 더욱 귀하게 여겨 주십니다. 연약할수록 붙들어 주신다고 합니다. 저는 이때 하나님의 은혜를 깨닫습니다.

수많은 경전들을 읽으면서 깨달은 점이 있습니다. 인간이 스스로를 구원하기 위해 정말 최고의 지성을 발휘하여 온갖 지식을 다 짜 냈다는 사실입니다. 최고의 수재들이 그들의 전 인생을 할애했습니다. 인간의 최고 철학으로 완성한 것이 바로 그런 경전들입니다. 그렇기 때문에 오히려 인간의 본성에 맞습니다. 죄 지었으면 벌 받는 것이 마땅하다는 기본 정서에서는 기독교를 이해할 수 없습니다. 제가 제일 좋아하는 단어가 '은혜'라는 뜻의 히브리어 '헤세드'입니다. 제가 만일 다른 종교를 공부하지 않았다면 하나님의 이 은혜를 더 깊이 알지 못하고 지나쳤을지 모릅니다. 헤세드의 뜻은 은혜입니다. 좀 더 엄밀히 말하면 하나님의 은혜입니다. 인간의 죗값을 인간이 치러야 하는데 기독교에서는 그 죗값을 하나님이 직접 담당하시고 우리에게 값없이 구원을 주셨다는 것입니다. 이것이 바로 은혜입니다. 불완전한 인간의 노력으로 구원을 얻을 수 없는데 그 구원의 문을 하나님께서 자신의 독생자 예수의 생명으로 대신 죗값을 치러 주시고 열어 주신 것입니다. 타 종교와 기독교를 비교 공부하면서 저는 더욱더 선명하게 하나님이 인간에게 주신 사랑과 은혜의 남다름을 깊이 깨닫게 되었습니다.

기독교 내 반 지성주의를 경계한다

저는 타 종교를 공부할수록 하나님께 더 많이 기도하게 되었습니다. 사실 서울대학교에서 훌륭한 교수님들의 명강의를 듣다 보면 정말 치열한 영적 싸움이 벌어집니다. 기도하지 않으면 절대 그 싸움에서 이길 수 없습니다. 교수님들의 강의가 정말 그럴듯하게 들립니다. 진정으로 하나님을 믿고 매일 매일 하나님을 만나는 제게도 그런 말들을 집중해서 듣다 보면 그럴듯하게 들립니다. 사탄의 유혹이 정말 강하다는 것을 느낍니다. 왜냐하면 그분들의 명강의는 철저하게 인본주의를 바탕으로 아주 정교하고 세련되게 인간의 이성에 호소하고 있기 때문입니다.

인본주의란 신본주의와 대치되는 말로 인간이 이 세계의 중심이며, 철저하게 인간 중심으로 이 세상을 살아가는 방식을 말합니다. 따라서 인본주의는 신본주의를 배척하지 않을 수 없습니다. 그러나 기독교 사상은 철저하게 하나님 중심입니다. 그러므로 인본주의를 바탕으로 하는 명교수님들의 명강의가 듣기에는 좋아도 그리스도인들이 그 강의를 듣다 보면 은연중에 그들의 영성이 메마르게 되고 어느덧 그런 논리가 나의 무의식 세계에 들어옵니다. 그래서 저는 그런 인문학의 독소들을 내게서 제거해 달라고 매일 눈물로 기도했습니다. 그렇게 하지 않으면 저도 언제든지 흔들릴 수 있기 때문이었습니다.

그렇게 매달리다 보면 하나님은 그런 독소들을 제거해 주실 뿐만 아니라 성령의 충만함을 더해 주셨습니다. 인간의 죄로 하나님이 원래 인간에게 주신 이성 역시 왜곡되었습니다. 하나님을 배제한 현재의 인본주의 이성은 하나님 안에서 새롭게 원래의 모습을 회복해야 한다고 생각했습니다. 하나님이 인간에게 태초에 주신, 하나님 형상대로 만들어 주신 인간의 이성이 온전히 원래의 모습을 회복하고 제자리를 찾을 때 진정한 인본주의의 완성이 있다고 생각합니다. 하나님께서 부어 주신 거듭난 이성으로, 하나님께서 부어 주신 지성을 가지고 이 좋은 인문학의 틀을 바꿔서 하나님 나라를 위해 사용해야겠다고 결심하며 기도로 매달렸습니다.

그와 동시에 하나님이 주신 이성에 대하여 무조건 반대하는 반 지성주의는 경계해야 합니다. 하나님께서는 우리에게 감정뿐 아니라 지성도 주셨습니다. 많은 그리스도인이 하나님이 주신 지성을 활용하여 균형을 이루며 하나님의 말씀을 전했습니다. 교부시대 교부들이나 어거스틴, 칼빈 등 모두가 당대의 최고 지성인들이었습니다. 감성과 지성 모두 하나님이 그 백성들에게 주신 귀한 선물임을 잊어서는 안 됩니다.

지금 한국 기독계의 반 지성주의는 상당히 위험한 수준입니다. 지금 지식인들에게 전도가 안 되는 이유도 바로 거기에 있습니다. 왜 도올 김용옥 교수가 말하면 수천, 수만 명이 찬사를 보내면서 한국 교회의 유명한 목사님의 말은 듣지 않을까요? 왜 도리어 비난합니까? 도올은 그들이 이해할 수 있는 상식에서 지성을 적절히 활용했습니다. 지성에 대한 열린 자세로, 지성인들의 지적인 부분을 교묘하게 자극하고 호소했습니다. 마치 아담과 하와를 유혹한 뱀처럼 매우 타당성 있고 교묘하게 지성을 악용했습니다.

초기 기독교 시대에는 분명히 하나님이 주신 지성을 가지고 기독교를 변증하는 사람들이 있었습니다. 도올 같은 이들을 거듭난 이성과 논리로 철저하게 반박하고 기독교의 진리를 분명하게 세웠던 사람들이 있었습니다. 도올은 상당한 실력을 갖춘 사람입니다. 그렇지만 저는 도올이 저렇게 말도 안 되는 소리를 하는데 왜 유명한 신학교 교수님이나 많은 목사님들이 가만히 계시는지 답답했습니다. 역대 기독교 변증가들처럼 공개적인 자리에서 그와 대화하며 분명히 그의 한계를 짚어 주고 하나님의 살아 계심을 보여 줄 수 있을 텐데 왜 못하고 있는지 의문을 가졌습니다. 그런 의문이 타 종교를 공부하게 된 계기가 되었습니다. 도올 같은 사람도 지성과 이성을 교묘히 사용하고 있습니다. 우리도 하나님이 주신 지성과 이성을 잘 사용하여 효과적으로 기독교를 변증할 수 있어야 한다고 생각합니다.

교만한 나의 점수, A제로

4학년이 되자 그동안 시기, 질투 어린 시선으로 저를 대하던 수많은 박사나 강사 분들이 이제 저를 인정하게 되었습니다. 제가 국비로 유학을 갔다 와서 최연소 교수를 하리라고 다들 짐작하고 있었습니다. 하지만 저는 그때에도 제가 가야 할 길은 주님의 종의 길임을 확신하며 미리 헬라어를 익히면서 신학공부에 필요한 기초를 다져 나가고 있었습니다.

제가 만일 대학 4년간 전 과목에서 A플러스 받는 것이 목표였다면 그럴 수 있었다고 생각합니다. 저는 애초에 A플러스란 학생들이 받을 점수가 아니라고 생각하는 교수님들의 강의를 많이 들었습니다. 설령 A플러스를 못 받는다고 해도 제가 앞으로 하나님의 종으로 준비되기 위해 꼭 들어야 할 수업이라고 생각했기 때문입니다. 힘겹게 수업을 듣고 혹독하게 공부했기 때문에 남달리 얻은 것도 많았습니다. 그렇게 노력하고도 도저히 자신이 없던 과목은 눈물로 기도하며 공부했습니다.

교양과목을 듣더라도 교양 수준으로 공부하지 않았습니다. 마치 그 과목의 전공자들처럼 일정량 이상의 책을 보며 공부했는데 그것이 제게는 정말 큰 도움이 되었습니다. 외국에서 유명하다는 학위를 마치고 돌아오신 강사님들의 수업은 어김없이 들었습니다. 그런 분들에게서 새로운 생각이나 최근 학계의 동향을 들을 수 있었기 때문입니다. 특별히 저는 질문이 많은 학생이었습니다. 공부를 안 하면 질문할 것도 없습니다. 그런데 공부를 많이 하니까 진짜 질문할 것이 많았습니다.

4년의 대학 생활을 돌아보며 제가 깊이 반성하는 점이 있습니다. 저는 다섯 과목에서 A제로를 받았습니다. 그런데 그 과목은 제가 가장 자신 있다고 생각한 과목들이었습니다. 제 자신을 과신한 탓인지 그 과목을 공부할 때는 다른 과목을 공부할 때보다 하나님을 덜 의지하고 내 힘으로 하려고 했구나 생각하면 지금도 부끄럽습니다. A제로도 물론 좋은 성적입니다. 그러나 제가 하나님을 더욱 의지하고 A플러스를 받기 불가능한 과목처럼 눈물로 매달리며 지혜를 구했다면 분명히 다른 결과가 나오지 않았을까요?

하나님이 주시는 지혜

| 잠언 9:10 |
여호와를 경외하는 것이 지혜의 근본이요, 거룩하신 이를 아는 것이 명철이니라.

말씀처럼 저는 여호와를 경외하는 것이 지혜의 근본이라는 말씀을 다시금 내 삶 속에서 뼈저리게 느꼈습니다. 여호와를 경외하라는 것은 막연히 하나님에 대한 두려움을 가지라는 말씀이 아닙니다. 시편

33편 18, 19절 말씀을 보면서 저는 그분을 경외한다는 것이 어떤 것인지 배울 수 있었습니다. "여호와를 경외하는 자 곧 그 인자하심을 바라는 자를 살피사 저희 영혼을 사망에서 건지시며 저희를 기근시에 살게 하시는도다."

여호와를 경외하는 자는 목마른 사슴이 시냇물을 찾듯이 간절히 하나님의 인자하심을 구하는 사람입니다. 목마른 사슴은 물이 없으면 살 수 없습니다. 이 사슴이 간절히 시냇물을 찾는 것은 생사가 달린 문제이기 때문입니다.

마찬가지로 여호와를 경외한다는 것은 인간 자신만의 힘으로 무언가를 할 수 있다는 생각을 철저히 버리고 오직 하나님께 인자하심과 긍휼을 바란다는 뜻입니다. 마치 다니엘과 다윗이 자신의 지혜와 힘을 의지하기보다는 하나님을 의지하며 하나님과 한 팀이 되어 세상을 이긴 것처럼 오직 하나님께 기도하며 겸손히 지혜를 구하는 것입니다. 그와 동시에 하나님의 지혜를 구할 때 하나님의 인자하심이 있으면 좋고 없으면 할 수 없는 식의 기도가 아니라 그것 없으면 죽는다는 마음으로, 생명이 걸린 절박함을 가지고 구해야 한다는 것도 깨닫게 되었습니다. 골리앗과 같은 세상의 인본주의 엘리트들은 하나님의 존재를 무시하거나 하나님을 경외하지 않으며 그분에게 지혜를 구하지 않습니다. 그들은 이 세상의 중심이 바로 자신이고 자신의 노력과 지혜와 힘을 의지하기에 하나님께 절박함을 가지고 지혜를 기도하지 않습니다.

하나님께서는 야고보서 1장 5절을 통해서 하나님의 백성에게 지혜를 구하는 특권을 허락하셨습니다. 이 특권은 믿지 않는 사람들에게 주신 약속이 아닙니다.

"너희 중에 누구든지 지혜가 부족하거든 모든 사람에게 후히 주시고 꾸짖지 아니하시는 하나님께 구하라. 그리하면 주시리라."

하나님께 철저히 의지하고, 자신의 능력을 의지하지 않는 것이 바로 지혜의 출발입니다. 겸손한 마음으로 다니엘처럼 하나님의 영광을 위해 뜻을 정한 후 하나님 말씀대로 지혜를 구할 때 하나님께서는 우리에게 지혜를 풍성히 주십니다. 우리가 이 지혜를 가진다면 비록 우리가 세상적으로 보면 부족한 것이 많고 내세울 만한 것이 없는 상태일지라도 우리는 이 세상에서, 이 세상의 뛰어난 골리앗과도 같은 사람들 가운데서 담대하게 하나님의 영광을 높일 수 있습니다. 우리가 세상의 각 분야마다 세상의 탁월한 실력을 지닌 골리앗들과의 한판승부에서 승리할 수 있는 비결은 오직 하나님 자녀답게 하나님의 방식에 따라 하나님과 한 팀을 이루어 승부를 하는 것에 있습니다.

하나님을 의지하다가도 인간이 스스로 교만해져 겸손히 하나님과 한 팀을 이루지 않고 자신을 의지하게 되면 바로 그때 그리스도인에게 패배가 찾아오게 됨을 절실히 깨닫게 되었습니다. 귀한 믿음의 학부모님들과 학생들 모두 천국 가는 그날까지 우리 모두 겸손히 절박함을 가지고 하나님을 의지하며 하나님과 동행하며 하나님의 방식으로 공부하며 세상을 살기를 주님의 이름으로 축원합니다.

7
공부보다 더 중요한 것이 있다

> 하나님께 제대로 쓰임 받으려면 탁월한 세상 실력만 가지고는 통하지 않습니다. 영성과 인격과 실력을 고루 겸비해야 합니다. 또한 기도 없이는 영적인 성장을 이룰 수 없습니다.

| 고전 10:31 |

그런즉 너희가 먹든지 마시든지 무엇을 하든지 다 하나님의 영광을 위하여 하라.

믿음의 선배 다니엘

제가 가장 좋아하고 존경하는 인물은 다니엘입니다. 하나님께서 주신 귀한 믿음의 선배입니다. 포로 신분의 다니엘이 왕이 준 귀한 음식을 거부한다는 것은 상식적으로 이해가 되지 않습니다. 그러나 다니엘은 왕이 주는 진미를 단호히 거부합니다. 이유는 간단합니다. 하나님의 백성으로서 우상에게 바쳐진 음식을 도저히 먹을 수 없었기 때문입니다. 다니엘은 신앙 양심상 도저히 그런 일을 할 수 없다고 결심한 것입니다.

믿음의 대선배인 다니엘은 이방 우상에게 절한 제물로 자신을 더럽히지 않으리라고 뜻을 정했습니다. 왜냐하면 하나님이 기뻐하지 않으시기 때문입니다(단 1:8).

자신을 사랑하는 하나님의 마음을 아프게 해 드리고 싶지 않았기 때문입니다. 그 이유 하나만으로 다니엘은 목숨을 걸고 왕의 성찬을 거부했습니다.

하나님은 그런 다니엘을 보시고 그에게 큰 사랑과 복과 사람이 감당할 수 없는 지혜와 총명을 내려 주셨습니다.

| 전 2 : 26 |

하나님이 그 기뻐하시는 자에게는 지혜와 지식과 희락을 주시나 죄인에게는 노고를 주시고 저로 모아 쌓게 하사 하나님을 기뻐하는 자에게 주게 하시나니 이것도 헛되어 바람을 잡으려는 것이로다.

하나님은 자신을 기쁘시게 한 자에게 이런 큰 선물을 주십니다.

중·고등학교 때와 대학교 때 수많은 사람들이 제게 물었습니다.

"목사 되려고 하는 사람이 왜 그렇게 열심히 공부해?"

제 동생은 의사입니다. 동생은 의사가 되기 위해서 수많은 시간을 공부하고 잠도 제대로 못 자는 혹독한 임상훈련을 쌓았습니다. 새벽 4시에도 응급으로 실려 오는 환자들을 수술해야 합니다. 육신의 병을 고치는 의사도 저렇게 열심히 공부하느라 밤잠을 못 자는데 하물며 영혼의 병을 고치고 돌볼 목사가 되려면 어떻게 해야 할까요? 저는 목회자가 되려면 더욱더 열심히 공부하고 준비해야 한다고 생각했습니다. 세상 사람들은 저의 이런 생각을 이해하지 못했습니다. 심지어 한심하다고 생각했습니다. 하지만 저는 지금도 그 생각에 변함이 없습니다. 서울대를 졸업하고 총신대 대학원을 졸업한 이후 목사가 된 지금도 저는 끊임없이 시간과의 전쟁을 벌이고 있습니다. 왜 열심히 공부하느냐고 물으면 제 대답은 한결같습니다. 하나님이 기뻐하시는 일이기 때문입니다. 하나님이 주신 귀한 재능을 잘 준비해서 하나님이 언제든지, 어떻게 쓰고자 하시든지, 어떤 일을 맡겨 주시든지 하나님의 마음을 시원케 하는 준비된 일꾼이 되고 싶습니다. 그래서 지금도 병원 치료를 병행하며 시간을 아껴 더 열심히 공부하고 준비하려 합니다. 하나님이 보실 때는 한없이 부족한 이런 몸부림조차도 하나님은 무시하지 않으시고 그 마음의 중심을 보시고 좋아하신다는 사실 하나만으로 저는 하나님께 무한 감사드리고 열심히 준비하며 노력하길 원합니다. 때로는 병과의 싸움에 너무 지치고 힘들어서 그냥 다 포기하고 싶을 때도 있습니다. 그럴 때마다 기도하면 하나님은 새 힘과 새 마음을 주십니다. 그런 하나님이 계시기에 저는 다시 뜻을 정해 도전할 수 있습니다. 의인은 일곱 번 넘어질지라도 포기하지 않고 다시 일어난다고 말씀하신 하나님의 말씀을 기억하며 다시 일어나 도전하려 합니다.

　귀한 믿음의 후배들 역시 때로는 삶이 너무 힘들고 모든 것을 포기하고 싶을 때가 있을 것입니다. 그럴 때마다 문제만을 보지 마시고 하나님께 모두 낱낱이 다 말씀드리십시오. 하나님은 여러분의 간절한 몸부림을 결코 외면하지 않으실 것입니다. 다시 한번 뜻을 정해 도전하십시오. 하나님 안에서 아직 얼마든지 역전의 기회와 가능성이 있습니다. 누구든지 실수할 수 있고 실패할 수 있습니다. 중요한 것은 그런 실수와 실패를 교훈 삼아 다음에는 더욱더 시행착오를 줄이고자 힘껏 도전하는 것이 중요합니다. 한때의 실수와 실패로 인해 하나님이 주신 귀한 재능과 비전을 너무 성급하게 포기하지 마십시오. 하나님께서는 말씀하십니다.

| 잠 24:16 |

대저 의인은 일곱 번 넘어질지라도 다시 일어나려니와 악인은 재앙으로 인하여 엎드러지느니라.

그렇습니다. 의인은 일곱 번 넘어질지라도 하나님을 바라보며 하나님을 의지하며 다시 일어나 또다시 도전합니다. 하나님 안에서 다시금 뜻을 정해 다시 도전하는 여러분이 되기를 주님의 이름으로 축원합니다. 될 때까지 포기하지 말고 실패를 두려워하지 말고 도전하고 또 도전하여 하나님이 주신 비전을 꼭 이루시길 주님의 이름으로 간절히 축원합니다.

명목뿐인 하나님인가?

저는 3학년, 4학년 때 캠퍼스 선교사를 하면서 서울대학교에서 수많은 학생들을 만나 그들의 이야기를 들어 보았습니다. 서울대학교에 다니는 수많은 크리스천 학생들은 학벌도 좋고 머리도 좋습니다. 안타까운 것은 그들 중에 많은 친구들이 예수님을 믿는다고 교회에 다니지만 정작 그들이 최선을 다해 공부하는 목적은 세상 사람들과 별반 다르지 않다는 것입니다. 그들은 자기 자신을 위해서 최선을 다합니다. 겉으로는 아무리 하나님의 영광을 위해서 공부한다고 해도 실상은 내면 은밀한 곳에서부터 자기 자신의 성공을 위해 노력하고 있다는 사실을 부인할 수 없었습니다.

태어나서 대학에 들어올 때까지 우리가 받은 모든 교육이 인본주의에 기반한 교육이고 보면, 어쩌면 그 인본주의 교육 체제의 우등생이라고 할 수 있는 서울대학교 학생들이 그 내면부터 철저하게 인본주의

화된 것은 조금도 이상할 것이 없습니다. 오히려 그렇지 않은 학생들이 마치 수많은 유대인 포로 가운데서 유독 왕의 진미를 거부한, 스스로 왕따를 자청한 다니엘과 같은 경우라고 생각합니다. 따라서 교회에 출석하는 많은 학생들이 생각하는 예수님은 자기의 꿈을 이루는 데 적절하게 도움을 주는 요술램프의 요정이지, 나의 전부를 드릴 만한 인격적인 존재가 아니었습니다. 그들에게 예수님은 내가 어려울 때 필요한 나의 좋은 Helper이긴 하지만 나의 삶의 Master는 아닙니다.

설령 그들이 하나님을 간절히 만나고자 해도 인본주의화된 사고방식은 쉽사리 그들을 놓아주지 않았습니다. 대부분의 학생들은 일주일에 한 번 교회에 갑니다. 시험 기간에는 시험 준비와 리포트 제출을 위해 예배를 빠지는 학생들도 너무 많습니다. 교회를 가긴 가지만 문화생활의 하나로 교회를 찾는 학생들이 참 많습니다. 반면 어떤 학생들은 교회 일을 핑계로 학업을 게을리 하기도 합니다. 실제로 1학기 기말고사나 2학기 기말고사가 다가오면 몇몇 학생들이 저를 찾아옵니다. 이유인즉 리포트 짜깁기를 하려고 하니 자료를 빌려 달라는 것입니다. 혹은 제가 썼던 리포트를 빌려 달라고 하기도 합니다. 교회 수련회 준비로 바빠서 시험 준비를 못했으니 도와 달라는 명목으로 말입니다. 그러면서 이런 말까지 덧붙입니다.

"선배님, 제가 하나님을 위해서 이렇게 열심히 수련회 준비를 하는데, 하나님도 너그러이 봐주시겠죠?"

그런 후배들을 보면 저는 정말 화가 납니다. 그들은 하나님을 제대로 알지 못하고 자신들을 합리화하기에 분주합니다. 하나님께서는 크리스천 학생에게 공부할 여건과 시간을 허락해 주셨습니다. 왜냐하면 그들이 하나님께서 쓰시기에 합당한 그릇이 되도록 준비시키고 계시기 때문입니다. 하나님을 위하는 일이란 교회 일만 열심히 하는 것이 아닙니다. 주님을 위해 공부한다면 그 일은 분명히 그분이 기뻐하시는 일입니다(고전 10 : 31).

성경은 모든 일을 주께 하듯 최선을 다하라고 말씀합니다.

| 골 3 : 23 |

무슨 일을 하든지 마음을 다하여 주께 하듯 하고 사람에게 하듯 하지 마라.

실제로 믿음이 신실한 대학생들은 자신이 해야 할 몫의 공부를 열심히 하고, 또 잠을 줄여 가며 노는 시간을 줄이면서 교회 봉사를 하고 있습니다. 하지만 겉으로 폼만 잡는 학생들은 이것도 저것도 대충 하면서 문제를 일으킵니다.

21세기의 다니엘을 꿈꾸다

더 큰 문제는 크리스천 학생들 가운데 하나님을 모르는 세상의 학생들과 실력을 겨루어 이길 만한 사람이 너무나 적다는 것입니다. 얼마 전에 한 외국어 고등학교 개강 예배에서 설교를 한 적이 있습니다. 그 학교 교장 선생님과 이야기하면서 참 속상했습니다. 교장 선생님께서 신입생을 뽑는데 크리스천 학생들이 지원은 많이 하지만 시험 성적이 좋지 않아 대부분 떨어진다는 것입니다. 하나님을 믿지 않는 학생들의 실력이 월등히 좋다는 것입니다. 그러면서 저에게 물으셨습니다.

"목사님 왜 크리스천 학생들이 실력 면에서 세상의 학생들보다 더 못할까요? 저는 그것이 도대체 이해가 되지 않습니다."

저는 교장 선생님께 말씀드렸습니다.

"크리스천 학생들이 어려서부터 하나님 방식으로 하나님과 한 팀 되어 공부하는 방식을 제대로 교육받지 않은 채 인본주의 교육을 오랫동안 배웁니다. 그러면서 하나님의 자녀인 그들이 자신의 정체성을 망각한 채 하나님과 한 팀 되어 싸우는 다윗의 방식보다는 오히려 세상의 골리앗의 갑옷과 칼을 부러워하며 그 방식을 어설프게 따라 하기 때문에 결국 질 수밖에 없습니다."

앞서 말한 서울 법대생처럼 뛰어난 세상 엘리트들은 자신을 위해 철저히 공부합니다. 수단 방법을 가리지 않고 무섭게 준비합니다. 반면 우리 크리스천 학생들 중에 하나님의 영광을 위해 그들보다 더 몸부림치며 준비하는 학생들은 매우 적은 것이 인정하기 싫은 현실입니다. 나름대로 열심히 하는 사람들 대부분은 하나님의 영광을 위해 최선의 몸부림을 한다기보다는 세상 사람들처럼 자신을 위해 준비하는 경우가 많습니다. 하나님의 자녀들이 우리의 삶의 주인이신 하나님의 영광을 위해 먹든지 마시든지 무엇을 하든지 살기로 뜻을 정한 후 하나님의 방식으로 하나님과 한 팀을 이루어 최선을 다하기보다는 그냥 어설프게 세상의 골리앗과 같은 엘리트들의 방식을 따르려는 것이 오늘의 현실입니다. 일례로 정치계와 경제계, 언론계 등 사회 각 분야에서 신실한 신앙을 가졌고 동시에 그 분야에서 탁월한 실력을 갖춘 사람이 얼마나 되는지 한번 생각해 보십시오.

얼마 전에 만난 대기업 전문경영인의 말에서도 그런 현실을 실감할 수 있었습니다. 그분은 자신도 크리스천이기 때문에 개인적으로 크리스천을 뽑고 싶다고 합니다. 그렇지만 실력을 비교해 보면 확연하게 차이가 난다고 합니다. 하나님을 모르는 세상 사람들이 만반의 준비와 실력을 갖추었기 때문에 그들을 뽑지 않을 수 없다는 말입니다. 너무나 참혹한 상황입니다. 방송계에 신실한 피디들이 많다면 기독교에 대한 편파적인 보도를 어떻게 그렇게 방조할 수 있겠습니까? 방송계 피디들뿐만 아니라 사회 각 분야에서 탁월한 실력과 신실한 신앙을 겸비한 하나님의 일꾼을 찾기란 너무나 어렵습니다.

귀한 믿음의 후배 여러분, 지금부터라도 하나님이 각자에게 주신 자신의 달란트를 최대한 활용할 수 있도록 철저하게 준비하시기 바랍니다. 하나님이 아무리 뛰어난 재능을 주셨어도 그 재능을 훈련하고 다듬어 준비하지 않으면 그 재능은 제대로 진가를 발휘하기 어렵습니다. 다윗이 골리앗과 싸울 때 그는 목숨을 걸고 그 싸우는 자리에 나가 최선을 다했습니다. 그가 할 수 있는 최선을 다하면서 온전히 하나님을 의지하며 나갔습니다. 그럴 때 하나님의 놀라운 도우심과 역사가 일어날 수 있었습니다. 그냥 막연히 하나님이 알아서 다 해 주시겠지…, 그런 식으로 생각하지 마십시오. 하나님이 여러분 각자에게 주신 귀한 재능들을 자신의 게으름과 나태함으로 인해 제대로 사용하지도 못한 채 그냥 포기하지 마십시오. 혹 그동안 그랬다면 지금이라도 늦지 않았으니 하나님께 정직하게 자신의 불성실함과 게으름을 회개한 후 다시 뜻을 정해 하나님을 위해 최선의 몸부림을 시작해 보십시오. 여러분에게 능력 주시는 하나님 안에서 "난 이미 늦었어. 난 안 돼. 불가능해."라는 말은 없습니다. 귀한 믿음의 후배 여러분, 다시금 뜻을 정해 시작하십시오. 도전하십시오.

분야별로 세 사람 이상이 모여 그 분야에서 하나님의 선한 뜻을 펼치고 그리스도인의 선한 영향력을 전하기 위해 청소년, 청년 시절부터 더욱더 눈물로 기도하며 실력을 겸비해야 합니다. 다니엘과 그 세 친구들이 고난과 역경을 만날 때마다 뜻을 모아 함께 기도하며 하나님과 한 팀 되어 바벨론에서 멋지게 승리한 것처럼 우리도 그렇게 21세기를 준비해야 합니다. 21세기 사탄의 공격은 더욱더 예리하고 세상은 악해집니다. 이런 시기일수록 더욱더 신앙과 실력을 정교하게 겸비한 21세기 다니엘들이 각 분야에서 나오기를 하나님은 바라고 기다리십니다. 추수할 곡식은 많은데 준비된 일꾼이 없는 것이 지금의 현실입니다. 누군가 나 대신 나가겠지, 이런 식으로 생각하면 안 됩니다. 바로 여러분이 21세기 하나님의 일꾼이라는 점을 기억하시고 지금부터 기도로 아침을 깨우며 하나님의 방식으로 신앙과 실력을 준비하십시오. 바로 지금이 우리가 준비해야 할 때입니다.

크리스천의 정체성

저는 신반포 교회에서 중등부 사역과 함께 외부 세미나 강의 및 일반 학원에서의 강의를 통해 수많은 학생들을 만나고 있습니다. 다방면의 학생들을 양육하면서 제가 강조하는 것은 단순했습니다. 그들의 정체성이 무엇이고 그들이 왜 목숨 걸고 공부해야 하는지 설명하는 것입니다. 우리는 세상 사람들처럼 더 잘 먹고 잘 사는 것에만 관심을 가지고 인생을 살도록 지어진 존재가 아니라고 분명히 가르쳤습니다. 예수님은 우리가 세상에서 좀 더 넓은 아파트에 살고 고속 승진하도록 돕기 위해 이 세상에 오신 분이 아닙니다. 예수님은 우리 아이가 대학시험에 합격하도록 도와주시기 위해 이 땅에 오신 분이 아닙니다. 예수님은 세상 학문에서 말하는 것처럼 우리들이 가진 욕망을 대리 충족시켜 주는 대상이 아닙니다. 크리스천은 하나님의 피조물입니다. 우리가 피조된 이유는 하나님을 평생 찬양하기 위함입니다. 하나님께서 우리에게 예비하신 선한 일을 감당하기 위해 우리를 창조하셨습니다. 그리스도인은 날마다 자기를 부인하고 자기 십자가를 지고 하나님을 좇는 사람들입니다. 내 자신의 욕심과 야망만을 위해 필요에 따라 하나님의 능력을 이용하는 존재가 아닙니다.

세상에서 아무리 잘났다는 사람도 하나님의 피조물일 뿐입니다. 그가 하나님을 믿는 백성이라면 그는 하나님을 위해 그의 인생을 살아야 하는 의무가 주어집니다. 그것은 하기 싫지만 억지로 하는 의무가 아닙니다. 나의 죄로 죽을 수밖에 없는 나를 위해 죽으신 예수님, 그분의 피 값으로 나를 사신 하나님의 사랑에 대한 감사에서 비롯된 자발적인 의무입니다. 그리스도인은 왜 공부를 열심히 해야 할까요? 그 이유가 바로 여기에 있습니다. 나를 위해 몸 바쳐 피 흘려 생명을 주신 예수님의 그 은혜가 너무 감사해서 그 은혜에 조금이나마 보답하고자 하는 복음의 열정으로 하는 것입니다. 이 감사함이 없다면 크리스천으로서의 학업 생활은 힘겨울 수밖에 없습니다.

만약 믿음의 후배들이 좀 더 이른 시기에, 예를 들어 초등학교 혹은 중·고등학교 때부터 제대로 신앙교육을 받고 크리스천으로서의 분명한 정체성을 가지고 그 시절을 보냈다면 어땠을까요? 그랬다면 인본주의 교육의 절정이라고 할 만한 대학에서 크리스천이라는 자신의 정체성을 지키며 하나님의 방식에 따라 슬기롭게 인본주의 교육이 주는 교묘한 유혹과 혼란을 슬기롭게 극복해 냈을 것입니다. 청소년기에 서울대학교 혹은 명문대를 가는 것이 인생의 일 순위가 아니라 하나님을 잘 믿고 섬기는 것이 그리스도인의 삶의 일 순위라고 제대로 철저하게 교육받았다면, 내신 성적이 중요해 시험 기간 한두 주 예배를 빠지는 것이 일상화되어 버린 어처구니없는 현상은 생기지 않았을 것입니다. 크리스천 학부모님들이 자녀들에게 삶의 일 순위에 대해 신앙교육을 좀 더 철저하게 훈련시킨다면 귀한 믿음의 청소년들이 지금보다 더욱더 준비된 믿음의 일꾼으로 자라날 수 있으리라고 생각합니다.

기도로 지혜를 구하라

대학부에서 리더를 하고, 대학교에서 캠퍼스 선교사역을 하면서 많은 학생들을 만날 수 있었습니다. 그들과 만나면서 많은 크리스천 학생들에게 하나님을 위해서 공부한다는 자각이 없음을 발견했습니다. 하나님께서 자신에게 준 시간을 비옥하게 가꾸지도 못한 채 그냥 무기력하게 세상의 쾌락과 벗하며 흘려 보내는 친구들이 많았습니다. 참 안타까운 것은 그런 사실을 지적하고 충고해 주는 사람이 별로 없다는 것입니다. 모두 각자 너무 분주하게 살고 있어서 자신 이외에 남에게 별로 관심이 없었습니다. 그들의 영혼이 메마르고 죽어 가도 누구 하나 말하지 않았습니다. 그러니까 수많은 크리스천 학생들이 대한민국에 있어도 학교 문화가 변화하지 않는 것이 현재의 모습입니다.

순간적인 감정에 휩싸여서 선교사가 되겠다고 나서지만 실제로 나중에 선교사로 헌신하는지 보십시오. 그렇지 못한 사람들이 부지기수입니다. 처음에는 왕성한 의욕을 보이던 사람이 시간이 지나면서 그 열정이 퇴색했기 때문입니다. 원래 그 열정 자체가 신앙적으로 분명하고 견고하지 못해서입니다. 그렇기 때문에 학생들에게는 분명하게 성경을 가르치고 훈련시켜야 합니다. 단 성경을 가르치고 훈련시킬 때에도 지식 위주의 훈련이라면 분명히 한계가 있습니다. 성경훈련은 기도훈련과 병행될 때 성경훈련을 통해 배운 성경 지식이 내 머릿속에 머물지 않고 내 가슴 안에서 뿌리 깊이 새겨질 수 있습니다. 머리가 아닌 가슴 깊이 새겨진 하나님의 말씀이 사람과 세상을 변화시킬 수 있다고 생각합니다.

저는 학생들에게 어느 곳에서 어느 교육을 하든지 철저하게 기도하도록 가르쳤습니다. 제가 어머니에게 배운 그대로 학생들에게도 기도훈련과 말씀훈련을 시킵니다. 기도하지 않고 성경 보지 않으면 밥 먹지 말고 공부하지 말라는 가르침을 그대로 학생들에게 전수해 줍니다. 기도한 다음 공부도 하고 다른 일도 하는 것입니다. 하나님과 충분한 대화의 시간이 확보되지 않는다면 인본주의적인 사고방식이 만연한 이 현대 사회에서 하나님과의 관계는 당연히 멀어질 수밖에 없다고 강조합니다. 우리는 그런 구조적인 부조리 속에 살고 있습니다.

기독교는 체험의 종교입니다. 하나님을 체험하지 않고 지식으로만 안다면 도저히 이 세계를 감당할 수 없습니다. 머릿속에 있는 생각만으로 세상을 바꿀 수 없는 까닭은 하나님께 능력을 받지 못했기 때문입니다. 하나님께 제대로 쓰임 받으려면 탁월한 세상 실력만 가지고는 통하지 않습니다. 영성과 인격과 실력을 고루 겸비해야 합니다. 따라서 기도 없이 영적인 것이 성장할 수 없는 것입니다.

오늘 저의 모든 것은 하나님의 은혜와 어머니의 철저한 신앙교육에서 비롯되었습니다. 제가 열심히 공부하고, 힘들고 어려운 상황 속에서도 참고 계속 공부할 수 있었던 것은 어려서 철저한 말씀, 기도훈련을 통해 예수님을 인격적으로 만날 수 있었고 그 만남을 통해 예수님이 제가 주님의 준비된 일꾼이 되기 위해 힘써 공부하는 것을 좋아하신다는 것을 알게 됐기 때문입니다. 예수님이 저의 공부를 기뻐하신다는 것을 알면 알수록 시간을 아껴서 더욱 노력하고 공부할 수밖에 없었습니다.

만약 제가 스스로 잘나서 제 노력만으로 우수한 성적으로 졸업했다면 저도 제 자랑을 하겠습니다. "인간 김동환이 이렇게 했습니다. 저의 탁월한 노력과 의지력과 자기 관리로 이렇게 했습니다. 여러분 제 방식대로 하십시오." 하지만 그렇지 않기에 제가 자랑할 것은 오직 예수님밖에 없습니다. 복음의 열정으로 공부하십시오. 예수 그리스도를 사랑하는 그 열심을 가지고 공부하십시오. 예수님은 우리 모두가 하나님의 일꾼으로 쓰임 받기에 부족함이 없도록 잘 준비되는 것을 기뻐하십니다. 하나님께서는 그분의 사명을 감당할 수 있는 사람에게 일을 맡기십니다. 아무리 귀한 사명을 맡기려 해도 그것을 감당할 만한 그릇이 되지 못한다면 맡기실 리 없습니다. 내가 할 수 있는 최선을 다하십시오. 그러나 그 최선만으로 모든 것이 해결되지는 않습니다. 하나님 앞에 겸손히 은혜를 구하십시오.

아무런 노력이나 준비도 없이 하나님께서 다 알아서 하실 거라고 생각하지 마십시오. 하나님께서는 예수님이 십자가를 지셨듯이 우리가 우리에게 맡겨진 각자의 십자가를 지고 그분을 따르길 원하십니다. 하나님의 자녀가 된 특권만 인식하고 하나님의 자녀가 감당해야 할 의무를 소홀히 한다면 그것은 하나님의 뜻이 아닙니다. 크리스천의 삶의 기준은 세상의 실용주의나 세련된 인본주의가 아닙니다. 오직 하나님의 말씀인 성경입니다.

8
특공 제자훈련 희망 야학 사역

> 영성과 인격과 실력을 함께 키워 주는 제자훈련을 할 때 아이들은 변하기 시작했습니다. 예수님이 그분의 삶에서 본을 직접 보여 주신 것처럼 저도 아이들에게 제가 어떻게 생활하고 공부하는지를 함께 나누기 시작했습니다.

6시간 놀고 공부하자!

저는 대학 시절 제자훈련, 리더훈련, 전도폭발훈련 등 여러 가지 훈련을 받았습니다. 이 훈련을 통해서 저는 훈련 자체가 사람을 변화시키는 것이 아니라는 점을 깨달았습니다. 하지만 그 훈련 가운데 역사하시는 하나님의 은혜로 말미암아 죄악으로 똘똘 뭉친 인간이 점차 바뀔 수 있다는 사실도 알게 되었습니다.

서울대학교 재학 시절 저는 금요일에는 금요철야 가고, 토요일에는 리더훈련 가고, 주일에는 거의 종일 예배드리고 성경공부를 하며 성경을 가르쳤습니다. 그러니까 제가 실제로 공부에 집중할 수 있는 시간은 월 화 수 목, 나흘뿐이었습니다. 그러므로 저는 그 시간을 최대한 아껴서 집약적으로 사용했습니다. 그런 와중에 제가 새롭게 시작한 일이 바로 청소년들의 공부를 도와주는 일이었습니다.

저는 우연히 공부를 아주 못하는 학생을 알게 되었습니다. 중학교 2학년 학생인데 'Hello'를 읽지 못하는 정도였습니다. 요즘은 초등학생들도 'Hello'를 읽을 줄 압니다. 저는 그 학생을 보면서 너무나 안타까웠습니다. 그 학생의 집안은 작은아버지가 서울에 있는 유명한 절의 주지스님일 정도로 매우 독실한 불교 집안이었습니다. 저는 그 학생을 가르치기 전에 먼저 복음을 전했습니다. 그러자 이 친구가 복음을 알게 되고 하나님을 믿게 되었습니다. 그리고 지금은 대학에 가서 제가 사역하는 신반포 교회에서 중등부 교사로 봉사하고 있습니다.

평균 50점이 안 되는 중학생들이 학교에서 어떤 취급을 받는지 혹시 아십니까? 그들은 애초에 대학은 꿈도 꾸지 않습니다. 인문계 고등학교에만 가도 소원이 없겠다고 말하는 학생들입니다. 사실 평균 50점이 안 되는 학생을 가르치는 것이 쉬운 일은 아닙니다. 하지만 저는 인내심을 가지고 기도하며 가르쳤습니다. 처음에 그 아이의 공부를 도와주기 시작하면서 저는 이렇게 말했습니다.

"네가 중학교 2학년이지? 학교에서 돌아오는 시간은 3시다. 그러면 이제 3시부터 밤 9시까지 6시간 동안 놀아라. 그리고 9시부터 12시까지 나랑 공부하는 거다. 3시부터 9시까지 노니까 매일 보고 싶은 비디오를 한 편씩 보고, 오락도 하고, 보고 싶은 드라마도 봐."

그러나 9시부터는 그 아이를 저희 집으로 불러 같이 공부했습니다. 부모님은 아이가 공부를 좀 더 열심히 하리라 기대했습니다. 그런데 더 많이 노는 겁니다. 매일 만화책 보고, 하루도 거르지 않고 비디오를 보니까 굉장히 걱정을 많이 하셨습니다. 그런데 중간고사를 보자 평균이 65점으로 올랐습니다. 15점 정도 오른 겁니다. 또 한 달 반 동안 공부하고 기말고사를 봤는데 평균 80점이 넘었습니다.

아이들을 통해 영적인 복을 받다

이 친구는 학교에서 잘 놀고 싸움 잘하기로 유명한 학생입니다. 그런 친구가 몇 달 사이에 갑자기 평균이 30점 오르자 함께 어울리던 친구들이 의아하게 생각했습니다.

"너는 우리랑 매일 농구도 하고 실컷 노는데 도대체 어떻게 그렇게 갑자기 성적이 오르는 거냐?"

어느 날 이 학생이 저한테 찾아와서 이렇게 이야기합니다.

"선생님, 저희 반에 저만큼 공부 못하는 아이들이 참 많은데 걔들이 신기해해요. 그래서 선생님 이야기를 했어요. 선생님, 애들이 돈도 없고 가난해서 제대로 공부해 볼 여건이 안 되는데 제가 공부할 때 같이 배우게 해 주세요."

그 얘기를 듣고 나서 저는 그 학생들을 불러다가 개별적으로 이야기를 나눠 보았습니다. 아이들의 형편은 아주 다양했습니다. 집안이 어려워 집에서는 도저히 공부할 수 없는 아이도 있고, 어머니나 아버지가 계시지 않아 상처가 많은 아이들도 있었습니다. 사실 학생 한 사람 가르치는 일도 너무 힘들었습니다. 그런데 많은 아이들을 가르쳐야 한다니 그것은 결코 쉬운 결심이 아니었습니다. 그래서 하나님께 기도했습니다.

"하나님, 이 일을 어떻게 하면 좋습니까? 하나님, 도와주십시오."

간곡하게 눈물의 기도를 드린 후 저는 이 아이들을 예수님이 열두 제자를 훈련한 것처럼 영성과 인격과 실력을 두루 가르쳐서 제자훈련 하기로 결심했습니다.

다시 아이들을 불러 모았습니다. 우선 아이들에게 이 원칙을 분명히 했습니다.

"너희들이 과외비를 내겠다면 단돈 얼마라도 좋다. 형편이 어렵다면 내지 않아도 된다. 하지만 내가 너희들을 그냥 가르쳐 주는 것은 아니다. 너희들이 이다음에 성공하면 그때 선생님한테 다 갚아라. 그리고 내가 너희들이 어려울 때 도와주었다는 사실을 잊지 말고 너희들도 열심히 공부해서 이다음에 형편이 어려운 아이들을 위해서 봉사해라."

그래서 저는 지금 이다음에 차도 사 주고 무엇도 사 주겠다는 아이들이 한두 명이 아닙니다. 제 방에서 여러 명의 아이들을 가르치다 보니 방이 매우 비좁았습니다. 거실에서도 가르쳐 보았지만 공간이 턱없이 부족했습니다. 나중에 아버지의 도움으로 20명의 아이들이 함께 앉아서 공부할 수 있을 만한 장소를 얻었습니다.

제가 아이들의 공부를 도와주기는 했지만 엄밀히 말하면 제가 더 많이 배웠습니다. 사실 저는 아이들을 돕는다고 말하기 싫습니다. 왜냐하면 그 아이들과 생활하면서 제가 영적인 복을 받았기 때문입니다.

노력하지 않으면 기회는 없다

처음에 학생들이 오면 저는 그 아이들에게 종이를 주면서 서울대학교, 연세대학교, 고려대학교 중에서 가고 싶은 학교를 적어 내라고 합니다. 그러면 아이들은 그 말을 듣고 웃습니다. 자기 주제를 안다고, 그냥 대학만 가면 좋겠는데 무슨 서울대학교에, 연대, 고대냐고 말합니다. 그러면 저는 정색을 하고 다시 말합니다.

"아니다. 현재 네 실력에 상관하지 말고 이 대학에 가면 후회가 없겠다 싶은 대학을 적어 내라. 너도 가고 싶은 대학이 있지 않느냐? 네가 꼴찌를 도맡아 하거나 평균 20점, 30점이라도 상관없다. 정말 가고 싶은 대학이 있으면 써 내라."

그렇게 말해도 아이들은 자신이 어떤 대학에 가고 싶은지 써 내지 않습니다. 그만큼 아이들은 철저하고 심각하게 패배주의에 사로잡혀 있었습니다. 그런데 그 학생들이 공부를 시작했습니다. 여전히 놀 때는 확실히 놀고, 밤에 3시간씩 공부하는 시스템으로 공부했습니다. 중간고사를 보고 평균이 15점 오르자 아이들이 다시 저를 찾아와서 이렇게 말했습니다.

"선생님, 목표 대학을 다시 쓰고 싶습니다. 종이를 다시 주세요."

서로 웃으며 '네가 무슨 서울대학교 법대에 가냐? 네가 서울대학교에 가면 나는 하버드에 간다.'고 하면서 킥킥거립니다. 그러면서도 이제는 열심히 공부해서 목표한 대학에 가겠다고 말합니다. 그러면 저도 지지 않고 이렇게 말합니다.

"네가 정말 이 대학에 가고 싶으냐? 네가 정말 가겠다면 도와주겠다. 진짜 가고자 한다면 하나님께서 나를 통해 끝까지 도와주실 것이다. 그렇지만 네가 가고 싶다고 하고 노력하지 않는다면 나는 너를 도와줄 수 없다. 내가 가르칠 수 있는 사람이나 내 힘은 한정되어 있기 때문이다. 네가 노력하지 않는다면 나는 다른 사람에게 이 기회를 주고자 한다. 네가 노력하지 않는다면 나는 결코 너를 가르칠 수 없다. 나랑 약속하자. 네가 가고자 하는 대학에 갈 수 있도록 거기에 합당한 노력을 하기로. 고 3이 됐는데 성적이 안 돼서 가고 싶은 대학에 못 가고 학교를 낮출 때의 마음이란 매우 비참하단다. 나는 네가 그런 쓴맛을 보지 않기 바란다. 하지만 중학교 때부터 준비하면 한국에서 좋다는 학교는 전부 다 갈 수 있다. 내가 도와주겠다. 내가 먼저 그 길을 갔기 때문에 너에게 조언해 줄 수 있다."

제 말을 다 들은 학생은 모두 무척 진지해졌습니다.

동대문구 짱도 공부한다!

저는 굉장히 다양한 아이들을 가르쳤습니다. 그중 한 학생이 동대문구 '짱'이었습니다. 동대문구에 19개 고등학교가 있는데 이 아이가 특별히 유명했습니다. 고 1 때에도 고 3 아이들이 이 아이한테 존댓말을 쓸 정도였습니다. 그 어머니가 이 학생을 저에게 데리고 와서 공부를 가르쳐 달라고 했습니다. 하지만 집안이 어려운데다가 자존심이 굉장히 강해서 그냥 배우라고 하는데 안 배우겠다고 고집을 부렸습니다. 아이는 배우기 싫다고 하는데 저는 석 달간 계속 전화했습니다. "너는 머리도 좋은 것 같고, 초등학교 때 공부도 잘했다고 들었다. 너라면 잘할 수 있다."고 계속 격려해 주었습니다. 그랬더니 이 학생이 다시 저를 찾아왔습니다.

그 학생은 공부를 열심히 해서 대학에 붙는다고 해도 갈 형편이 못되니 공부하고 싶은 마음도 없다고 말했습니다. 저는 다시 "네가 진짜 공부를 열심히 하면 좋은 길이 열릴 수 있다!"고 말해 주었고 여러 사례도 설명해 주었습니다. 결국 함께 공부를 하게 됐고 시키는 대로 열심히 하니까 금세 평균이 90점이 됐습니다. 그런데 하루는 이 학생의 어머니한테서 전화가 걸려 왔습니다. 아이를 찾아 달라는 것이었습니다. 무슨 일인지 영문을 몰라 하는데 친구들이 저희 집으로 몰려와서 하는 말이 D고등학교와 K고등학교가 패싸움이 붙었는데 너무나 걱정이 된다고 하는 겁니다.

한여름 밤이었고 저는 러닝셔츠 바람으로 자전거를 타고 달려갔습니다. 방죽 길을 따라가 보았더니 그곳에서는 정말 겁나는 광경이 벌어지고 있었습니다. K고와 D고 아이들 수백 명이 모여 있었습니다. 저보다 훨씬 덩치 큰 녀석들이 가방 안에 쇠파이프 뭉치를 넣고 휘두르며 싸우는데 정말 무서웠습니다. 말로만 듣던 학교 폭력의 현장을 직접 목격한 셈이었습니다.

그 아이를 겨우 겨우 찾아 집으로 데리고 왔습니다. 경찰차가 20~30대는 족히 왔을 겁니다. 그 아이들의 이야기는 하나같이 간단합니다. '나는 집에 들어가도 환영받지 못하는 존재다. 아무리 잘해 보려고 해도 삐딱하게 보고 문제아 취급한다. 집에서 매일 혼나고 맞고 잔소리 들어서 집에 가기 싫은데 마땅히 갈 곳도 없어서 그런 친구들과 어울릴 수밖에 없다. 나도 솔직히 이렇게 살고 싶지 않다. 나도 마음 속 깊은 곳에는 꿈이 있다. 하지만 난 현실적으로 그 꿈을 이룰 수 있는 성적이 나오지 않는다. 집안 형편도 좋지 않다. 솔직히 나도 공부 잘하고 싶다. 몇 번 해 보았는데 도통 이해가 안 되고 수업 내용은 못 쫓아가고 그래서 결국 이렇게 포기했다….'

사실 공부를 가장 잘하고 싶은 학생은 바로 공부를 못하는 학생입니다. 공부 못하면 제일 스트레스 받는 사람은 자기 자신입니다. 이 아이들이 공부 스트레스를 안 받는 것처럼 보이지만 사실 그들이 제일 예민합니다. 막연한 미래에 대해 느끼는 불안감이 한층 심합니다. 놀기는 노는데 마음 한구석은 불안합니다. 항상 놀기만 하면 노는 것도 지겨워집니다. 하지만 그냥 그렇게 노는 겁니다. 그 학생들은 꿈이 없습니다. 꿈을 꾸고 싶어도 스스로 너무 늦었다고 생각하며 포기했기에 눈빛도 죽었고 희망도 없습니다. 내일이 없이 그저 그렇게 하루하루를 보내는 아이들이 너무 많습니다. 이런 아이들이 저에게 하나 둘 찾아오게 된 것은 자기와 처지가 비슷한 아이가 똑같이 놀았는데 어느 날 갑자기 성적이 올랐기 때문입니다. 그렇다면 나도 하면 되지 않을까 해서 온 것입니다.

예수도 믿고 학교도 가고

소문을 듣고 정현이라는 학생이 중 3 여름방학을 지날 무렵에 찾아왔습니다. 중간고사와 기말고사, 두 번의 시험이 남아 있었습니다. 그 시험을 잘 봐야 인문계에 갈 수 있습니다. 정현이는 집이 가난하지도 않고 과외도 많이 했다고 합니다. 정현이가 솔직하게 얘기했습니다.

"선생님, 저는 집이 가난하지도 않습니다. 좋아하는 여자 친구가 있는데 제가 만일 상업고등학교에 가면 헤어지겠다고 해서 그럽니다. 저는 꼭 인문계 고등학교에 가야 합니다. 살려 주세요."

가장 먼저 예수님을 믿느냐고 물어보았습니다. 정현이는 친구 따라 몇 번 교회에 나가 본 적은 있지만 현재 교회에 나가지 않고 예수님을 믿지 않는다고 했습니다. 저는 먼저 그 아이에게 복음을 전했습니다. 그 다음 내가 시키는 대로 할 수 있겠느냐고 물었습니다. 그랬더니 전부 하겠다고 대답했습니다. 테스트를 해 보았더니 중 3 후반이었는데도 중학교 1학년 영어 교과서를 제대로 읽지 못했습니다. 영어 시간만 되면 무슨 소리인지 몰라서 멍하다고 합니다. 진도는 빨리빨리 나가고, 잘 몰라서 질문이라도 하려고 하면 창피해서 질문도 못하겠고, 그러니까 자연히 영어 시간에 딴 짓을 하게 되더라는 것입니다. 저는 정현이에게 그해 여름방학 내내 매일 저희 집에 오라고 했습니다. 그런 아이들은 특별 관리가 필요합니다.

한 달 동안 중학교 3학년 영어 본문을 전부 다 외우라고 했습니다. 영어를 못 읽으니까 한글로 받아 적고 따라 읽게 하는 식으로 통째로 외우라고 했습니다. 연습문제도 그대로 외우고 답까지 외우라고 했습니다. 한 달간 그것이 외워지겠습니까? 쉽지 않은 일입니다. 처음에는 힘들어도 꾹 참고 열심히 했습니다. 그런데 시간이 지나면서 다시 옛날로 돌아가려는 모습을 보일 때 다시 정현이를 불렀습니다.

저는 제 성적표의 복사본을 펼쳐 놓았습니다. 그리고 말했습니다.

"정현아! 내가 얼마나 몸이 아픈지 너도 잘 알고 있지. 잘 때 빼고 늘 통증과 함께 지내는 것 너도 잘 알지. 선생님 너희들 가르치고 교회에서 봉사하고 얼마나 시간을 아껴 사용하는지 잘 알지. 지난 학기 선생님 성적표란다. 한 번 보렴."

전 과목 A플러스 성적표를 보여 줍니다. 평균 100점이라고 나와 있습니다.

"정현아! 선생님보다 더 똑똑하고 건강하고 뛰어난 학생들이 서울대에는 수백 명도 더 있단다. 그런데 어떻게 선생님이 이런 성적을 받을 수 있을까? 이런 점수를 받을 수 있었던 것은 내게 무언가 특별한 것이 있기 때문이란다. 궁금하지? 선생님이 가르쳐 줄게.

네가 지금 같은 상황에서 인문계에 가기란 거의 불가능해. 객관적으로 엄밀히 말하면 불가능하지. 그 불가능을 가능으로 바꾸어 주는 것이 바로 하나님이 주시는 지혜란다. 하나님의 도우심이 있으면 능히 가능할 수 있어."

저는 하나님이 주시는 지혜의 비밀에 대해 설명하면서 정현이에게 복음을 전했습니다. 예수 그리스도를 구세주로 고백한 하나님의 자녀에게 하나님은 다음과 같이 약속하셨다고 말해 주었습니다.

"너희 중에 누구든지 지혜가 부족하거든 모든 사람에게 후히 주시고 꾸짖지 아니하시는 하나님께 구하라. 그리하면 주시리라."(약 1:5)

"정현아! 선생님은 너무 몸이 아프고 그냥 포기하고 싶을 때마다 항상 이 말씀을 수십 번 외우고 노트에 쓰며 하나님께 믿고 간구했단다."

정현이는 자기도 이제부터는 다니엘처럼 뜻을 정해 하나님 영광 위해 열심히 공부해 보겠다고 말했습니다. 그리고 이제부터 힘들어도 포기하지 않고 끝까지 다시 도전하겠다고 말했습니다. 그리고 매주 교회에 나가겠다고 말했습니다.

저는 정현이에게 물었습니다.

"예수 그리스도를 이제 너의 삶의 구원자로 믿고 섬기겠니?"

"네, 선생님. 그렇게 할게요."

"정현아, 하나님이 너에게 주시는 영생의 선물을 받길 원하니?"

정현이는 몹시 부끄러워하면서 받겠다고 말했습니다.

그 주부터 정현이는 저와 함께 교회에 나가기 시작했습니다. 한 달가량을 고생하고 중간고사를 봤는데 영어 점수가 94점이 나왔습니다. 정현이는 도저히 자신의 성적을 믿을 수 없다며 정말 하나님이 도와주신 것 같다면서 기뻐했습니다. 지금 돌이켜 보아도 모두 전적인 하나님의 은혜였습니다. 중학교 내내 20점을 받던 아이가 94점을 받았으니 경사가 난 것입니다. 정현이는 결국 그 해 인문계 고등학교에 진학했습니다.

남은 시간을 계산하는 지혜도 생기고

저는 아이들에게 공부만 하라고 하지 않습니다. 공부만 하라고 하면 아이들이 안 합니다. 놀 것 놀면서 공부하라고 해야 공부합니다. 매일 놀던 아이들에게 하루에 6시간씩 공부하라고 해 보십시오. 하고 싶어도 못합니다. 그러니까 그런 애들은 충분히 놀고 난 다음 남은 시간에 공부하게 합니다. 중요한 것은 얼마만큼의 집중도를 가지고 공부하느냐, 본인이 그것을 정말 원해서 하려고 하느냐는 것입니다.

두 학생이 공부를 하고 있다고 가정해 봅시다. 한 학생은 집에서 어머니가 하도 공부하라고 잔소리하는 통에, 유선방송에서 중계하는 프로게이머의 스타크래프트 대결도 못 보고 마지못해 책상에 앉았습니다. 그렇게 책상에 앉아서 대충대충 공부하는 척하다가 냉장고 문 한 번 열어 보고, 다시 책상에 앉아 딴생각하고, 음악 들으면서 그렇게 4시간을 보낸 학생이 있습니다. 반면에 다른 학생은 2시간 동안 집중해서 공부하고 나머지 2시간은 자신이 하고 싶은 취미활동을 했다고 합시다. 과연 어느 학생이 더 효율적으로 공부한 것일까요? 물론 두 번째 학생입니다. 실제로 공부란 본인이 얼마만큼 자신의 공부에 열의와 집중력을 보이느냐에 따라 달라집니다.

맨 처음 저에게 공부를 배우러 온 학생들은 대개 3시간만 공부하고 6시간을 놉니다. 그러다가 어느 정도 성적이 오르면 제가 따로 말을 안 해도 노는 시간을 점차 줄이고 공부 시간을 더 늘려 나갑니다. 막상 공부를 해 보니 어느새 할 수 있다는 자신감이 생기면서 시간을 더욱 아껴야겠다는 자각이 생겨나기 때문입니다. 그리고 본인이 도저히 갈 수 없다고 생각한 대학이 점점 가깝게 느껴지면서 나도 할 수 있다는 자신감과 함께 공부에 재미를 붙여 가게 되는 것입니다.

아이들의 실력이 향상되면서 영성 면의 제자훈련도 점점 그 강도를 높여 갑니다. 아이들은 점차 예수님을 인격적으로 만나게 되고 하나님의 은혜를 깊이 체험하게 됩니다. 함께 예배드리고, 함께 성경 보고, 함께 부르짖어 통성기도 하면서 아이들 안에 하나님을 아는 지식이 자라납니다. 아이들이 기존에 생각했던 시간의 개념도 바뀝니다. 자신의 시간이라고 생각했지만 이제는 그 시간의 주인이 하나님이시라는 것을 인식하게 됩니다.

하나님이 주신 시간이 얼마나 귀하고 감사한 것인지 알게 되면서 우리에게 남겨진 시간을 계산할 수 있는 지혜를 달라고 기도합니다. 점점 신앙이 성숙할수록 아이들은 점차 제가 공부하는 다니엘 아침형 학습 스타일로 변화하기 시작합니다. 일찍 자고 일찍 일어나면서 아침에 하나님과 깊은 영적 교제를 하게 됩니다. 이른 아침 기도하면서 예수님을 인격적으로 만난 아이들은 이제 시간이 아깝다고 느낍니다. 그런 단계에 이른 학생들에게는 더 이상 공부하라고 얘기하지 않습니다. 왜냐하면 성령 하나님께서 그 학생들의 마음속에 24시간 늘 함께 하면서 그리스도인이 왜 공부해야 하는지 선명한 동기를 지속적으로 부여하시고 새 힘과 새 마음을 주시기 때문입니다. 이것이 바로 세상 사람들이 알지 못하는 다니엘 아침형 학습의 저력입니다.

어느 날 학생들이 저에게 이렇게 이야기했습니다.

"선생님, 저 여자 친구 다 정리했습니다. 생각해 보니까 제가 이럴 때가 아닌 것 같아요. 공부하겠습니다. 공부와 이성 교제, 두 가지 모두 하려고 하니 머리가 복잡하고 공부에 도움이 되지 않습니다. 이제 다 정리했습니다. 이다음에 대학에 간 다음 제가 좀 더 준비된 다음 이성 교제를 시작하도록 하겠습니다."

"선생님, 저 이제 스타크래프트 끊었습니다. 생각해 보니까 제가 오락에 너무 시간을 많이 썼네요. 프로게이머가 될 것도 아닌데 그동안 하나님이 주신 시간을 잘 사용하지 못했습니다. 하나님께 미안하고 부모님께 죄송합니다. 그동안 저 묵묵히 지켜봐 주시고 믿어 주신 선생님께 감사드려요. 앞으로 정말 시간 아껴 열심히 해 보겠습니다. 선생님도 저 열심히 잘 도와주세요."

그렇게 하나 둘씩 다니엘이 우상에게 절한 음식을 먹지 않으리라 뜻을 정한 것처럼 각자 상황에서 뜻을 정하고 마음을 가다듬어 공부하기 시작하니까 실력이 나날이 늘어 가는 것입니다. 어느덧 우등생이라 불리게 되고 본인 스스로 소위 명문대를 목표로 공부할 뿐만 아니라 주변에서도 그런 기대를 하는 학생으로 거듭나게 됩니다. 그렇게 대학 시절 내내 아이들을 가르쳤습니다. 그때 가르쳤던 학생들이 이제는 어엿한 대학생이 되어 제가 사역하는 신반포 교회에서 중등부 교사로 섬기고 있습니다. 정말 매주 그들을 볼 때마다 마음이 얼마나 기쁘고 흐뭇한지 모릅니다. 더욱더 재밌는 것은 자기들이 맡은 반 학생들에게 제가 했던 말을 그대로 해 주는 것입니다. 심지어 말투까지 똑같이 해서 말하는 것을 볼 때면 입가에 절로 미소가 떠오릅니다. 그리고 조용히 하나님께 말씀드립니다.

'하나님 정말 감사드려요. 하나님 이 친구들 모두 하나님께서 귀하게 쓰시는 일꾼이 되게 해 주세요. 오직 하나님께 영광을 돌립니다. 하나님 감사드려요.'

특공훈련, 속성훈련도 불사하며

중 3 때 저를 찾아온 학생 중 딸만 많은 집의 늦둥이 아들이 있었는데 누가 보아도 너무 여자 같고, 키도 작고, 항상 위축되어 있고, 학교에서는 늘 왕따당하는 그런 아이였습니다. 그 애 어머니는 더도 말고 인문계 고등학교에만 가면 소원이 없겠다고 하셨습니다. 현재의 실력으로는 인문계 고등학교에 진학하는 일이 불가능하다는 것을 잘 알고

계셨던 것입니다. 가르쳐 보겠다고 말은 했지만 아이가 너무나 내성적이었습니다. 영어는 따라 읽어야 실력이 느는데 전혀 안 읽고 한마디도 안 하는 겁니다. 저는 너무 답답했습니다.

　아이와 이야기를 나누어 보니 상태가 정말 심각하다는 것을 알 수 있었습니다. 아이는 엄마 아빠 때문에 죽지 못하고 산다고 말했습니다. 엄마 아빠가 아들 하나라고 자신을 끔찍이 위해 주시지만 자신은 살아야 할 이유를 모르겠다는 겁니다. 학교 가기도 싫고 모든 것이 싫다는 것입니다. 그 다음부터 저는 그 학생에게 다른 것은 시키지 않았습니다. 기도하고, 성경을 가르쳐 주고, 복음을 전했습니다.

　그런 아이들은 마음의 상처가 치유되지 않은 상태에서 공부를 하면 효과가 없습니다. 왜 공부해야 하는지 분명히 자각하지 못한 상태에서 공부를 시키면 중도에 포기하고 맙니다. 보통 한 달 정도 마음 관리 교육을 시킵니다. 마음 관리 훈련을 할 때 맨 처음 읽히는 책이 있습니다. 『다니엘 마음관리 365일』입니다.

　아이들에게 읽히고 싶은 책이 있는데 막상 서점에 가면 마땅한 책이 없어 답답한 적이 많습니다. 그러다가 하나님이 문득 이런 생각을 주셨습니다.

　'네가 절박한 아이들의 마음을 잘 아니 그들의 마음을 관리할 수 있는 책을 쓰면 되지 않겠니? 누군가를 기다리지만 말고 네가 직접 해 보렴.'

　그렇게 해서 일 년여 준비해서 쓴 책이 바로 『다니엘 마음관리 365일』입니다. 이 책은 학생들의 내면세계를 바로잡아 주고 병든 몸과 마음을 회복하기 위해 쓴 책입니다. 무릇 지킬 만한 것보다 네 마음을 지키라고 성경에서는 이야기합니다. 바로 마음을 관리하되 하나님의 방식으로 관리하는 것이 매우 중요합니다. 이 책에는 매일 매일 마음 관리를 위한 글뿐만 아니라 다양한 상황별, 주제별 마음 관리 글들이 있어서 학생들이 새롭게 뜻을 정해 공부하기 전에 마음을 정리 정돈하고 병든 마음을 치유하는 데 매우 효과적입니다.

그 책을 그냥 읽히기만 하는 것은 아닙니다. 독후감을 쓰고 앞으로의 결단을 써 오라고 합니다. 그리고 다 써 오면 진심으로 축하해 주며 칭찬합니다. 다니엘 아침형 학습 습관을 시작하는 데는 한 달 정도면 되지만 그것이 몸에 완전히 적응되기 위해서는 적어도 3~6개월 정도의 시간이 필요합니다. 그때까지는 많은 관심과 격려가 필요합니다. 아침에 학부모님들이 함께 일어나서 성경 보고 기도하는 것도 매우 좋은 방법이 됩니다. 아이들에게 무작정 하라고 하면 안 합니다. 부모도 본을 보이면서 동시에 아이들이 좋아하는 것을 해 주어야 합니다. 아무리 뜻과 결심을 세웠다고 하지만 아직까지는 연약합니다. 3일도 못 가서 결심이 스러지거나 친구들의 유혹에 주저앉을 때가 많습니다. 그럴 때 아이들이 좋아하는 것을 해 주며 격려하면 학생들도 덩달아 흥이 나고 재미있어 합니다.

예를 들어 이런 것입니다. 단어 시험을 보면서 제일 잘 본 아이들에게는 서울대학교에서 판매하는 연습장을 선물로 줍니다. 계속 열심히 해서 좋은 성적이 나오는 아이들에게는 서울대학교 가방을 사서 선물로 줍니다. 동생이 다니는 고려대학교 연습장이며 학교 배지를 잔뜩 사다가 열심히 노력하는 아이들에게 주며 독려하는 방법으로 효과를 보기도 했습니다.

뜻을 정했다면 이제 관리하라

저는 아이들이 왜 공부해야 되는지 명확하게 자각하기 전까지는 공부를 시키지 않습니다. 공부해야 하는 분명한 이유를 알 때까지 그것을 가르쳐 주고 스스로 결단하게 합니다. 한 달이 걸리든 두 달이 걸리든 내가 정말 공부해야 되겠다고 깨닫기만 한다면 그것은 아까운 시간이 아니라고 말합니다. 저는 아이들에게 뜻이 있다면 돈이 없어도 공부할 수 있다고 가르칩니다. 구두를 닦거나 자장면을 나르거나 노량진에 있는 학원에서 칠판을 지우는 근로 장학생을 해서라도 공부는 얼마든지 할 수 있습니다. 지금은 그렇게 하지 않더라도 얼마든지 공부할 수 있는 기회가 더 많습니다.

인터넷 강의를 통해 무료로 혹은 아주 저렴하게 얼마든지 좋은 강의를 들을 수 있기 때문입니다. 지금은 비싼 과외, 비싼 학원을 못 다녀서 좋은 대학에 못 가지 않습니다. 학생들에게 물어보십시오. 비싼 과외나 학원을 다니지 않아서 성적이 나오지 않는 것이냐고. 인터넷을 통해 수천만 원 수억 원 하는 과외 선생님의 강의도 무료로 볼 수 있습니다. 교육방송, 서울의 강남구청, 노원구청, 중구청 등 다양한 곳에서 무료로 혹은 일 년에 몇 만 원이면 모든 과목을 최고의 선생님들에게 다 배울 수 있는 것이 지금 대한민국의 현실입니다. 그렇기 때문에 자기가 꼭 공부해야 하는 이유를 발견하는 일이 더 중요하다는 겁니다. 동기가 확실해지면 그 다음부터 방법을 강구하여 그 학생의 수준에 맞게 가르치면 되기 때문입니다.

제가 아이들을 가르치면서 힘든 점은 여러 사람을 가르치더라도 학생 한 명 한 명의 특성을 전부 알아야 된다는 것입니다. 그래야 그에 맞게 공부 계획을 짤 수 있기 때문입니다. 제가 학생들에게 가장 강조하는 것이 방향 관리입니다. 서쪽으로 가야 할 학생이 방향을 동쪽으로 잘못 잡고 아무리 잠을 줄이고 노력을 해도 결국 간 만큼 다시 돌아와야 하기 때문입니다. 많은 학생들이 자신이 가야 할 목표와 비전을 이루기 위해 정확한 방향을 세우고 관리하기보다는 그냥 막연히 열심히 하면 되겠지 하면서 공부합니다. 처음에는 별 문제가 없어 보이지만 나중에 가면 갈수록 엄청나게 큰 문제를 일으키기도 합니다. 그것을 돌이키려고 하면 너무나 큰 시간과 노력이 들게 됩니다.

그래서 저는 학생들에게 이제부터 시행착오를 줄이고 원하는 대학을 향해 일직선으로 달릴 수 있도록 방향을 관리해 주겠다고 말합니다. 그러면 그만큼 만회할 시간을 벌 수 있게 되는 겁니다. 시간 관리는 방향 관리가 명확히 성립된 다음에라야 가능합니다. 정한 방향을 향해 일직선을 긋고 거기에 맞는 시간 관리를 해 나가야 하기 때문입니다. 제가 요즘 일반 학생들을 대상으로 강의하는 다니엘 아침형 학습 리더십 강의 역시 이런 방법을 토대로 강의하고 있습니다.

그렇다면 입시에서 방향 관리란 무엇일까요? 제일 먼저 해야 할 방향 관리는 바로 '나는 왜 공부하는 것인가?' 입니다. 나는 무엇을 위해 공부하고자 하는가 정한 다음 하나님이 주신 재능과 비전을 잘 준비하기 위해 가야 할 목표 대학과 학과를 결정하는 것입니다. 전심으로 기도하며 깊이 생각하고 또 생각하여 자신이 가야 할 목표 대학과 학과를 정한 후 현재 나의 수준을 정확히 알게 합니다. 그 다음 그 대학을 목표로 공부하는 아이들은 어느 정도의 수준인지 분명한 데이터를 보여 줍니다. 정말 그 대학에 가고 싶은지 다시 확인한 후 진심으로 가고 싶다면 지금 현재 자신의 실력과 목표 대학 합격권 실력의 격차만큼 노력할 자신이 있는지 묻습니다. 도저히 불가능하다면 목표

대학을 낮추라고 엄중히 말합니다. 낮추기 싫으면 최선을 다해 노력할 것을 각오하라고 합니다. 진작 공부하지 못한 것을 눈물로 반성하며 노력할 각오를 다진다면 시간이 조금 더 걸리더라도 갈 수 있다고 격려해 줍니다. 그런 다음 구체적인 시간 관리에 들어갑니다.

보통 밤에 공부가 잘된다는 애들이 있고, 새벽에 잘된다는 아이가 있습니다. 그런데 저는 새벽 공부를 할 수 있도록 유도합니다. 저녁에 피곤한 상태로 밤늦게까지 공부하는 것보다 숙면을 취한 다음 아침에 공부하는 것이 최소 5배 이상의 효과가 있기 때문입니다. 또 시험은 오전에 일찍 시작됩니다. 그런데 인간의 두뇌는 보통 깨어나서 2시간 이후부터 정상적으로 활동하기 시작합니다. 7시에 일어나서 시험 보러 가면 8시 40분이 되어도 미처 두뇌가 깨어나지 못한다는 얘기입니다. 시험 시간에 시험을 가장 잘 볼 수 있도록 하려면 적어도 6시 정도에는 일어나는 것이 좋습니다. 그런데 대부분의 학생들은 늦게 자고 늦게 일어나는 학습 스타일을 가지고 있습니다. 건강에도 좋지 않고 공부 능률도 오르지 않기에 저는 학생들에게 밤 11시에 자고 5시에 일어나라고 합니다. 6시간 자는 셈입니다. 수면 시간은 대략 6시간 정도로 이야기해 줍니다. 초등학생과 중학생은 좀 더 자도 괜찮지만 고등학생의 경우는 6시간 정도 자는 것으로 계획을 세우게 합니다. 잠을 억지로 줄이는 것보다는 일찍 자고 일찍 일어나는 학습 습관을 가지도록 훈련합니다. 물론 늦게 자고 늦게 일어나는 학생들에게 한꺼번에 생활습관을 바꾸라고 말하지는 않습니다. 『다니엘 아침형 학습법』에 나온 대로 7단계를 두어 차근차근 단계별로 생활습관과 공부 습관을 바꾸도록 합니다.

삶과 공부를 함께 나누며

그런데 요즘 아이들은 말로만 가르친다고 잘 따라오지 않습니다. 말로만 하기보다는 직접 보여 주는 것이 더 효과적일 때가 많습니다. 그래서 저는 아이들에게 제 생활계획표를 다 보여 주었습니다. 단순히 공부만 가르친다고 성적이 오르는 것이 아니기 때문입니다. 그들을 제자 삼아서 영성과 인격과 실력을 함께 키워 주는 제자훈련을 하면 그때 그들은 변하기 시작했습니다. 예수님이 그분의 삶에서 본을 직접 보여 주신 것처럼 저도 아이들에게 제가 어떻게 생활하고 공부하는지를 함께 나누기 시작했습니다.

오늘 몇 시에 자고 몇 시에 일어났는지, 교수님한테 무슨 말씀을 들었는지, 오늘 대학교에서 어떤 일이 있었는지 이야기해 주었습니다. 그러면서 우리 학생들에게는 서울대학교가 아주 친숙하게 다가왔습니다. 학풍을 설명해 준다든지, 매 학기 전 과목 A플러스 받은 성적표를 복사해서 보여 줍니다. '나도 하나님 방식으로 열심히 노력하면 저렇게 될 수 있구나!' 하는 생각을 품게 도와줍니다. 그리고 항상 아이들과 같이 공부했습니다. 오죽하면 당시 아이들이 저에게 이제 그만 공부하시고 나가서 놀기도 하고 여자 친구 좀 사귀라고 저 대신 걱정을 해 주곤 했습니다. 이제 이들은 나의 동생이며 동역자이며 스승이요, 영적 자녀입니다. 지금은 그들이 대학생이 되어 제가 사역하는 신반포 교회에서 중등부 교사로 봉사하고 있습니다. 그 친구들을 볼 때마다 참 하나님의 큰 은혜에 감사하며 큰 보람을 느끼게 됩니다.

그 당시 저에게 공부를 배운 아이들에게는 남다른 자부심이 있었습니다. 비록 돈도 없고 집안도 별 볼일 없고 공부도 못하지만 우리나라 최고의 선생님께 배운다는 자부심을 가지고 있었습니다. 수학은 전국에서 10등 안에 드는 제 동생이 가르쳤습니다. 저는 영어와 국어를 가르쳤습니다. 저는 제가 열심히 안 하면서 저들에게 열심히 하라고 말하지 못합니다. 내가 열심히 안 하면 너희들에게도 열심히 하라고 안 하겠다는 심정으로 매일 새벽 아이들의 이름을 하나하나 불러 가면서 기도합니다. 그렇게 함께 공부하고 내신 시험을 보고 나면 정말 큰 전쟁을 치른 것 같습니다.

소중한 제자이자 귀한 동역자

중간고사가 끝나면 치르는 행사가 있었습니다. 아이들을 전부 모아 놓고 보고 싶은 만화, 비디오를 다 빌려 오라고 합니다. 아이들은 제 방과 거실에서 비디오 보고, 만화책 보고, 음악을 들으면서 하고 싶은 것을 다합니다. 또 방학 때는 심야영화 상영이라고 해서 아이들에게 밤새 영화도 보여 줍니다. 이런 식으로 아이들과 서로를 아끼고 좋아하는 관계를 형성해 가면 그때부터는 서로의 말 한마디라도 열심히 지키려고 노력했습니다.

백미는 뭐니 뭐니 해도 스타크래프트 대회입니다. 학생들은 모두 이 게임을 잘합니다. 그래서 1등, 2등에게 줄 선물도 마련합니다. 처음 제 실력은 형편없었습니다만 최근 제가 자칭 테란의 황제로 실력이 급상승하면서 아이들과 쉬는 시간을 더 재밌게 보내게 되었습니다. 같이 전략도 연구하고, 유닛 컨트롤도 연습했습니다. 방학 때는 매주 공부가 끝난 뒤 함께 점심을 먹고 PC방에 가서 두 시간 정도 스타크래프트를 했습니다. 그러면서 아이들과 저와의 팀워크는 정말 탄탄해졌습니다.

중·고등학교 때 저는 늘 나를 제대로 이끌어 줄 수 있는 사람이 있었으면 좋겠다고 생각했습니다. 그런 아쉬움을 곱씹으면서 아이들에게 제가 못 받은 것을 대신 해 주려고 노력했습니다. 몸이 정상인에 비해 월등히 아프고 시간도 없고 내 공부하기에도 빠듯하고 교회봉사 하기에도 바쁜 저였기에 주변에 많은 분들이 왜 그런 일까지 하느냐고 물으셨습니다. 왜 그랬을까요? 개정판을 쓰는 지금 곰곰이 생각해 보았습니다. 그냥 아이들과 함께 있을 때 참 행복했던 것 같습니다.

또 한 가지 이유는 제가 고 3 때부터 몸이 아프기 시작하고 부모님의 교통사고로 삶의 어려움을 몸소 겪으면서 왠지 야학에서 만난 친구들의 일이 남 일처럼 생각되지 않았기 때문입니다. 인간이 참 얄팍해서 자신이 직접 겪어 보지 않으면 다른 사람의 마음을 잘 알지 못하는 것 같습니다. 야학에서 가르치는 일이 그전에는 남 일처럼 생각됐는데 내가 직접 어려움을 겪으면서 고생을 해 보니 자연스럽게 내 일처럼 생각하게 된 것입니다. 그래서 아파도 꾹 참고 대학 시절 내내 아이들을 가르칠 수 있었습니다.

또 한 가지 이유는 가장 큰 이유인데, 아이들에게 자연스럽게 복음을 전할 수 있어서였습니다. 그때 전도한 친구들 가운데 목회자가 되겠다고 신학교 신학과에 간 친구도 있습니다. 하나님을 모르던 친구들이 저와 친해지며 저에게 마음을 열면서 내가 섬기는 하나님을 전했을 때 그들은 함께 하나님을 섬기게 되었습니다. 중학생이던 그들과 함께 예배드린 것이 엊그제 같은데 벌써 대학생이 되어 제가 설교하는 예배를 함께 드리게 되었습니다. 정말 하나님의 은혜입니다. 하나님 정말 감사드립니다.

제 동생도 인턴이 되기 전에는 바쁜 와중에도 이 일을 적극 도왔습니다. 우리 아이들도 사정을 잘 알고 있습니다. 선생님이 우릴 가르치지 않고 우릴 가르칠 시간에 강남의 돈 많은 집 아이들을 가르치면 돈을 많이 벌 수 있다는 것을 잘 압니다. 돈은 원하는 대로 줄 테니 제발 우리 아들 개인과외를 해 달라고 부탁하는 분들이 부지기수였습니다. 아마 제가 대학 시절 야학에서 아이들을 가르치지 않고 저에게 부탁하는 돈 많은 분들의 자제를 가르쳤다면 큰돈을 벌 수도 있었을 것입니다. 후회하지 않느냐고 물으신다면 결코 후회하지 않는다고 말할 수 있습니다. 인생의 가장 소중한 20대 시절을 함께 동고동락하며 돈 대신 아주 소중한 제자들이면서 믿음의 동생이면서 귀한 동역자를 얻었기 때문입니다.

요즘 나의 근황과 나의 사역

대학교를 졸업한 후 저는 총신대학원에 진학했습니다. 그리고 신학대학원을 졸업하고 신반포 교회에서 중등부 사역을 시작해서 지금까지 계속 사역 중에 있습니다. 치료는 지금도 여전히 계속 받고 있습니다. 이 책을 보시는 독자들께 간곡히 부탁드립니다. 하나님이 주신 사명 다 감당하고 천국 갈 수 있도록 건강과 새 힘 주시길 기도 부탁드립니다. 건강이 허락하는 대로 각 지방 극동방송과 함께 지역 연합 세미나와 개교회 세미나를 하고 있습니다. 3년 전부터는 제가 아는 장로님이 하시는 일반 학원에서 일반 학생들을 대상으로 다니엘 아침형 학습 리더십 강의를 시작했습니다. 신앙과 실력을 겸비한 21세기 다니엘과 같은 인재를 키우고자 제가 공부한 방법을 그대로 전수하며 21세기 각 분야마다 다니엘 같은 준비된 크리스천 리더들을 훈련시키고 있습니다. 이곳에서 강의하며 저는 대학 시절 야학에서 가르쳤던 특수한 상황의 학생들과는 다른 보통의 다양한 일반학생들을 만날 수 있게 되었습니다. 저의 강의를 듣고 싶어 했던 일반 학생들에게 강의를 할 수 있게 해 주신 하나님께 너무 감사드립니다.

저의 꿈은 30년 동안 300명의 다니엘과 같은 인재를 양육하고 준비시켜 세상으로 보내는 것입니다. 전국엔 지금 숨겨진 다니엘들이 너무나 많습니다. 하나님이 주신 엄청난 재능이 있지만 현재의 성적이 잘 나오지 않아 너무 쉽게 하나님이 주신 비전과 꿈을 포기한 숨겨진 다니엘들이 많습니다. 저는 현재 건강이 허락하는 대로 숨겨진 다니엘들을 찾고 그들이 가진 비전을 일깨우며 그들에게 새롭게 도전하고 있습니다. 앞으로도 계속 그렇게 할 생각입니다.

많은 분들은 저에게 교회 개척을 하라고 말씀하시지만 저는 숨겨진 다니엘들을 찾고 크리스천 인재를 양성하는 데 저의 사명과 달란트가 있다고 생각합니다. 저는 신앙과 실력이 겸비된 다니엘과 같은 크리스천 인재가 세상을 하나님의 방식으로 변화시킬 수 있다고 믿습니다. 실력만 가지고 자신만을 아는 세상의 이기적인 엘리트는 사람을 죽이지만 신앙과 실력이 겸비된 크리스천 리더들은 연약한 사람들에게 도움을 주며 세상을 변화시킬 수 있다고 생각합니다. 그러기에 전국에 있는 우리의 소중한 믿음의 청소년들을 하나님 말씀대로 잘 양육하고 준비시키는 것이 중요하다고 생각합니다. 그래서 저는 앞으로 30년간 숨겨진 다니엘을 찾아 그들을 일깨우며 주어진 사명을 감당하기 위해 노력하려 합니다. 많이 기도해 주시길 간곡히 부탁드립니다.

3

내 자녀 다니엘로 키우려는 학부모의 필수 교육지침

자녀를 위해 눈물로 기도하지 않으면 밥을 먹지 않겠다고 결심하십시오. 자녀를 위해 눈물로 기도하지 않으면 내가 살지 않겠다고 결심하고 그대로 행하십시오.

■■■ 부모님의 눈물의 기도만이 자녀를 변화시킬 수 있는 유일한 방법입니다. 자녀가 잘 때 자녀의 이마에 손을 얹고 눈물로 기도해 주십시오. 영적 권위는 목소리가 크다고 해서, 돈이 많다고 해서 생기는 것이 아닙니다. 학부형들이 먼저 신앙으로 본을 보일 때 자녀들은 고개를 숙입니다.

9 유산보다 신앙을 물려주십시오

> 눈물로 기도하는 부모님의 울부짖음을 들으면서 공부하는 학생들은
> 우리 부모님이 정말 나를 아끼고 사랑해 주신다는 꿈을 키웁니다.
> 물론 100억 원의 유산을 물려주는 일도 쉽지는 않습니다.
> 그러나 영적유산은 물질적인 유산과 비교할 수 없을 만큼 귀중합니다.

100억 유산보다 값진 3년의 기도

요즘 너나 할 것 없이 과외니 학원이니 하며 극성으로 자녀들을 교육시킵니다. 가정경제에 큰 무리가 되더라도 자녀들에게 과외교육을 시키고 있습니다. 심지어 자녀를 과외시키려고 어머니들이 아르바이트를 하는 경우도 허다합니다. 부모님의 분주한 경제활동으로 자녀들은 혼자 있을 때가 많습니다. 그렇지만 문제는 그렇게 비싼 돈을 들여가며 과외교육이나 학원교육을 시킨다고 해도 실질적으로 성적이 오르는 학생은 소수라는 점입니다. 엄밀히 말하면 성적은 비싼 과외보다는 학생 본인 스스로가 얼마나 열심히 하느냐에 따라 결정됩니다. 그런데도 부모님들은 남들이 하니까 안 하면 처진다는 생각에 무리를 해서라도 남들 따라 하기 바쁩니다. 크리스천 학부형들도 이에 질세라 더 열심을 냅니다.

저는 학생들과 많은 시간을 보내면서 학생들에게 절실하게 필요한 것은 고액과외나 양질의 학원교육보다 부모님의 따뜻한 배려와 사랑이라는 것을 알게 되었습니다. 사실 공부는 본인 스스로 하는 겁니다. 아무리 좋은 선생님이 가르치더라도 스스로 공부하지 않으면 아무런 의미가 없습니다. 각박한 학업경쟁 시대를 살고 있는 대부분의 학생들에게는 집에서 부모님께 듣는 따뜻한 말 한마디가 더욱 필요합니다. 하지만 대부분의 학부형들이 힘들여 과외교육시키고 공부하는 데 부족함 없이 돌봐주었다는 것으로 부모 된 도리를 다했다고 생각하고 있습니다. 그러나 실상 이것은 부차적인 문제입니다.

그런 생각의 차이로 학생과 학부형은 점차 대화가 통하지 않게 됩니다. 학부형들은 학부형들대로, 학생들은 학생들대로 각각 할 말이 있습니다.

"내가 이렇게 힘들여서 너를 공부시키는데 너는 왜 열심히 공부하지 않고 나의 희생을 몰라주는 것이냐?"

"공부에 대한 부담으로 초조해서 미치겠는데 부모님은 왜 나에게 좀 더 따뜻하게 대해 주시지 않는 걸까?"

용돈만 많이 준다고 다가 아닙니다. 좋은 과외를 시켜 준다고 해서 다 된 것이 아닙니다. 이 두 견해가 공존하다 보니 학생이나 학부형들 모두 힘든 것입니다. 문제는 하나님을 믿는 가정도 이런 상황에서 별반 다를 게 없다는 점입니다. 얼마 전 강남의 모 교회 담임목사님과 오랜 시간 동안 대화를 나누었습니다. 이런저런 이야기를 나누다가 목사님께서 크리스천 학부형들에게 느끼는 벽에 대해 말씀해 주셨습니다.

"아무리 신앙교육을 하라고 말씀을 전해도 자녀교육만큼은 철저하게 인본주의 교육 시스템을 따르는 크리스천 학부형들을 보면 속이 터지네. 수백 수천만 원 하는 과외를 한다고 해도 성적은 제자리인데 믿음의 학부모님들이 내신 시험 기간에는 공부하라고 자녀들에게 주일 예배를 빠져도 된다고 말하니 참으로 안타까운 일이야."

사실 이 상황이 한국 교회의 현실입니다. 문제는 이런 현실이 너무나 견고하게 고착화되어서 쉽게 바꾸기 어렵다는 것입니다. 제가 말씀드리고 싶은 것은 자녀에게 100억 원의 유산을 물려주는 일보다 3년간 자녀를 위해 눈물로 새벽기도 하는 것이 훨씬 낫다는 것입니다. 자녀들은 부모님이 용돈을 많이 준다고, 좋은 옷을 많이 사 준다고 변하지 않습니다. 고액과외를 시켜 준다고 하루아침에 변하지 않습니다. 그것들은 어디까지나 부차적인 문제입니다. 근본적인 문제를 해결하지 않으면 안 됩니다.

인본주의를 신봉하는 크리스천?

실제로 명문대를 가는 학생들은 전체 학생의 1, 2퍼센트에 불과합니다. 상당수의 학생들이 학교에서 공부를 못한다는 이유만으로 홀대당하고 있습니다. 따라서 대다수의 부모들도 늘 의기소침해 있고 속상해합니다. 그런데 학부형들은 그런 문제를 해결한답시고 무리를 해서 고액과외를 시키거나 비싼 학원에 보내려고 애를 씁니다. 그러나 이것은 어디까지나 세상의 방법이요, 인본주의 방법입니다.

이 방법은 그리스도인들의 영적 세계를 점점 피폐하게 만들고 영혼을 메마르게 합니다. 설령 그렇게 해서 간혹 소수의 학생들이 소위 말하는 명문대에 간다고 해도 그 후 그들의 영혼은 어떻게 될까요? 완전히 메말라 버린 그 영혼들은 인본주의 정신의 본산인 대학에서, 대학생활을 하는 도중 신앙을 잃고 쓰러질 것이 뻔합니다. 결국 그런 방법은 크리스천에게 적합하지 않습니다. 크리스천 학부형들은 세상적인 물질유산을 많이 물려주기 위해 동분서주하기보다 철저하게 신앙유산을 물려주는 일에 집중하기 바랍니다. 신앙유산은 자녀의 영육간의 건강에 모두 유익하기 때문입니다.

많은 유산 때문에 형제자매들 간에 싸움이 나고 분열하는 경우를 신문지상에서 허다하게 봅니다. 유산 때문에 부모를 죽이는 일까지 일어나고 있습니다. 이런 지경인데도 수많은 학부형들은 자녀들과 함께하는 시간을 줄이면서까지 경제활동에 몰입합니다. 결국 이런 일이 부모와 자녀의 관계를 소원하게 만드는 악순환의 동기가 되고 있습니다.

너무나 많은 크리스천 학부형들이 세상의 물질주의적 사고방식에 빠져 하나님께서 선물로 주신 자녀들을 인본주의 시각으로 바라봅니다. 하나님이 선물로 주신 자녀를, 하나님의 청지기로서 마땅히 하나님의 방식으로 자녀를 양육할 책임이 있는데도, 인간이 신(神)이라는 인본주의 방식으로 자녀를 양육하고 성공을 강요하고 있으니 이 어찌 안타깝지 않겠습니까? 요즘 청소년들을 부모님이 잔소리하고, 혼내서 바꿀 수 있다고 생각하는 학부형들은 아마 아무도 없을 것입니다. 크리스천 학부모님들이 자녀 교육 문제를 인본주의 방식으로 해결하고자 할 때 돈은 돈대로 들고 자녀 성적은 오르지 않고 오히려 자녀들의 영혼은 점점 죽어 가게 됨을 꼭 기억하시기 바랍니다.

눈물의 기도로 영적 권위를 회복하라

아이들이 포르노에 중독되어 부모님 몰래 보는 것을 부모님들이 어떻게 일일이 쫓아다니며 막을 수 있겠습니까? 혹 집에 있는 컴퓨터를 치운다고 하더라도 PC방이나 친구의 집에서 보는 것을 어떻게 다 막을 수 있겠습니까? 수많은 동거 사이트가 판을 치는 현실 속에서, 대학생들이 섹스를 위해 동거를 일삼는다 하더라도 지방에 계신 학부형들이 어떻게 다 알고 예방할 수 있겠습니까? 이런 시대를 살아가는 청소년들에게 과연 안전지대가 있습니까? 지금은 초등학생까지 인터넷을 통해 포르노를 쉽게 접하고 중독되는 실정입니다.

저 역시 청소년 시기를 보내면서 많은 유혹을 느꼈습니다. 저라고 왜 유혹이 없었겠습니까? 민감한 시기이니만큼 유혹이 많고 죄 지을 상황도 많았습니다. 그런데 쉽게 죄를 지을 수 있는 상황에 처할 때마다 어머니가 눈물 흘리며 새벽기도 하시는 모습이 떠올랐습니다. 그 모습이 꼭 눈앞에서 아른거렸습니다. 그래서 죄를 지을 뻔하다가 돌아선 적이 많았습니다. 크리스천 학부형들도 부디 자녀들을 양육하는 데 다니엘처럼 뜻을 정하여 하나님의 자녀로 철저하게 양육하겠다는 원칙을 세우시기를 강권합니다. 부모님의 눈물의 기도만이 자녀를 변화시킬 수 있는 유일한 방법입니다. 자녀가 잘 때 자녀의 이마에 손을 얹고 눈물로 기도해 주십시오. 그렇게 기도하면 자녀가 부모님의 말에 순종하게 됩니다. 부모님이 흘리는 눈물의 기도를 보시고 하나님께서 부모에게 주신 가정 내 영적 권위를 새롭게 회복시켜 주시며 자녀의 마음까지 바꾸어 주시기 때문입니다.

영적 권위는 목소리가 크다고 해서, 돈이 많다고 해서 생기는 것이 아닙니다. 영적 권위는 하나님께서 부모님들에게 준 특별한 선물입니다. 그러나 크리스천 학부형들의 영적 권위는 이미 거반 땅에 떨어져 버렸습니다. 부모 스스로가 먼저 하나님의 뜻대로 살기를 거부했기 때문입니다. 세상과 적당히 타협하며 하나님과 세상을 동시에 섬기고 있기 때문에 하나님께서 그들에게 주신 영적 권위가 힘을 잃고 땅에 떨어지고 만 것입니다. 심지어 믿음의 학부모님들 가운데 내신 성적을 위해 시험 기간 자녀에게 예배 빠지고 내신 공부하라고 말씀하시는 분들도 계시다고 합니다. 믿음의 학부모님들이 자녀에게 예배 갈 것을 강권하기는커녕 일부 학부모님들은 그들의 자녀들에게 예배금 지령을 내리는 어처구니없는 일도 일어난다고 합니다.

그런 상황에서 학부형들이 아무리 자녀들을 혼내고 잔소리해도 그때뿐입니다. 돌아서면 여전히 제자리입니다. 학부형들이 먼저 신앙으로 본을 보일 때 자녀들은 고개를 숙입니다. 부모가 먼저 하나님 앞에 무릎 꿇고 전심으로 기도하며 하나님을 찾아 영적 권위를 회복할 때 자녀 역시 부모의 말에 귀를 기울이기 시작합니다. 더 이상 말로 하는 훈계는 학생들에게 영향력을 미칠 수 없습니다. 생각해 보십시오. 하루에 적어도 한두 시간 이상씩 텔레비전을 보시는 학부모님들이 많습니다. 그런 학부형들이 자녀를 위해서 눈물 뿌리며 기도하는 시간은 단 십 분도 되지 않는다면 어떻게 자녀들에게 영적 권위를 가지고 이야기할 수 있겠습니까? 9시 뉴스 보고, 10시 드라마를 보면 두 시간이 쉽게 지나갑니다. 그 시간에 텔레비전을 보지 않고 자녀를 위해 골방에서 기도해 보십시오. 자녀들은 곧 마음에서 우러나오는 존경과 신뢰를 부모님께 보일 것입니다.

눈물로 기도하는 부모님의 울부짖음을 들으면서 공부하는 학생들은 우리 부모님이 정말 나를 아끼고 사랑해 주신다는 꿈을 키웁니다. 사실 자녀를 위해 매일 한 시간 이상 기도하는 일이 쉬운 것은 아닙니다. 마음의 결단이 없으면 쉽게 될 수 있는 일이 아닙니다. 물론 100억 원의 유산을 물려주는 일도 쉽지 않습니다. 그러나 영적유산은 물질적인 유산과 비교할 수 없을 만큼 귀중합니다.

자녀를 위해 지금부터라도 골방에 들어가십시오. 텔레비전을 치우십시오. 텔레비전 볼 시간에 기도하고 성경을 읽으십시오. 그러면 그 묵상의 시간을 통해 하나님께서는 우리의 자녀를 어떻게 믿음의 자녀로 양육할 수 있는지 지혜를 주실 것입니다.

부모님들이 먼저 텔레비전을 보지 않고 신앙의 본을 보인다면 자녀들도 따라 하게 됩니다. 텔레비전과 인터넷 대신 성경을 보고 기도하게 됩니다. 제가 강의하는 중앙아카데미에는 그런 학부모님들이 참 많습니다. 저는 학생들에게만 숙제를 내는 것이 아니라 부모님에게도 숙제를 드립니다. 바로 저의 어머니께서 쓰신『다니엘 자녀 교육법』을 정독하라고 숙제를 드립니다. 그리고 부모님 먼저 솔선수범하여 기도하고 말씀 보며 더도 말고 저의 어머니께서 저를 양육하신 것처럼만 하라고 꼭 부탁드립니다. 부모님께서 뜻을 정하여 솔선수범을 보인 자녀들은 제가 위에서 말한 것처럼 정말 부모를 존경하고 하나님의 영광을 위해 열심히 공부합니다. 하나님의 영광을 위해 공부하기로 뜻을 정한 후 하나님께 지혜를 담대히 구하며 공부하는 크리스천 청소년들은 정말 꿈이 있는 사람들입니다. 그들은 이 시대의 빛과 같은 존재입니다.

그러나 이는 부모님들의 영적인 결단 없이 쉽게 될 수 있는 일이 아닙니다. 부모님들께서 이제는 결단하셔야 할 때입니다. 자녀들을 진심으로 사랑하십니까? 그러면 돈 대신에 눈물의 기도로 표현하십시오. 자녀들의 인생이 정말 다니엘처럼 멋진 인생이 되기를 원하십니까? 그러면 먼저 신앙의 본을 보이시고 하나님이 주신 부모의 영적 권위를 회복하십시오.

그럴 때 비로소 믿음의 청소년들의 표정이 밝아지고 그들의 영혼이 건강하게 됩니다. 영혼이 건강하고 하나님과의 관계가 온전히 회복될 때 자연스럽게 하나님이 주신 평안을 가지고 공부도 하게 되고 기쁘게 노력하게 됩니다. 하나님께서는 믿음의 청소년들이 열심히 공부하여 실력을 갖춘 준비된 일꾼이 되기를 원하십니다. 하나님과 바른 관계가 정립된 믿음의 청소년들에게 하나님은 그들에게 무엇을 기대하는지 말씀해 주십니다.

부모가 감당할 청지기 사명

청소년들은 하나님이 그들에게 가지고 계시는 놀라운 계획을 알고, 그 계획에 자신이 동참한다는 사실을 깨닫고 나면, 그들에게 남은 시간을 계산하는 지혜를 얻습니다. 하나님이 주신 시간이 얼마나 소중한지 깨닫습니다. 시간을 아끼게 됩니다. 준비된 일꾼이 되려면 준비할 것이 많다는 것을 알고 공부하지 말라고 해도 공부합니다. 하나님은 그들 각각에게 나누어 준 달란트대로 쓰기 위해 준비시키십니다.

그러므로 크리스천 학부형들의 역할이 너무나 중요합니다. 하나님이 선물로 주신 자녀를 믿음의 자녀답게 양육하여 그가 하나님을 영화롭게 하는 데 마음껏 쓰임 받도록 가르치는 것이 크리스천 학부형들의 본분임을 한시라도 잊어서는 안 됩니다. 그 역할을 감당하는 데 일말의 타협도 있어서는 안 됩니다.

혹 어떤 학부형들은 자신이 이루지 못한 꿈을 자녀들이 이루어 주길 바라는 경우가 있습니다. 지방대 의대를 나오신 한 집사님은 아들이 꼭 서울대 의대에 들어가 자신의 맺힌 한을 풀어 주길 바라셨습니다. 그러나 그 기대에 부응하기 위해 아이가 받을 스트레스를 생각해 보십시오. 모든 학생이 다 서울대 의대를 갈 수 있는 것은 아닙니다.

그들이 가진 달란트가 각기 다르기 때문입니다. 하나님은 모든 믿음의 청소년들이 서울대 의대에 들어가는 것을 기뻐하지 않으십니다. 각자가 받은 다양한 달란트로 하나님을 기쁘시게 하길 원합니다. 그럼에도 그 집사님은 아들을 서울대 의대에 보내기 위해 인본주의 방식의 교육을 강요했고, 저는 그 아이의 영혼이 피폐해지고 점점 어두워지는 것을 지켜보았습니다. 엄청난 사교육비를 들여 자녀를 공부시켰지만 결국 그 아이는 아버지의 목표를 이루지 못했고 방황하다가 유학을 가게 되었습니다.

거듭 말씀드리지만 자녀는 부모님의 꿈을 대리 만족시키기 위해 하나님께서 주신 선물이 아닙니다. 학부형들은 자녀들을 자신에게 종속된 부속물로 여겨서는 안 됩니다. 오직 하나님께서 주신 귀한 선물로 여기고 자녀를 하나님의 방식으로 양육하는 하나님의 청지기로서 그 사명을 다해야 합니다. 그때 하나님께서는 자녀들을 통해 부모가 맛볼 수 있는 가장 큰 기쁨을 맛보게 하십니다. 그것은 바로 자녀들의 마음 속 깊은 데서 우러나오는 부모님에 대한 신뢰와 사랑과 존경입니다.

여러 학부형들 중에서 과연 몇 분이나 자녀들의 진심이 담긴 존경과 사랑과 신뢰를 경험하고 계실까요? 그런 기쁨이 정말 존재하는지 알고 있는 분이 과연 얼마나 될까요? 설령 부모님이 경제적으로 풍족하게 자녀들을 뒷바라지하고 있지 못해도 자녀는 진심으로 부모님을 사랑하고, 부모님을 존경하고 신뢰해야 합니다. 부모님은 자녀들에게 신앙의 유산을 물려주는 분들이기 때문입니다. 가정이야말로 이 땅에서 이루어진 천국입니다. 천국을 멀리서 찾지 마십시오. 가정은 죄로 물든 이 땅에서 천국을 미리 맛보게 하기 위해 하나님께서 주신 작은 교회입니다.

달란트대로 준비하기

모든 학생들이 명문대에 갈 수는 없습니다. 그런 줄 알면서도 수많은 크리스천 학부모들은 자기 자녀가 그 대학에 가길 원합니다. 마치 그곳에 가기만 하면 인생에서 성공한 것처럼 여깁니다. 인생의 절대 목적은 좋은 대학 가는 데 있다고 어려서부터 교육시킵니다. 그러나 하나님께서는 다르게 생각하십니다. 하나님은 모든 크리스천 청소년들이 서울대에 가기를 원하지 않으십니다. 소위 인기 있다는 과에만 가기를 원하지 않으십니다. 하나님은 모든 하나님의 자녀에게 그들에게 맞는 달란트를 주셨습니다.

성경에서는 모든 그리스도인을 한 몸의 지체로 비유합니다. 몸에서 눈이 다리보다 더 중요하다고 자랑하는 것은 어리석은 일입니다. 각자에게 맞는 중요한 역할이 있습니다. 크리스천 학생들이 대학을 가는 이유는 하나님이 주신 재능을 더 잘 준비하고 훈련하기 위함입니다. 자신의 재능과 적성을 무시한 채 소위 말하는 명문대 인기 학과를 가는 것은 바람직하지 않습니다. 부모의 소원에 부응하고자 자신의 적성과 재능을 무시한 채 대학과 학과를 선택해 도중에 그만두고 다시 공부하는 사람들도 많습니다.

하지만 현실적으로 그런 대학을 나온 사람들이 대접받고 더 출세하기 쉬운 세태를 부정하기는 힘듭니다. 하지만 사회가 점차 다원화되면서 이제는 이런 생각도 바뀌고 있습니다. 다양한 분야에서 자신의 달란트를 잘 살리는 사람들이 대접받고 있습니다. 그런데 믿음의 청소년들은 자신의 달란트가 무엇인지 잘 알고 있습니까? 그렇지 못합니다. 너무나 획일적으로 공부만을 강요당하고 있습니다. 오랫동안 자녀를 양육해 온 부모님은 아이에게 잘 맞는 것이 무엇인지 본인보다 더 잘 압니다. 그런데도 명문대에 진학하길 바라는 마음에 아이들의 달란트를 개발해 주기보다 부모가 원하는 명문대 인기학과에 가게 하기 위해 무리하게 자녀를 채근하는 경우가 더 많습니다. 물론 하나님의 일꾼이 되기 위해 실력을 키우는 공부가 꼭 필요하다는 점은 인정합니다. 그렇지만 모든 학생들이 서울대 의대나 법대에 갈 수 있는 것은 아닙니다. 각자에게 맞는 달란트대로 최선을 다해 준비하는 것이 필요합니다.

어떤 사람은 음악으로, 어떤 사람은 춤으로, 어떤 사람은 그림으로 준비되고, 어떤 사람은 방송계에서, 어떤 사람은 정치계에서, 어떤 사람은 경제계에서, 어떤 사람은 의학계에서 다양하게 준비되고 있습니다. 각자의 특성과 달란트를 살리는 교육이 제대로 이루어지지 않기 때문에 수많은 학생들이 방황하고 있습니다. 저는 아이들에게 이렇게 말합니다.

"너희들에게 주신 하나님의 달란트는 다 다르다. 하지만 그 달란트를 제대로 활용하기 위해서 최소한의 공부가 필요하다는 것을 부정할 수는 없다. 만약 내가 가진 달란트가 대학에 가서 더 잘 준비되고 훈련될 수 있는 경우라면 대학에 들어가기 위한 통과시험인 대학 입시를 최선을 다해 준비해야 한다. 때로는 공부하는 것이 너무 힘들고 어려울 수 있다. 한때 방황해서 기초가 부족해 공부가 뜻대로 되지 않고 그냥 포기해 버리고 싶을 때도 많을 것이다. 하지만 그때마다 우리 크리스천은 나를 위해 몸 바쳐 피 흘려 생명을 주신 예수님의 은혜를 생각하며 복음의 열정을 가지고 최선을 다해 준비해야 한다. 단지 나 혼자 더 잘 먹고 더 잘 살기 위해 하는 공부라면 대충 해도 상관없지만 주님 위해 하는 공부에는 대충이란 없다. 하나님 안에서 얼마든지 역전의 기회는 있다. 뜻을 정해 도중에 절대로 포기하지 말고 최선의 몸부림으로 도전해라."

기본실력 배양기

| 단 1:17 |

하나님이 이 네 소년에게 지식을 얻게 하시며 모든 학문과 재주에 명철하게 하신 외에 다니엘은 또 모든 이상과 몽조를 깨달아 알더라.

이 말씀에서 볼 수 있듯이 하나님께서는 다니엘의 세 친구에게 공통적으로 그들에게 필요한 지식과 학문과 재주를 주셨습니다. 그리고 특별히 다니엘에게는 몽조를 깨닫는 달란트를 주셨습니다. 기본적으로 믿음의 청소년들은 하나님이 주신 지식과 학문과 재주를 가지고 자신에게 주신 달란트를 최대한 개발하고 그것을 통해 하나님께 영광을 돌리기 위해 준비해야 합니다. 더욱이 학창 시절은 하나님께서 공부할 수 있도록 일정 기간 주신 시간이므로, 비록 명문대를 가지 않더라도 그에 못지않은 기본 실력을 기르는 일이 꼭 필요합니다.

사실 중·고등학교 때 공부 잘하는 사람은 비범한 천재라기보다 성실한 사람들입니다. 성실하게 꾸준히만 하면 아이큐가 100을 간신히 넘어도 얼마든지 서울대 법대나 의대에 갈 수 있습니다. 하지만 하나님이 주신 시간을 방만하게 관리하고 불성실하게 생활한다면 아무리 명문대를 가고자 해도 그것은 헛된 바람에 지나지 않습니다. 결국 가장 중요한 것은 하나님과의 일대일 교제를 통해 하나님께서 내게 어떤 계획과 뜻을 가지고 계신지 깨닫는 것입니다. 그것이 바로 사명입니다. 크리스천 한 사람 한 사람에게는 이 땅에 태어난 분명한 뜻이 있습니다.

| 엡 2:10 |

우리는 그의 만드신 바라. 그리스도 예수 안에서 선한 일을 위하여 지으심을 받은 자니 이 일은 하나님이 전에 예비하사 우리로 그 가운데서 행하게 하려 하심이니라.

그것을 알고 그것을 위해 살아가는 사람이 있는가 하면 그것을 외면한 채 세상 사람처럼 자신의 명예와 돈과 쾌락을 위해 살아가는 기독교인들도 많습니다. 믿음의 청소년들이 다니엘처럼 그 시대의 풍조에 휘말리지 않고 자신의 신앙을 견고히 지키며, 자신의 분야에서 하나님께 영광을 돌리기 위해서는 어려서부터 철저한 신앙교육을 통해 하나님과의 일대일 교제의 시간을 가져야 합니다. 제가 학원에서 강의할 때 제일 중요하게 여기는 부분입니다. 제 강의를 수강하는 학생들은 적어도 하루 세 번의 기도 시간을 가집니다. 맨 처음에는 하루 한 번 아침에만 기도하고 말씀을 보게 합니다. 하지만 어느 정도 다니엘 아침형 학습법을 익히게 되면 그때부터 하루 세 번씩 다니엘처럼 기도하고 말씀을 보게 합니다. 하루 세 번을 다니엘처럼 기도하고 말씀 보며 하나님의 영광을 위해 공부한다고 생각해 보십시오. 하나님께서 얼마나 기뻐하시고 그들을 사랑하시겠습니까? 그들에게 하나님께서 약속하신 지혜를 왜 주지 않으십니까?(전 2 : 26)

그러므로 저는 학생들에게 말씀과 기도를 통한 하나님과의 인격적인 교제를 매일 매일 할 것을 매우 강조합니다. 하나님께서는 그 교제를 통해 그 아이의 인생을 인도하십니다. 하나님의 인도하심을 어려서부터 직접 경험하는 학생들은 자신의 달란트가 무엇이든 간에 철저히 준비합니다. 자신이 감당할 학업 역시 게을리 하지 않습니다. 저는 많은 믿음의 후배들이 하나님과의 교제를 통해 좀 더 일찍 자신의 정체성과, 공부해야 하는 이유를 깨닫길 바랍니다. 그들의 가능성이나 하나님이 그들에게 갖고 계신 계획을 조금이라도 먼저 깨닫는다면 하나님이 주신 시간을 그렇게 무기력하게 흘려 보내지 않을 것입니다.

하루아침에 만회할 수는 없지만

어머니가 봉사하셨던 군부대 교회에서 많은 군인들을 가르친 적이 있었습니다. 성경을 가르쳐 준다고 하면 교회에 나오는 군인이 거의 없기 때문에 영어를 가르쳐 준다고 했습니다. 저는 그들에게 영어를 가르쳐 주면서 1년 정도 복음을 전했습니다.

그들은 대부분 대학을 나오지 않았습니다. 영어를 공부하고 성경을 배우면서, 점차 하나님을 알아 갈수록 그들은 그동안 얼마나 시간을 헛되이 보냈는지 후회했습니다. 나이가 스물 두셋 되는 친구들이 고등학교 시절을 좀 더 알차게 보내지 못한 것을 후회하며 다시 그 시절로 돌아갈 수 있다면 정말 잘할 수 있을 텐데 하며 아쉬워했습니다. 그래서 저는 그들이 다시 공부할 수 있도록 도와주었습니다. 그래서 그들 중에 몇몇은 노량진 학원에서 근로학생으로 공부하며 성실하게 준비하고 있습니다.

요리사가 꿈이었다는 어떤 군인은 군대에 들어오기 전에 고등학교를 졸업하고 횟집 주방에서 보조로 일한 경험이 있다고 했습니다. 그는 대학에 진학하기보다 멋진 요리사가 되겠다고 했습니다. 훌륭한 요리사가 되기 위해 요리 공부를 하면서 외국서적을 접할 기회가 많앉는데 막상 읽으려고 해도 영어 실력이 떨어져서 읽지 못했다고 합니다. 그래서 영어를 배우기 위해 교회에 나왔다고 했습니다. 저는 그 친구에게 영어와 성경을 가르치면서 하나님을 전했습니다. 그는 이제 크리스천으로서 자신의 요리를 통해 하나님을 기쁘시게 하기 위해 노력하겠다고 결심했습니다. 영어 공부와 함께 일어 공부를 병행하며 제대 후 자신의 앞날을 위해 기도하기 시작했습니다.

지방 대학 출신인 한 친구는 다시 대학 입시를 보기에는 너무 늦었다고 판단하고 대신 고시 준비를 시작했다고 했습니다. 막연한 보상 심리로 고시 공부를 시작했지만, 하나님에 대해 더 깊이 알아 갈수록 하나님을 위해 자신의 방향을 바꾸기로 결심했다고 합니다. 그는 코트라(KOTRA, 대한무역투자진흥공사) 시험을 통해 무역 분야에서 하나님께 영광을 돌리고자 마음먹었습니다. 제대한 다음 영국으로 어학연수를 떠난 그는 현지에서 직접 돈을 벌어 학비를 조달해 공부를 마쳤고, 지금은 본격적으로 코트라 시험을 준비하고 있습니다.

그들은 군대에서 무의미하게 시간을 보낼 수도 있었습니다. 그러나 하나님을 만나고, 하나님의 은혜로 다니엘처럼 새롭게 뜻을 정하여, 하나님이 그들에게 가지고 계신 엄청난 계획을 알게 되면서 새롭게 변화되었습니다.

결국 중요한 것은 하나님께서 주신 달란트에 맞게 자신의 분야에서 최선을 다해 준비하는 것입니다. 그러기 위해서 인내와 기도가 필요합니다. 기도를 통해 하나님과 교제하며 말씀 묵상을 통해 하나님의 뜻을 더 많이 알아 가는 과정이 필요합니다. 그리고 끈기 있게 그 과정을 참아 내야 합니다. 지나간 시간을 하루아침에 만회할 수는 없습니다. 하지만 지금이라도 뜻을 정하고 다시 시작하면 하나님께서는 얼마든지 새로운 길을 열어 주십니다. 저는 대학 시절 가르쳤던 학생들과 군인들을 통해 이 일을 목도했습니다. 그리고 지금도 하나님 안에서 새롭게 뜻을 정한 학생들이 얼마나 멋지게 변하고 준비될 수 있는지 매주 교회에서, 학원에서, 각 지역 세미나에서 보고 있습니다.

▪ 『다니엘 아침형 학습법』을 보시면 정말 상상할 수 없는 놀라운 학생들의 변화 사례가 구체적으로 아주 상세히 나와 있습니다. 실제로 4년간 학원에서 강의하며 변화된 학생들의 임상 실험 보고서라고 말할 수 있습니다. 『다니엘 학습법』이 크리스천 학생들이 왜 공부를 해야 하는지에 대한 동기 부여 쪽에 초점을 맞추었다면 『다니엘 아침형 학습법』은 동기 부여와 함께 구체적인 사례와 더불어 구체적인 다니엘 아침형 학습 방법론이 나와 있습니다. 보시고 여러분도 하나님 안에서 뜻을 정하고 하나님과 한 팀 되어 다시 새롭게 시작하시길 부탁드립니다.

10
신앙과 학업이 조화를 이루게 하십시오

> 하나님의 영광을 위해 살기로 부름 받은 크리스천이 그분을 경배하는 시간이 아까워서 그 시간에 과외하고 학원 가는 것이 타당하겠습니까? 그런 사람이 하나님께 지혜를 구할 때 하나님이 다니엘에게 주신 지혜를 주시겠습니까? 안 주십니다. 주실 수가 없습니다.

시간을 비옥하게 가꾸기

대다수 강남의 대형 교회에서는 중간고사나 기말고사 기간이 되면 청소년 예배에 학생들이 급격히 줄어듭니다. 고 3 수험생들이 따로 예배를 드리는 교회는 특별히 더 심합니다. 학부형들은 대개 자녀가 고 3이 되면 아이들을 교회학교에 보내지 않고 대예배만 드리게 한다든지, 1년간 공부에 전념하고 좋은 대학에 들어간 다음 폼 나게 교회에 나가라고 말합니다. 물론 이런 일은 한국 교회의 일반적인 형편이 되었습니다. 아무리 좋은 교육 시스템을 가진 대형 교회의 청소년 부서라고 해도 왜 중간고사와 기말고사, 그리고 대학입학고사에 그렇게 무기력할까요?

과연 신앙과 학업은 조화될 수 없는 것입니까? 신앙생활이 청소년의 학업에 방해가 될까요? 정말 교회에 너무 자주 가면 성적이 떨어질까요? 공부를 위해서는 신앙생활을 잠시 접어 두는 방법밖에 없을까요? 현재 상황으로 본다면 신앙과 학업은 잠시 별개의 문제로 생각하는 도리밖에 없습니다. 이런 형편의 근저에는 바로 인본주의 교육이 있습니다. 하나님이 없다고 가르치는 인본주의 교육 시스템에서 본다면 신앙교육은 일종의 정신문화 활동으로 있으면 좋지만 없어도 별 문제 되지 않는 하나의 정신 수양 도구에 지나지 않습니다. 그렇기 때문에 수많은 크리스천 청소년과 학부형들까지 그 방식에 암묵적으로 동의하고 따릅니다.

결론을 말씀드리자면 학업과 신앙은 별개가 아닙니다. 청소년들에게는 학업과 신앙 모두 다 필요합니다. 그런데 문제는 믿음의 학부모님들이 자녀들에게 내신 시험 준비를 위해 예배금지령을 내린다는 것입니다. 공산군이 쳐들어와 예배드리면 총으로 죽이겠다는 위협을 할 필요가 없습니다. 믿음의 학부모님 스스로 알아서 자녀들에게 시험 때가 되면 예배금지령을 내리는 것이 한국 교회의 안타까운 현실입니다.

왜 교회에 나오면 성적이 떨어지겠습니까? 어떻게 그것이 가능합니까? 믿음의 자녀들이 교회에 나와서 하나님께 예배드리고 하나님을 경배하는데 그것을 기뻐하시는 하나님께서 어떻게 성적을 떨어뜨리시겠습니까? 문제의 원인은 사람에게 있습니다. 교회에 나오되 하나님께 집중하지 않고 다른 사람에게, 혹은 프로그램에 집중하여 하나님이 주신 시간을 낭비한다면 그것은 교회에 나와도 하나님께서 기뻐하시는 일이 아닙니다. 예배가 끝난 다음에도 친구들과 어울려 지나치게 많은 시간을 보내는 경우가 종종 있습니다. 물론 어느 정도의 친교는 필요합니다. 그러나 하나님은 매주 쓸데없이 교회 주변을 서성거리며 무의미하게 시간을 보내는 것을 기뻐하시지 않습니다. 왜냐하면 우리 시간의 주인은 우리가 아니라 하나님이시기 때문입니다. 그분이 우리에게 허락하신 시간입니다. 우리는 그분의 자녀로서 하나님의 영광을 위해 그 시간을 비옥하게 가꿀 의무가 있습니다.

그러므로 믿음의 후배 여러분, 주일날 하나님께 예배드리고 난 후 지체들과의 교제 시간이 있을 때에는 지혜롭게 시간을 활용하시기 바랍니다. 하나님이 사용하실 만한 준비된 일꾼이 되기 위해서는 시간을 아끼고 또 아끼는 지혜가 필요합니다.

세상에서 성공하는 사람들이 자신의 목적을 위해 얼마나 시간을 아끼고 노력하는지 이제 더 이상 말하지 않아도 잘 아실 것입니다. 그들은 자신의 영광과 욕망의 성취를 위해, 철저하고 무섭게 시간을 절약하며 자신의 실력 향상에 투자하고 있습니다. 크리스천은 하나님의

영광을 위해 이 세상에 태어났고, 그분을 기쁘시게 하기 위해 창조된 존재입니다. 우리는 인본주의에서 말하는 것처럼 나 자신이 이 세상의 중심이라고 생각하지 않습니다. 우리는 하나님을 이 세상의 창조자로 믿고 그분을 영화롭게 하기 위해 피조된 존재입니다. 그러므로 우리는 먹든지 마시든지 무엇을 하든지 다 하나님의 영광을 위해 하는 존재입니다(고전 10:31).

세상 사람들도 자신의 영광과 욕망과 성취를 위해 수단 방법을 가리지 않고 시간을 아껴 가며 철저하고 구체적으로 준비합니다. 하물며 하나님의 영광을 위해 공부하는 우리는 얼마나 더 하나님이 주신 시간을 아껴 가며 준비해야 하겠습니까?

왜 지혜를 구하는가?

하나님께 기도하십시오. 우리에게 남겨진 시간을 계산할 수 있는 지혜와 공부할 때 필요한 지혜를 달라고 늘 기도하십시오. 하나님의 영광을 위해 공부하기로 다니엘처럼 뜻을 정하고 주님께 눈물로 기도할 때 하나님께서 우리에게 다니엘에게 주신 지혜를 주시지 않을 이유가 없습니다. 담대히 구하십시오. 그러면 언제나 후히 주시고 꾸짖지 않으십니다. 믿으십시오.

| 약 1:5 |

너희 중에 누구든지 지혜가 부족하거든 모든 사람에게 후히 주시고 꾸짖지 아니하시는 하나님께 구하라. 그리하면 주시리라.

이 말씀은 하나님께서 세상 모든 사람에게 주신 것이 아닙니다. 오직 하나님의 자녀들에게 특별하게 약속하신 선물입니다. 하나님께서는 사랑하는 자녀들에게 하나님의 지혜를 마음껏 부어 주길 원하십니다. 그리스도를 구세주로 고백하지 않고 하나님을 아바, 아버지라고 부르지 않는 사람들에게는 이 말씀을 허락하지 않으셨습니다. 이 약속은 오직 하나님의 자녀에게만 허락하신 하나님의 특별한 선물이자 특권입니다. 우리는 하나님이 주신 지혜를 얼마든지 소유할 수 있습니다. 하나님은 그것을 가지고 세상에서 하나님의 영광을 높이길 원하십니다.

그런데 수많은 믿음의 후배들이 이 약속을 피상적으로 받아들여서 그저 지식으로 알 뿐, 실제로 가슴으로 믿고 구하지 않습니다. 이 말씀으로 구했지만 왜 나는 지혜를 얻지 못하는 것일까 의구심을 가졌을지도 모릅니다. 이 말씀을 가지고 지혜를 구할 때 어떻게 구하셨습니까? 혹시 좋은 성적과 좋은 대학을 가기 위해 지혜를 구하지 않았나요? 물론 이런 기도를 한다고 나쁘지는 않습니다. 그러나 궁극적으로 중요한 것은 지혜를 구하는 동기입니다. 겉으로는 하나님의 영광을 위해 지혜가 필요하다고 구하지만, 혹 은밀한 속마음은 자신의 영광과 욕망의 성취를 위해 하나님의 지혜를 구하는 것은 아닌지요? 하나님은 어수룩한 분이 아닙니다. 사람의 마음을 감찰하는 하나님이십니다.

겉으로 보기에 아무리 신앙이 좋아 보여도 하나님은 그 마음의 중심을 보고 응답하십니다. 하나님은 다니엘처럼 오직 하나님의 영광을 위해 살기로 결심한 자를 기뻐하십니다. 그리고 그 사람에게 마음껏 그분의 지혜를 허락하십니다(전 2 : 26).

한번 생각해 보십시오. 입으로만 하나님의 영광, 영광 하고, 실제로는 자신을 위해 공부하고, 잘 먹고 잘 살려고 공부하는 사람이 지혜를 구하면 하나님이 지혜를 주시겠습니까? 우리라도 아마 그런 사람에게는 지혜를 주지 않을 겁니다. 그런 사람에게 하나님이 다니엘에게 주신 지혜가 있다고 생각해 보십시오. 얼마나 교만하고, 하나님의 영광을 가리고, 자기 잘난 체하며 이 세상에서 군림하려 들겠습니까? 하나님은 마음의 중심을 감찰하는 분이시기에 그가 아무리 겉으로 주여, 주여 할지라도 속지 않으십니다. 하나님을 경홀히 여기지 마십시오. 사랑의 하나님이니까 다 용서하고 봐주시리라는 생각에 인본주의적 사고를 용납해서는 안 됩니다.

비교할 수 없는 지혜의 깊이

다니엘은 수많은 포로들 중에서 홀로 바벨론 왕이 주는 진미와 포도주를 거부했습니다. 수많은 유대인 포로들 가운데 다니엘은 혼자서 환관장이라는 권력의 핵심인사에게 이같이 밝혔습니다. 왕이 주는 진미와 포도주를 먹지 않겠다고 담대히 말했습니다. 다니엘은 왜 그렇게 튀었습니까? 다른 포로들은 잠잠한데 왜 유독 소년 다니엘은 그렇게 튀었을까요? 다니엘은 자신의 신앙 양심을 지켜 내는 데 목숨을 걸었습니다. 우상에게 절한 음식을 먹음으로써 하나님의 마음을 아프게 하기 싫다고 단호히 결심한 것입니다. 보통 우리 같았으면 어땠을까요? 하나님은 사랑이시니까, 내 사정을 다 아시니까 이해하시겠지, 하고 넘어갈 것입니다.

'나는 지금 포로 신분이다. 왕이 진미와 포도주를 주면 황송하게 여기고 감사하게 먹어야지. 내가 괜히 안 먹는다고 하면 목숨 부지하기도 어려울 텐데. 하나님은 사랑이 많으니까 다 이해하실 거야. 하나

님, 아시죠? 너그러이 이해 바랍니다.'

우리는 아마 이럴 것입니다. 그런데 다니엘은 그렇지 않았습니다. 환관장은 바벨론 왕이 무서워 자신의 목숨이 떨어질까 두려워했지만, 다니엘은 눈에 보이지 않는 하나님을 두려워하고 그분을 경외했기에 눈에 보이는 거대한 제국의 왕이 주는 진미와 포도주를 거부할 수 있었던 것입니다.

그런 다니엘의 중심을 하나님이 아시기에 그에게 하나님의 지혜와 지식을 허락하신 것입니다. 어떻게 소년 다니엘의 지혜와 지식이 그 당시 바벨론 제국의 내로라하는 석학들보다 열 배나 더 지혜로울 수 있을까요? 놀랍지 않습니까? 인본주의 상식으로 생각할 때는 도저히 납득하기 어려운 사실입니다. 하지만 크리스천은 이 사실을 믿습니다. 왜냐하면 하나님이 주시는 지혜가 얼마나 크고 깊은지, 세상 사람들의 철학에서 비롯된 지혜와 지식에 비교할 수 없다는 것을 너무나 잘 알고 있기 때문입니다. 성경에는 하나님의 어리석음조차도 이 세상의 가장 위대한 지혜와 비교할 수 없을 만큼 뛰어나다고 말합니다.

하나님의 기쁨

하나님께서 다니엘을 보실 때 얼마나 기쁘셨을까요? 그 어린 다니엘이 하나님을 기쁘게 하기 위해 인본주의와 타협하지 않고 자신의 목숨을 걸고 하나님의 뜻을 온전히 따르고자 했습니다. 그 모습을 보시고 하나님은 얼마나 기뻐하셨을까요? 만일 우리의 자녀가 부모를 기쁘게 하기 위해 이런 일을 했다고 상상해 보십시오. 부모님이 얼마나 기쁘겠습니까? 눈물이 멈추지 않을 정도로 기뻤을 것입니다. 우리 하나님은 인격적인 분이십니다. 하나님은 우리와 같이 인격적인 존재이시며 그분의 자녀가 하나님을 기쁘게 할 때 마음껏 기뻐하십니다.

| 잠 16:7 |
사람의 행위가 여호와를 기쁘시게 하면 그 사람의 원수라도 그로 더불어 화목하게 하시느니라.

이 말씀을 보시고 하나님이 다니엘을 얼마나 기뻐하셨을까 상상이 되십니까? 아마 덩실덩실 춤을 추시며 '네가 정말 나를 사랑하는구나! 네가 정말 중심으로 나를 사랑하고 나를 위해 살고자 하는구나!' 하며 기뻐하셨을 겁니다.

| 전 2:26 |
하나님이 그 기뻐하시는 자에게는 지혜와 지식과 희락을 주시나 죄인에게는 노고를 주시고 저로 모아 쌓게 하사 하나님을 기뻐하는 자에게 주게 하시나니 이것도 헛되어 바람을 잡으려는 것이로다.

하나님이 다니엘에게 지혜를 주셨고 그 지혜를 소유한 다니엘은 세계 최강대국 바벨론의 뛰어난 석학들보다도 열 배나 지혜로울 수 있었습니다.

그만큼 하나님의 지혜를 소유한다는 것은 너무나 귀한 일이며 하나님의 영광을 위해 살고자 다짐하는 크리스천에게 꼭 필요한 것입니다. 하나님은 그분의 자녀가 다니엘처럼 하나님을 영화롭게 하고자 지혜를 구할 때 결코 그 기도를 외면하지 않으십니다. 속히 응답하는 분이십니다.

하나님의 영광을 위해 사는 존재

예수님을 나의 삶의 구원자요 주인님으로 모신 크리스천이라면 누구든지 언제든지 담대히 하나님의 영광을 위해 공부하며 생활하는 데 필요한 지혜를 마음껏 구할 수 있습니다. 하나님은 그 기도를 반드시 들어주십니다. 이것이야말로 하나님이 그분의 자녀에게 준 놀라운 특권이며 엄청난 특권임을 크리스천은 절대 잊어서는 안 됩니다.

이제 다시 한번 생각해 보십시오. 하나님의 영광을 위해 살기로 부름 받은 크리스천이 그분을 경배하는 시간이 아까워서 그 시간에 과외하고 학원 가는 것이 타당하겠습니까? 그런 사람이 하나님께 지혜를 구할 때 하나님이 다니엘에게 주신 지혜를 주시겠습니까? 안 주십니다. 주실 수가 없습니다. 그러므로 크리스천 학부형들께서는 이제 제발, 더 이상, 세상 사람들이 주일날 과외시키고 학원 보낸다고 똑같이 그러지 마시기 바랍니다. 하나님께 드려야 할 예배시간을 아까워하여 자녀들을 교회에 보내지 않는 어리석은 짓을 더 이상 하지 않기 바랍니다.

주일에는 하나님께 일 순위로 시간을 드리십시오. 먼저 하나님께 온전히 예배를 드린 후에 그 나머지 시간은 각자의 상황에 따라 지혜롭게 잘 사용하십시오. 물론 나머지 시간을 아껴 주님의 영광을 위해 공부하는 것도 좋습니다. 가끔 어떤 학생들은 주일날에는 공부하지 말고 그냥 집에서 쉬기만 해야 하지 않느냐고 묻습니다. 그럼 저는 그 학생에게 묻습니다. 어떻게 쉬느냐고. 그러면 대부분의 학생들은 그냥 자거나 텔레비전 보거나 오락하거나 인터넷 하거나 그렇게 쉰다고 말합니다. 이렇게 시간을 대충 보내는 것이 주일날을 거룩히 지키라는 의미가 아닙니다.

하나님은 예배드리는 것, 교회에 나오는 것만이 하나님의 일이라고 생각하지 않으십니다. 하나님은 그분의 영광을 위해 우리 삶의 모든 일을 하라고 하십니다. 예배도 공부도 주님의 영광을 위해 하기에 그분이 기뻐하시는 일이며, 밥을 먹고 자고 생활하는 우리의 모든 삶이 주님의 영광을 위하는 일이기에 기뻐하십니다. 하나님은 바로 그런 마음의 중심을 기뻐하십니다. 그러므로 주일날 예배를 온전히 드린 후 나머지 시간은 각자의 상황에 따라 하나님의 영광을 위해 뱀처럼 지혜롭게 사용하시길 간곡히 권면합니다.

단 하나님의 영광을 위하는 일이 아닌, 자기 자신의 이기적인 욕망 성취와 자기 영광을 위해서 주일날 예배를 빠지고 공부한다면 그것은 결코 하나님이 원하시는 일이 아닙니다. 그리고 그런 일을 하는 사람을 크리스천이라고 부를 수 있는지도 의심스럽습니다. 예수님은 "나더러 주여, 주여 하는 자마다 천국에 다 들어갈 것이 아니요."라고 말씀하셨습니다. 오직 아버지의 뜻대로 행하는 자라야 천국에 들어가리라고 말씀하셨습니다. 그저 습관적으로 교회에 왔다 갔다고 해서 다 천국에 가는 것이 아닙니다. 천국행 티켓을 가졌다고, 이제 마음 편히 사는 날까지 내 마음대로 살고 죄도 더 편안한 마음으로 짓고 다시 회개하면 된다고 생각한다면 그것은 큰 오산입니다. 하나님은 결코 만홀히 여길 분이 아니십니다. 그분은 창조주 하나님이시요, 전능한 왕이신 우리의 주인이시며, 우리의 아버지이십니다.

크리스천이란 말에는 우리가 이미 하나님의 자녀이고, 그분의 자녀이기에 하나님을 영화롭게 하고, 그분을 위해 살아야 하는 존재임을 공식적으로 표현하는 신앙고백이 담겨 있습니다. 그러므로 크리스천은 인본주의 문화가 지배하는 세상 사람들과 달리 자신을 위해 사는 존재가 아닌, 오직 하나님의 영광을 위해서 사는 존재입니다. 세상 사람들은 자신의 영광을 위해 공부하지만 크리스천은 하나님의 영광을 위해 힘들어도 참고 묵묵히 공부하는 것입니다.

내가 가는 길

사실 공부를 좋아하는 사람이 몇이나 되겠습니까? 저 역시 공부하는 것이 쉽지 않습니다. 어렵습니다. 어려운 히브리어, 아카드어, 수메르어, 헬라어, 중국어, 영어, 라틴어 등등 여러 언어를 계속 공부하다 보면 머리가 아프고 금세 하기가 싫어집니다. 어려운 신학 사상을 이해하려고 애쓸 때도 너무나 힘이 들어 공부하기 싫어질 때가 한두 번이 아닙니다. 물론 중·고등학교 때 수학이나 과학을 공부할 때도 어려운 문제를 풀다 도중에 그만두고 싶을 때가 많았습니다. 저라고 해서 책을 펼치면 저절로 공부가 되거나 저절로 외워지고 그러지 않습니다. 저를 특별하게 생각하는 분들이 많은데 결코 그렇지 않습니다. 저 역시 보통 사람처럼 공부하기 싫고 놀고 싶고 쉬고 싶습니다.

그럴 때 세상 사람들은 자신의 욕망 성취와 영광을 위해 하기 싫고 힘들어도 꾹 참고 그 일을 합니다. 하지만 크리스천은 다릅니다. 힘들 때 예수 그리스도의 십자가를 바라보고 하나님의 영광을 위해, 하나님이 기뻐하시는 뜻을 위해 참고 공부하는 것입니다. 저 역시 크리스천으로서 하나님께 영광을 돌리기 위해 공부하며 살아갑니다. 만약 제가 제 영광을 위해 산다면 저는 그렇게까지 힘들게 공부하며 살고 싶지 않습니다. 만약 제가 제 영광을 위해 그렇게 산다면 왜 굳이 이렇게 힘든 목회자의 길을 가겠습니까?

조금만 생각을 바꾸면 저도 편하고 멋지게 살 수 있습니다. 서울대

대학원을 졸업한 후 국비 유학생으로 유학을 갔다 오면 서울대 인문대 최연소 교수를 할 수 있는데 그 자리를 마다하고 제가 왜 굳이 이렇게 힘들게 공부하고 주님의 길을 가겠습니까? 하지만 이것이 제게 주신 하나님의 사명이라고 생각하기에 힘들고 어려워도 나를 위해 몸 바쳐 피 흘려 생명을 주신 예수님 바라보며 날마다 나를 부인하며 나의 십자가를 지고 예수님을 따라가기 위해 몸부림칠 뿐입니다. 만약 하나님이 허락하신다면 좀 더 평범하게 살고 싶습니다. 만일 하나님의 뜻이 아니라면 저는 눈물 없이는 갈 수 없다는 목회자의 길이 아닌, 다른 길, 좀 더 편한 길을 택하고 싶습니다. 그러나 저는 하나님께서 제가 이 길을 가는 것을 기뻐하시고, 청소년들에게 비전을 심어 주고 그들의 영혼을 살리는 주님의 종으로 바로 서길 원하신다는 것을 알기에 기쁜 마음으로 이 길을 갑니다.

오직 하나님의 영광을 위하여

지금도 가끔 너무 힘들고 몸이 아파서 울기도 많이 웁니다. 몸은 너무 아프고 해야 할 공부와 사역은 많고 집중이 안 될 때 저는 참 많이 웁니다.

"하나님, 왜 저같이 몸이 아프고, 머리도 그다지 좋지 않고, 집안도 그저 그렇게 평범한 저를 공부하게 하고 목회자로 세우려 하십니까? 저는 너무 힘이 들어서 도저히 못하겠습니다. 왜 집안 좋고 똑똑하고 건강한 사람들을 놔두고 하필 저처럼 아프고 병들고 약한 사람을 택하십니까? 저는 도저히 못합니다."

그렇게 한 시간 정도 울고 난 후 저는 이렇게 기도합니다.

"하나님, 그럼에도 아버지께서 제가 이 길을 가는 것을 기뻐하신다면 제게 건강과 지혜를 주십시오. 사명을 감당할 힘을 주십시오. 그리고 공부를 하면 할수록 공부가 더 하고 싶어지도록 제 마음을 바꾸어 주십시오. 하기 싫고 재미없는 공부를, 하면 할수록 재미있게 해 주십시오."

이렇게 기도를 마칩니다. 참 황당한 기도죠? 그런데 이상하게 그 기도를 마치고 퉁퉁 부은 눈으로 다시 책상에 앉으면 공부가 잘되는 겁니다. 너무나 신기합니다. 마음이 차분해지고 집중도 잘됩니다. 지금도 그렇게 하고 있습니다. 실제로 기도해서 공부할 시간이 한 시간 줄어들어 도저히 그 공부를 끝내기 어려울 것 같아도 오히려 기도한 다음에 집중이 잘되어 시간 내에 끝낼 수 있었습니다. 참으로 놀라운 하나님의 은혜입니다. 인본주의적인 상식으로는 도저히 이해할 수 없는 하나님의 은혜와 도우심입니다. 그러기에 저는 많게는 하루에도 수십 번 공부를 포기하고 그만두고 싶다가도 주님의 도우심과 은혜와 위로로 다시 시작합니다.

제가 조금만 생각을 바꾸면 편하게 살 수 있는데 그렇게 하지 않는 이유는 무엇일까요? 남들에게 신앙이 좋다는 소리를 듣고 싶어서가 아닙니다. 부모님을 기쁘게 하기 위해서가 아닙니다. 제가 그렇게 힘든 길을 택하고 묵묵히 그 길을 가는 이유는 아무도 내게 관심을 가져 주지 않고 마음을 주지 않을 때, 남모르게 병으로 고통하고 신음할 때, 나의 눈물을 닦아 주고 격려해 주고 새 힘을 주신 하나님의 사랑에 감사하기 때문입니다. 나의 죄로 죽을 수밖에 없던 내게 하나님이 사랑하시는 외아들 예수님을 이 땅에 보내 주셔서 나의 죗값을 십자가에서 그분의 피로 다 갚아 주셔서 내가 그 예수 그리스도를 구세주로 믿게 하심을 감사하기 때문입니다. 나를 죽음에서 살리신 하나님께 감사하는 마음 때문입니다. 다른 이유는 없습니다.

저는 하나님께 감사합니다. 나를 위해 대신 죽으신 예수님을 생각하면, 몸이 아프고 힘들어 좌절하고 낙망할 때 새 힘이 생깁니다. 주님이 지신 십자가를 생각하면 범사에 감사함으로 다시금 십자가를 보고 새 힘을 얻어 일어서는 것입니다. 아무 죄도 없는 그분이 죄로 물든 나 때문에 십자가에 잔혹하게 죽으신 것을 생각하면 지금 내가 아무리 힘들다고 해도 나의 시간과 생명까지 그분께 드릴 수 있습니다.

크리스천이 왜 사냐고요? 왜 공부하느냐고요? 바로 하나님을 위해 사는 겁니다. 세상 사람들은 공부해서 남 주느냐고 말하면서 자식들에게 자기 자신을 위해 공부하라고 가르치지만 크리스천 학부형들은 그래서는 안 됩니다. 크리스천은 나를 위해 몸 바쳐 피 흘려 생명을 주신 주님의 그 은혜에 감사하여 그 은혜에 보답하기 위해, 하나님의 마음을 시원케 하는 준비된 일꾼이 되기 위해, 최선을 다해 공부하는 존재입니다. 우리는 하나님의 기쁜 뜻을 이루기 위해 힘들지만 열심히 공부하는 것입니다.

준비된 일꾼의 절차

보통 강남의 학생들, 특히 공부를 월등히 잘하는 아이들은 공부 못하는 학생들이 모르는 것을 물어보면 잘 대답해 주지 않습니다. 왜냐하면 자기 공부 시간이 아깝고 자기 에너지를 낭비하고 싶지 않기 때문입니다. 더욱이 중간고사나 기말고사가 가까워 오면 누가 물어보는 것을 매우 싫어합니다. 혹시라도 물어보면 잘 모른다고 하고 자기 공부하기 바쁩니다. 저 역시 강남의 8학군에서 교회를 다녔고 현재 그 지역에서 중등부를 담당하여 사역을 하고 있기에 누구보다 잘 압니다. 고액과외를 하는 아이들은 여러 가지 좋은 문제집을 짜깁기해서 만든 특별한 문제집을 쓰는데 내용이 매우 좋습니다. 그런 문제집을 한번 빌려 달라고 해 보십시오. 절대로 빌려 주지 않습니다. 우리 학생들이 이렇게 삭막하게 생활하고 있습니다.

그런데 제가 21세기 다니엘을 꿈꾸며 가르치고 훈련시키는 학생들은 다릅니다. 그들 가운데는 중학교 때 평균이 60점도 안 되는 별 볼일 없는 아이들도 있습니다. 그러나 지금은 우수하고 성실한 학생들이 되었고, 소위 말하는 명문대를 바라보며 공부하고 있습니다. 그런데 그들이 어떻게 공부하는지 아십니까? 중간고사나 기말고사가 내일이라고 해도 공부 못하는 친구가 물어보면 시간에 구애받지 않고 성심성의껏 친절하게 가르쳐 줍니다. 왠지 아십니까? 그들도 공부를 못할 때 그렇게 업신여김을 당해 보았기 때문입니다. 그래서 그것이 얼마나 가슴 아픈 일인지 잘 알고 있습니다. 그런 행동이 얼마나 비성경적인지, 얼마나 메마른 인본주의적 사고방식인지 잘 알기 때문입니다. 그래서 저는 그 아이들이 너무나 사랑스럽고 자랑스럽습니다.

그들은 공부하기에 앞서 하나님의 말씀을 함께 나누고 서로 기도하며 찬양합니다. 그러면서 하나님을 더욱더 많이 알아 갑니다. 그들이 하나님에 대해 더 많이 알고 그분의 사랑을 깊이 느끼면 느낄수록 굳이 공부하라는 얘기를 안 해도 공부합니다. 왠지 아십니까? 바로 그들의 마음속에 내주하시는 성령께서 그들에게 공부할 마음을 새롭게 하시며 하나님이 주신 시간이 얼마나 귀한지 깨닫게 하시기 때문입니다. 하나님이 그들에게 맡겨 주신 달란트대로 준비된 일꾼이 되기 위해 실력을 갖추어 준비해야 한다는 것을 성령께서 깨닫게 하시므로 제가 공부하라는 말을 안 해도 공부하게 되는 것입니다. 그들이 공부로 지치고 마음이 힘들 때 성령 하나님은 위로해 주시고 새 힘과 능력을 공급해 주십니다.

    제가 어떻게 그들을 일일이 따라다니면서 공부하라고 할 수 있겠습니까? 못합니다. 하지만 그들이 하나님과 인격적으로 교제하게 되면 하나님이 그들을 직접 인도하고 간섭하시기에 그렇게 할 수 있는 것입니다.

11
인본주의 교육은 아이들의 영혼을 죽입니다

> 당신의 자녀가 진정 이 시대의 다니엘로 서길 원하십니까?
> 그러면 기존의 쓰레기 같은 인본주의 교육방식을 버리십시오.
> 그리고 철저하게 신본주의 교육방식을 채택하여 자녀들을 위해 눈물로 기도하고
> 주님의 말씀으로 훈계하며 사랑의 매를 아끼지 마시기 바랍니다.

요즘 학교의 현실

요즘이 어떤 시대인지 아십니까? 마우스를 클릭만 하면 전 세계의 포르노 영화를 집에서 마음껏 볼 수 있는 시대입니다. 컴퓨터를 없애면 PC방에서, 친구 집에서 얼마든지 음란물을 접할 수 있는 시대입니다. 아무리 막으려고 해도 보고자 하는 마음만 먹으면 막을 도리가 없습니다. 포르노를 보는 것에만 만족하지 않고 실제로 성행위를 하는 청소년들도 부지기수입니다. 10대 청소년들 중 성경험이 있는 사람이 20퍼센트가 넘는 것이 요즘 현실입니다. OECD국가 중에서 청소년 성범죄율이 1위입니다. 일본의 열 배, 미국의 두 배나 높습니다. 청소년 자살률 역시 OECD국가 중에서 1위입니다. 컴퓨터 오락에 중

■ 조선일보 2007년 4월 9일자

독되어 오락을 하지 않고는 하루도 견딜 수 없는 자녀들이 대한민국 안에는 수두룩합니다. 그들을 어떻게 치료하실 겁니까? 어떻게 막겠습니까? 불가능합니다.

　이제 그런 일은 도무지 막을 수 없다고, 인본주의 교육은 아예 손을 들어 버렸습니다. 인본주의 교육은 공부 잘하는 학생들 위주로 움직입니다. 얼마 전 신문을 보았는데 학교에서도 반에서 10등 안에 드는 학생까지만 출석을 부른다고 합니다. 나머지 학생들은 학교 운영상 수업료를 내 주는 들러리일 뿐입니다. 소위 명문 고등학교가 무엇입니까? 인격이 뛰어난 학생들이 모이는 곳, 신앙이 뛰어난 학생들이 모였다고 해서 명문고입니까? 세상에서 말하는 명문고란 서울대, 고려대, 연세대에 학생들을 많이 보내는 학교가 아닙니까? 그래서 그런 고등학교에서는 학교를 빛낼 가능성이 있는 학생들을 따로 관리하고 효율적으로 가르친다는 명분 아래 그들에게 제일 많이 투자하고 있습니다. 이것이 오늘날의 현실입니다.

　포르노에 중독되거나 컴퓨터 오락에 중독되어 공부에 집중하지 못하고 학교교육을 제대로 따라오지 못하는 아이들은 열등생으로 분류되어 관심에서 제외됩니다. 대학도 제대로 못 가고 소위 세상에서 말하는 삼류대도 가기 어려운 아이들이 조그만 문제를 일으켜도 금세 문제아라고 단정 짓는 것이 요즘의 학교입니다.

　이런 인본주의 교육 환경 아래서 우리의 크리스천 청소년들이 성적이라는 기준 하나로 난도질당하고 영혼이 메말라 죽어 갑니다. 믿음의 학부형들은 이 점을 어떻게 해결할 수 있습니까? 더 좋은 과외 선생님, 더 좋은 학원을 구하면 될까요? 아니면 용돈을 올려 주면 될까요? 무당에게 가서 점을 보고 부적을 만들면 해결될까요? 그 어떤 것으로도 해결할 수 없습니다. 무한 생존경쟁의 밀림 속에서 성적 지상주의라는 너무나 정교한 인본주의의 구조적인 악이 그들의 숨통을 죄고 우는 사자처럼 돌아다니며 그들의 영성(靈性)을 삼키려 하고 있습니다.

언제까지 자녀의 영혼이 메말라 가고 서서히 죽어 가는 것을 방치하시겠습니까? 성적만 괜찮으면 자녀의 영혼이야 병들든 굶어 죽든 신경 쓰지 않으실 겁니까? 크리스천 학부형들의 자녀양육 방식이 왜 이리도 예수 그리스도를 모르는 세상의 인본주의 학부형들과 닮아 있는 겁니까? 자신만을 위해 공부하는 성공 지향의 인본주의 방식으로 양육 받고 자라난 학생들에게 과연 이 시대의 다니엘을 기대할 수 있겠습니까? 불가능합니다. 한번 생각해 보십시오. 만약 다니엘이 지금의 청소년들처럼 성적 지향의 인본주의 교육을 받아 양육되었다면 그가 하나님의 영광을 위해 바벨론이라는 당대 최강국의 왕이 주는 진미와 포도주를 목숨 걸고 거부할 수 있었겠습니까? 눈이 보이지 않는 하나님을 기쁘시게 하기 위해 눈에 보이는 강대국의 왕이 주는 제사 음식을 어떻게 거절할 수 있겠습니까?

인본주의 크리스천

당신의 자녀가 진정 이 시대의 다니엘로 서길 원하십니까? 그러면 기존의 쓰레기 같은 인본주의 교육방식을 버리십시오. 그리고 철저하게 신본주의 교육방식을 채택하여 자녀들을 위해 눈물로 기도하고 주님의 말씀으로 훈계하며 사랑의 매를 아끼지 마시기 바랍니다. 그럴 때 비로소 그가 하나님이 그에게 맡겨 준 사명을 감당하기 위해 하나님께 하늘의 신령한 지혜를 구하게 됩니다. 하나님이 주신 지혜를 받아 그것으로 세상의 골리앗들과 승부를 할 때 세상의 뛰어난 자들 위에 뛰어나게 되며 앞서게 되는 것입니다. 크리스천이 이 방식으로 공부할 때 비로소 세상의 실력자들을 이길 수 있습니다. 세상에 뒤지지 않을 뿐만 아니라 다니엘처럼 세상의 석학들보다 열 배나 더 뛰어난 실력을 발휘하며 자신의 영역에서 그 일을 감당할 수 있게 되는 것입니다.

부디 자녀를 부모님의 못 다한 꿈을 이루어 주는 대리 충족의 도구로 생각하지 마십시오. 그들은 하나님의 자녀답게 양육하라고 맡겨 주신 하나님의 선물입니다. 그들의 주인은 부모님이 아닙니다. 분명히 하나님이십니다. 그들이 철저하게 하나님의 영광을 위해 살도록 학부형들이 확실히 양육하셔야 합니다. 모든 크리스천 학생들이 다 명문대 인기학과에 갈 수는 없습니다. 하나님도 그것을 원하지 않으십니다. 각자에게 맡겨진 달란트대로 자신의 고유 영역에서 하나님의 영광을 높이길 원하십니다. 그렇다고 해서 공부를 등한히 하거나 시간을 흘려 보내도 된다는 말이 아닙니다. 하나님이 각자에게 허락하신 달란트를 제대로 꽃피워 하나님의 마음을 시원케 해 드리는 준비된 일꾼이 되기 위해서는 최선의 노력이 반드시 필요합니다.

학부형들은 더 이상 믿음의 자녀들에게 쓰레기 같은 인본주의 성공 신드롬을 주입시키지 마십시오. 그것은 생명의 길이 아닌 죽음의 길입니다. 주일날 예배에 빠지고 그 시간을 아껴서 공부한다고 한들 실제로 성적은 많이 오르지 않습니다. 만일 성적이 올라서 그가 서울대 의대에 간다 해도 하나님의 기준으로 보았을 때 그것은 결코 성공이 아닙니다. 그것은 저주입니다. 그렇게 예배 빠지고 공부해서 서울대 의대에 들어가면 그가 과연 청소년 시절에도 다니지 않았던 교회로 돌아올까요? 아닙니다. 대학의 황홀하고도 달콤한 쾌락 문화와 인본주의 철학이 교묘하게 그를 붙잡고 놓아주지 않습니다.

중·고등학교 때 주일 예배를 등한히 하고 그 시간에 과외니 학원이니 하며 하나님을 경배하는 시간을 소홀히 하는 그들은 너무나 세상적인 우리 시대 인본주의 크리스천입니다. 습관적으로 교회에 나오는 사람들은 있어도 진정 왜 교회에 가는지 알고 나오는 사람은 적습니다. 습관적으로 예배드리는 사람은 있어도 신령과 진정으로 하나님을 예배하는 자는 더더욱 적습니다. 이것이 오늘날 한국 교회의 현실입니다.

대안을 제시하라

30년 전과 비교하더라도 지금의 주일학교 숫자는 대략 그때의 반도 되지 않습니다. 장년들 성도들의 숫자도 매년 줄어들고 있지만 주일 학생 수는 그보다 비교할 수 없을 정도로 현격하게 줄어든 것이 21세기 한국 교회의 현실입니다. 중간고사나 기말고사 때가 되면 시험 준비로 인해 교회에 빠지는 학생들이 각 교회마다 너무 많습니다. 고3 학생이 중간고사나 기말고사를 앞두고 주일날 교회에 온다는 것은 희귀한 일이 되었습니다. 그런데 저는 앞으로 이들과 함께 목회를 해야 합니다. 지금의 현실도 암울한데, 10년 후 20년 후 이들이 장년이 되어 그들을 대상으로 목회할 때의 현실은 어떨지 생각하면 너무나 참담하여 눈물이 앞을 가립니다.

어쩌다 한국 교회의 청소년 사역이 이 지경이 되었습니까? 어쩌다 한국 교회가 이렇게 청소년 사역에 무기력하게 되었습니까? 어쩌다 한국 교회가 인본주의 교육의 구조적 패악으로 버려지고 내동댕이쳐진 청소년들에게 무관심하게 되었습니까? 마치 강도 만난 사람을 무심코 지나치는 제사장들처럼 이 시대의 교회는 하나님의 꿈나무들을 안일하게 양육하고 있다고 생각합니다.

저는 교회가 지역 청소년들을 위해, 그리고 믿음의 청소년들을 위해 좀 더 많은 관심을 가지고 그들을 신앙으로 훈련시켜야 한다고 생각합니다. 세상의 인본주의 교육에 교묘히 세뇌당한 그들을 다시금 일으켜 세워 참 신앙으로 재교육해야 한다는 말입니다. 청소년들에게 그들이 누구이며 어떤 존재인지, 왜 힘들지만 참고 공부해야 하는지 분명한 답을 주어야 한다고 생각합니다.

신반포 교회 학부모 자녀 교사 새벽기도회

신반포 교회에서 중등부를 섬긴 지도 벌써 4년째입니다. 맨 처음 신반포 교회 중등부에 부임했을 때 학생 수는 약 45명 정도였습니다. 현재는 140명 정도의 학생이 출석합니다. 거의 3배가 늘었습니다. 이 모든 것이 신실하신 하나님의 은혜로 가능했음을 찬양합니다.

신반포 교회에서 사역을 시작한 지 얼마 되지 않아 제가 느낀 것은 역시 강남 지역은 다른 지역과는 많이 다르다는 것이었습니다. 우선 공원에 학생들이 거의 없습니다. 초등학생 때부터 과외, 학원 수업으로 인해 아이들이 공원에서 놀 시간이 거의 없었던 것입니다. 강남 8학군에서도 가장 공부를 잘하는 지역으로 손꼽히는 신반포 지역이기에 사교육은 더욱더 치열했습니다. 부임한 후 첫 번째 중간고사 시험 기간이 되었는데 학생들의 수가 많이 줄어들었습니다. 가뜩이나 학생이 적었는데 시험 기간에는 그마저도 줄어드니 정말 가슴이 아팠습니다. 제 마음이 이렇게 아픈데 하나님은 얼마나 속상하셨겠습니까? 더 이상

이래서는 안 된다는 생각으로 마음을 굳게 먹고 학생들에게 주일 예배의 중요성과 전도에 대하여 강력하게 설교하기 시작했습니다.

아이들은 조금씩 주일 예배가 얼마나 중요한 것인지 깨닫기 시작했습니다. 그리고 조금씩 부흥되기 시작했습니다. 그러던 어느 날이었습니다. 1학기 기말고사를 한 달 정도 앞둔 시점이었습니다. 예배를 드리는데 한 학생이 저에게 와서 이제 시험 기간이 한 달밖에 남지 않아서 이번 주부터는 예배 끝나기 전에 미리 가야 한다고 말하는 것이었습니다. 그 학생은 수도권에서 이 지역으로 이사 온 학생이었습니다. 부모님은 원래 다니는 교회에 다니지만 이 학생은 집에서 가까운 우리 교회로 친구 전도하여 오게 된 것입니다. 부모님은 딸에게 거는 기대가 매우 컸습니다. 딸에게 좀 더 좋은 교육환경을 만들어 주기 위해 무리를 해서 여기까지 온 것이었습니다. 첫 중간고사에서 나름대로 시험을 보았는데 성적은 부모님의 기대만큼 잘 나오지 않았습니다. 전에 다니던 중학교보다 이곳 중학교 학생들의 수준이 월등히 높았기 때문입니다.

어머니는 무척 상심했고 어떻게 해서든지 성적을 올리기 위해 강남에서 제일 괜찮다는 학원에 다 보내기 시작했습니다. 아이는 엄청난 사교육을 받게 되었습니다. 그 결과 주일 예배시간마저도 다 드리지 못하게 된 것입니다. 보통 중등부 예배는 9시 30분에 예배를 시작해서 11시쯤 예배를 마칩니다. 그 학생은 10시에는 나가야 한다고 했습니다.

저는 학생의 이야기를 들으면서 정말 가슴이 아팠습니다. 예배를 드리고는 싶은데 엄마가 너무 단호하고 무서워서 차마 예배드리겠다고 말하기가 어렵다고 했습니다. 엄마가 자신을 위해 정말 돈을 아껴 가장 좋은 학원에 보내 주는 것을 알기에 자신도 학원에 가려고는 하지만 목사님 설교를 들으면 주일 예배는 빠지지 말고 먼저 꼭 드려야 한다고 배웠기에 어떻게 해야 할지 모르겠다고 했습니다.

한참을 갈등하다 저에게 찾아와 상담을 한 것이었습니다. 그 학생과 이야기를 나누면서 저는 더욱 놀랐습니다. 어머니께서 그 목사 말은 모두 틀리니까 엄마 말만 믿고 학원에 가야 한다고 말했다는 것이었습니다.

"그 목사가 요즘 어떤 시대인지 몰라도 한참을 몰라서 하는 이야기니깐 너는 그딴 얘기 신경 쓰지도 마라. 네 인생 그 목사가 책임지니. 엄마가 지금까지 너를 낳고 먹이고 키웠는데, 너 누구 말을 듣고 헷갈리는 거니? 그 목사가 너 대학 가는 거 책임진대? 소희야. 예수님도 공부 잘하는 애를 좋아하셔. 넌 걱정 말고 공부 열심히 해서 꼭 서울대 가야 한다. 시험 기간에 예배 빠지는 것 정도는 사랑 많으신 예수님이 다 이해해 주실 거야. 네가 정말 정 마음이 편치 않다면 엄마가 너 대신 예배 한 번 더 드릴게. 그리고 필요하면 시험 기간에는 새벽기도도 나가고 금요철야 기도회도 나갈 테니깐 넌 공부만 열심히 하렴."

저는 소희의 말을 들으면서 단호하게 말했습니다.

"소희야, 엄마 말씀처럼 공부도 중요해. 하지만 그리스도인에게는 공부보다 더 중요한 것이 하나님을 잘 믿는 것이야. 일주일에 한 번 하나님께 예배드리는 주일 예배 시간은 정말 중요하단다. 공부를 무조건 하지 말라는 것이 아니라 먼저 예배를 드린 다음 그 다음에 부족한 공부를 더 하렴. 예배드리고 나서 공부해도 늦지 않아. 예배드리고 나서 공부해도 얼마든지 잘할 수 있어."

결국 소희는 제가 단호하게 만류하여 예배를 드렸습니다. 예배를 드리면서도 소희는 무척 불안해했습니다. 11시가 조금 넘었을 때 한 어머니께서 저를 찾아오셨습니다. 그리고 저를 보자마자 대뜸 언성을 높이셨습니다.

"당신이 뭔데 우리 딸 학원 가는 것을 막는 거야? 왜 교회에서 애들 공부하는 것을 막느냐고. 우리 딸 성적 잘못 나오면 당신이 책임질 거야?"

소희 어머니의 말씀을 한참을 들었습니다. 그러고 나서 저는 조용히 말씀드렸습니다.

"책임지겠습니다. 예배 먼저 드리고 난 후에 공부해도 성적이 떨어지지 않고 오를 수 있도록 책임지겠습니다. 소희 어머니."

그러자 소희 어머니는 비웃듯이 말씀하셨습니다.

"당신이 뭔데 책임을 져. 얘가 지금 얼마짜리 학원 다니고 과외 받는지 알면서 얘기하는 거야. 별 이상한 목사 다 보겠네. 당신 같은 사람한테 우리 딸 못 맡겨. 교회가 여기만 있어. 나 원 참."

그러고는 별 웃긴 얘기 다 듣는다는 듯 코웃음을 치며 눈을 흘기더니 소희를 끌다시피 하며 데리고 나가셨습니다.

그리고 그 다음 주부터 소희는 우리 교회에 나오지 않게 되었습니다. 저는 정말 이런 상황에 대해 화도 나고 속이 너무 상했습니다. 자녀 성적표만 볼 줄 알지 영혼이 죽어 가는 것을 보지 못하는 그 어머니께 화가 났습니다. 소희가 너무 불쌍했습니다. 그리고 이런 현실이 너무 답답하고 화가 났습니다. 새벽에 정말 하나님께 간절히 기도했습니다.

"하나님! 하나님 방식으로 공부를 해도 잘할 수 있다는 것을 저뿐만 아니라 우리 학생들에게도 가르쳐 주시고 역사하여 주시옵소서.

하나님께 먼저 예배를 드리고 난 후 그 다음부터 공부를 해도 얼마든지 공부를 잘할 수 있음을 보여 주옵소서."

그 일이 있은 다음 담임목사님을 찾아뵈었습니다. 제가 너무나 존경하고 진정한 목회자라고 생각하는 홍문수 목사님이십니다.▪

목사님께서는 제 이야기를 경청하신 후 열심히 해 보라고 격려해 주셨습니다. 그리고 나서 시작된 것이 매달 첫 주 학부모 자녀 교사 새벽기도회입니다. 말 그대로 매 달 첫 주 동안 학부모와 자녀와 교사가 함께 기도하는 것입니다. 학부모와 교사와 학생이 함께 모여 예배 드리고 서로 축복기도 해 주는 그런 특별한 기도시간입니다. 기도회를 마친 다음 학생, 학부모, 교사가 함께 교회 식당에서 식사를 한 후 학생들은 학교 가기 전까지 교회 식당에서 공부하다가 학교에 바로 등교합니다.

첫이레 학부모 자녀 교사 새벽기도회와 함께, 저는 바로 제가 어머니에게 배운 다니엘 아침형 학습법을 우리 교회 학생들에게도 접목하여 지도하기 시작했습니다. 공부하기 전에 기도하고 성경 보는 것을 생활화하기 시작했습니다. 553운동이 그것입니다. 하루 3번, 5분 성경, 5분 기도를 하는 것입니다. 제가 어머니에게 배운 그 방식 그대로 아이들에게 적용하기 시작했습니다.

그렇게 학생들이 부모님과 함께 기도하고 말씀과 기도에 힘쓰게 되면서 놀라운 변화가 생기기 시작했습니다. 아이들이 말하기 시작

▪ 저는 개인적으로 홍문수 목사님을 뵈면서 '저런 분이 정말 목회자구나.' 라고 생각하고 있습니다. 저의 좋은 귀감이 되시는, 제가 너무나 존경하는 목사님이십니다. 그런 목사님 밑에서 부교역자로 일하는 저는 정말 하나님께 감사드립니다. 목사님, 항상 귀한 가르침과 사랑 감사드립니다.

합니다.

"성경을 보고 기도를 한 다음 공부하면 공부가 참 잘돼요. 집중력이 너무 좋아진 것 같아요. 공부 때문에 늘 마음이 불안했는데 이상하게 성경 보고 기도한 다음엔 마음이 편안해져요. 마음이 편안하니 공부할 때 공부도 잘돼요."

부모님들이 이야기하기 시작합니다.

"예전에는 공부 스트레스 때문에 만만한 엄마한테 짜증 내고 화를 내던 애가 점차 짜증이 줄어들기 시작하고 자기 스스로 성경 보고 기도를 합니다. 더 놀라운 것은 『다니엘 아침형 학습법』을 보고 아이가 스스로 새벽에 일어나서 기도하고 성경 보고 새벽공부를 합니다. 부모인 제가 오히려 아이보다 늦게 일어나서 너무 부끄럽습니다. 아이가 일찍 일어나서 성경 보고 기도하고 공부를 하는데 보기 좋으면서도 안쓰러워서요. 좀 더 자라고 이야기하는데 제가 잘하는 것인가요?"

성경을 직접 보고 기도하게 되면서 아이들은 제가 청소년 시절 하나님을 인격적으로 만난 것처럼 그들도 하나님 아버지를 만나기 시작했습니다. 그리고 그들도 변하기 시작했습니다. 하나님을 매일의 경건시간을 통해 만나는 학생들은 공부도 전보다 더 열심히 하기 시작했습니다. 그리스도인이 왜 공부를 해야 하는지 분명히 깨달은 학생들은 누구보다 더 열심히 공부했습니다. 그리고 친구들에게 복음을 전하기 시작했습니다. 그렇게 해서 지금은 140명 이상의 학생들이 출석하게 되었습니다."

▪ 특별한 경우를 제외하곤 거의 대부분의 학생들이 전도로 온 학생들입니다. 일 년에 네 번의 전도 집회를 통해 하나님께서 많은 영혼들을 보내 주시고 계십니다.

다니엘 아침형 학생의 특별한 전도법

다니엘 아침형 학습 방법으로 공부해서 성적이 많이 오른 친구들 가운데 전도를 너무 잘하는 한 친구(정민이)가 있습니다.

그 친구는 친구에게 이렇게 전도한다고 합니다.

"정훈아. 요즘 어떻게 지내니? 공부하기 많이 힘들지?"

"응. 너무 힘들어."

"너 일요일에 아침 몇 시부터 학원에 가니?"

"아침 8시부터 밤 10시까지."

"정말 힘들겠다."

"엄마가 가래서 가긴 하는데 너무 힘들어. 이번 시험 망치면 정말 안 되는데 마음이 너무 불안해서 공부도 잘 안 돼."

"그렇구나! 정훈아. 너도 알다시피 나는 일요일에 오전에는 교회에 가서 예배를 드리잖니. 집에 와서 빨리 공부를 시작한다 해도 거의 오후 1시 혹은 2시 이후부터 할 수 있는데, 너보다 공부 시간도 적어. 그런데 왜 내가 너보다 성적이 훨씬 잘 나오는지 아니?"

"아니. 궁금해. 너 고액 과외 하니?"

"아니 그렇지 않아. 나는 공부한 스트레스를 주일날 예배드리면서 풀어. 예배를 드리고 나면 하나님이 마음에 새로운 평안을 주셔. 정말 놀라워. 예배만 드리고 나면 마음이 이상하게 평안해져. 그러고 나서 집에 와 공부를 하면 공부도 너무 잘되고 집중도 잘돼."

"정말, 정말?"

"그래."

"진짜야?"

"그래, 진짜."

"정훈아! 이번 주에 나와 함께 교회 한 번 가 보자. 네가 직접 가서 경험하면 되잖아."

정민이가 친구에게 전도하는 이야기를 듣다 보면 정말 너무나 힘이 납니다. 정말 이것이 바로 다니엘 학습법의 적용과 실천이라 생각합니다. 그래서 저는 아이들에게 일 년에 적어도 10명은 복음을 전하라고 합니다. 일 년에 네 번, 봄 여름 가을 겨울 전도 집회를 통해 학생들이 마음껏 전도할 수 있는 전도의 장을 열어 줍니다. 요즘 우리 교회 아이들은 전도와 부흥의 기쁨을 맛보고 있습니다. 한 주 한 주 무럭무럭 성장하는 아이들을 보는 것이 저에게는 가장 기쁜 일들 중의 하나입니다. 아이들과 함께 주일날 점심을 함께 먹으며 이런저런 얘기를 듣고 전도 얘기를 들으면 정말 살맛이 납니다.

현대판 모세의 기적

가끔 저는 홍해의 기적을 실제로 보면 어떤 기분이 들까 생각하곤 합니다. 하나님의 전지전능하신 능력으로 홍해가 갈라지는 모습을 상상만 해도 가슴이 뛰고 벅차오릅니다. 신반포 교회 중등부에서 사역한 지 올해로 4년째 되고 있습니다. 그런데 저 개인에게는 현대판 홍해의 기적과 같은 일이 실제로 일어났습니다. 저뿐만 아니라 신반포 교회 중등부 교사와 학생들 모두가 놀라워하고 하나님께 감사했던 일입니다. 그것은 바로 중간고사 기말고사 기간이 되어도 주일 예배시간에 아이들이 줄어들지 않게 되었다는 것입니다.

대한민국에서 가장 치열한 입시 전쟁이 벌어지고 있는 강남 한복판에서 시험 기간 학생들이 줄어들지 않고 주일 예배를 드리는 일이 실제로 일어났습니다. 더욱더 놀라운 일은 최근 들어 기말고사 기간에 오히려 학생들이 평소보다 더 늘었다는 점입니다. 주일 예배 다음 날인 월요일에 시험을 보는 학생들이 전 학생의 70퍼센트 정도는 되었는데도 말입니다. 이런 놀라운 일들이 실제로 신반포 교회 중등부에서 일어났습니다. 너무나 감사해서 중등부 학생 전체가 예배 시간에 박수를 쳤습니다. 교사회의 시간에 선생님들과 함께 기도하며 하나님의 놀라우신 은혜를 찬양했습니다.

  그날 저는 하나님께 기도하며 참 많이 울었습니다. 하나님께서 부족한 종의 기도를 들어주셨습니다. 저는 평소에 교회에 잘 나오지 않던 학생들도 예배를 통해 하나님의 은혜와 평안을 얻기 위해 시험 전 주에는 꼭 나와야 한다고 생각해 왔습니다.▪ 그래서 시험 전 주에는 오히려 학생 수가 늘어야 한다고 믿고 4년간 설교하고 기도했습니다. 그런데 기도한 대로 현대판 모세의 기적과 같은 놀라운 일이 실제로 치열한 입시 전쟁이 벌어지는 강남 8학군 한복판에서 일어난 것입니다. 어떤 분들은 그게 뭐 대수냐, 하실 수도 있겠지만 한국의 입시 현실과 강남의 치열한 교육 상황을 감안하면 정말 중요한 변화라고 생각합니다. 그리고 저 개인에게는 모세의 기적과 같은 크나큰 은혜 체험입니다.

  이 글을 쓰는 지금도 그 감동과 감사가 남아 있습니다. 그리고 앞으로 더욱더 열심히 교사들과 합심하여 아이들을 하나님의 방식으로 잘 양육하여 그러한 기적들이 지속적으로 이루어질 수 있도록 노력할 것입니다. 궁극적으로 그러한 일들이 대한민국에서 기적이 아닌 당연한

▪ 보통의 현실은 그 반대입니다. 시험 기간에 많게는 40에서 50퍼센트 정도의 학생들이 내일 보는 시험을 준비하기 위해 주일 예배를 드리지 않은 채 학원에 가거나 집에서 공부하는 것이 현실입니다.

일로 이루어지길 기도하며 그때까지 미약하나마 전국의 청소년들을 일깨우는 데 쓰임 받기를 소원합니다.

결단하라!

이제는 부모가 먼저 본을 보이셔야 합니다. 제발 말로 잔소리하고 행동으로 본을 보이지 않는 일은 그만하시기 바랍니다. 아이들의 영혼이 울고 있습니다. 제발 보고 배울 본을 보여 달라고 소리치고 있습니다. 세상이 알지 못하는 평안과 기쁨과 지혜와 지식이 있음을 믿음의 부모가 흘리는 눈물의 기도로 깨우쳐 주십시오. 100억 유산을 물려받기보다 부모가 자녀를 위해 3년 동안 눈물로 새벽기도를 드리는 일이 더 큰 유산이라는 사실을 믿음의 청소년들이 깨달아 알도록 신앙의 본을 보여 주시기 바랍니다.

하나님께서 한 가정을 영적으로 이끌어 나가도록 가장에게 허락하신 영적 권위를 회복하십시오. 진정한 영적 권위를 통해 자녀로부터 가슴속 깊은 데서 우러나오는 사랑과 존경을 받으시기 바랍니다. 아이들에게 아버지는 용돈을 대 주는 존재 정도로 전락하고 말았습니다. 아버지와 자녀 사이의 진솔한 대화는 공부에 가려 사라진 지 오래입니다. 사랑하는 아들딸에게 진심에서 우러나오는 사랑과 신뢰와 감사를 받아 보신 적이 있는지 묻고 싶습니다. 그때 느끼는 진정한 기쁨을 아시는지 묻고 싶습니다. 안타깝게도 요즘 믿음의 아버지들은 그런 기쁨을 모른 채 매일 매일 힘든 노역을 감당하고 있습니다.

부모자식 간의 대화가 얼마나 피상적으로 이루어지고 있습니까? 자녀들이 은근히 아버지의 영적 권위를 무시하고 그 선을 넘어도 그저 모른 척하며 상한 마음을 숨기고 계시지 않습니까? 너무나 슬픈 현실입니다. 가장의 영적 권위가 무너진 그 가정을 하나님이 과연 기뻐하실까요? 물론 아닙니다.

믿음의 가정에서 아버지가 영적인 권위를 회복하고 자녀들이 그 권위에 존경과 신뢰로 복종하는 모습을 상상해 보십시오. 정말 멋지고 신나지 않습니까? 세상의 돈이나 명예가 주는 기쁨보다 더 크고 놀라운 기쁨이 바로 영적 권위를 회복한 아버지에게 있다는 것을 자각하시고 하루바삐 이 권위를 회복하시기 바랍니다.

영적인 권위란 돈을 많이 번다고 생기는 것이 아닙니다. 국회의원이거나 혹은 장관이라고 해서 저절로 영적 권위가 생기는 것도 아닙니다. 제 주변에는 아버지가 국회의원이거나 정부 고위직에 있는 사람들이 있습니다. 그러나 그들이 자신의 아버지에 대해 이야기하는 것을 들어 보면 너무나 놀랍습니다. 세상적으로 볼 때 너무나 큰 권위를 가진 아버지를 몹시 경멸하는 모습을 보았습니다.

진정한 영적 권위는 믿음의 가장에게 주시는 하나님의 특별한 권위입니다. 하나님의 말씀대로 신앙생활 하는 믿음의 가장에게 영적 권위는 저절로 생겨납니다. 아버지가 먼저 철저하게 예수 그리스도를 본받아 신앙생활 하십시오. 그런 아버지의 삶을 본 자녀들은 하나님이 아버지에게 주신 영적 권위에 대해 알게 되고 그 권위에 복종해야 한다는 것을 깨닫습니다. 이것이 바로 진정한 믿음의 아버지들이 추구해야 할 영적 권위입니다.

믿음의 학부형들은 신앙의 유산을 가능한 한 많이 물려주기 위해 노력하십시오. 물질적 유산이 많아질수록 자녀는 그 돈으로 왜곡되고 무능력해지며 쾌락을 좇고 악한 일에 힘쓸 위험성이 커진다는 것을 명심하시기 바랍니다. 신앙의 본을 통한 부모의 신앙유산이 어릴 때부터 자녀들의 뼛속 깊이 스며들 수 있도록 해 주십시오. 보통 물질적인 유산은 부모가 죽은 후에나 상속됩니다. 그러나 신앙의 유산은 살아생전에도 얼마든지 물려줄 수 있고 물려주어야 합니다.

이제 믿음의 학부형들은 또 다른 믿음의 결단을 하셔야 합니다. 뜻을 정하십시오. 사랑하는 자녀를 위해 이제는 눈물로 기도할 때입니다.

12
신본주의 교육헌장

> 제발 이제부터라도 뜻을 정하십시오. 자녀를 위해 눈물로 기도하지 않으면 밥을 먹지 않겠다고 결심하십시오. 자녀를 위해 눈물로 기도하지 않으면 내가 살지 않겠다고 결심하고 그대로 행하십시오.

영혼을 들여다보니

믿음의 청소년들의 마음속에서 인본주의의 망령을 깨부수고 극복하는 일은 쉽지 않습니다. 너무나 정교하고 감각적인 인본주의가 사랑하는 어린 믿음의 후배들을 사로잡고 있기 때문입니다. 포르노를 비디오테이프로 보는 시대는 지났습니다. 디지털시대에 접어든 지금은 인본주의 쾌락의 유혹이 최강의 무기로 업그레이드되었다고 해도 과언이 아니라고 생각합니다.

클릭만 하면 어느덧 전 세계의 다양한 포르노 영화 무삭제판이 버젓이 그들을 기다리고 있습니다. 오늘은 이메일로 어떤 종류의 포르노 사진이 와 있을지, 오늘은 어떤 야한 영화를 볼까 하는 생각에 발걸음이 빨라집니다. 그뿐만이 아닙니다. 최근 우리나라에도 등장한 수많은 동거 사이트에서는 감수성이 민감한 청소년들에게 혼전 동거를 부추기고 거부감 없이 받아들이도록 하는 물밑작업을 시작했습니다. 절제보다는 욕망의 성취가 미덕이 되는 세상이 되었습니다. 성적 절제란 인간의 욕구 탄압이라는 인본주의의 교묘한 속임이 난무하고 있는 지금, 그런 생각은 '뜯어 고쳐야 마땅한 사고방식'이라고 선도하는 인본주의의 가공할 간계가 믿음의 청소년들 속에서 신본주의의 싹을 남김없이 자르려 하고 있습니다.

성공 지향의 인본주의 틀 속에서 경쟁 중압감을 견뎌 내야 하는 그들은 잠시라도 그 고통에서 헤어나기 위해 그 현실을 잊기 위해 오늘도 새로운 판타지 오락을 선택하고 있습니다. 자기만의 세계로 빠져 들어가 가상의 오락 현실을 자신의 현실로 인정합니다. 그 세계 속에서 스스로 신(神)으로 군림합니다. 그렇게 오락에 조금씩 중독되다 보면 수많은 적들을 살육하는 피비린내 나는 가상의 싸움을 오락이 아닌 현실로 인식하게 됩니다. 사탄의 악랄한 문화 침투가 인본주의 문화와 연계되어 믿음의 청소년들의 영혼을 서서히 흔들며 잠식해 가고 있습니다.

오락이나 포르노 영화에 중독되어 있는 믿음의 청소년들을 만나기란 너무나 쉽습니다. 아무리 부정하고 싶어도 부정할 수 없는 현실입니다. 굳을 대로 굳어진 영혼, 하나님의 말씀이라곤 한 달이 되도록 단 한 절을 보지도 듣지도 않는 병든 영혼, 기도를 안 해도 아무런 갈급함을 느끼지 못하는 무감각한 상태의 그들을 누가 사탄의 손에서 건져 낼 것입니까?

하루에 적게는 수십 명, 많게는 수백 수천 명을 죽이는 오락을 하는 믿음의 청소년에게 과연 하나님이 허락하신 인간 생명의 존귀함을 어떻게 가르칠 수 있겠습니까? 사탄이 웃고 기뻐하는 어둠의 문화가 이제는 인본주의라는 미명 아래 새롭게 꽃을 피워 수많은 하나님의 꿈 나무들을 고사시키고 있는데 이것을 어떻게 막을 수 있을까요? 기도를 믿음이 좋다는 사람들의 전유물이라 여기고 나와는 상관없다고 생각하는 믿음의 후배들을 어떻게 소생시킬 수 있을까요? 사람이 떡으로만 사는 것이 아니라 하나님의 말씀으로 산다는 예수 그리스도의 말씀을 인본주의 프리즘을 통해 피상적으로 알고 있는 그들의 사고방식을 누가 바로잡아 줄 수 있습니까? 하나님이 온 우주의 창조자임을 분명히 배웠는데도 한편으로는 원숭이를 나의 조상이라고 배워서 알고 있는 믿음의 청소년들을 누가 분명히 일깨울 수 있습니까?

모세가 홍해를 건넌 것은 하나님의 놀라운 능력으로 이루어진 것이 아니라 안개가 자욱할 때 얕은 물가를 건너 놓고 유대인들이 바다를 가른 것으로 미화했다고 설득하는 인본주의 신학자들의 얄팍하고 그럴싸한 논리로부터, 청소년들을 어떻게 지켜 낼 수 있을까요?

너무나 답답한 현실입니다. 너무나 잔혹하며 거절하기 힘든 쾌락의 유혹이 침을 넘기는 이 순간에도 불 일 듯 일어나고 있습니다. 지금의 21세기는 이미 인본주의가 완전한 승리를 거둔 것처럼 보입니다. 이런 현실을 놓고 저는 매일 새벽 울지 않을 수 없습니다. 과연 인본주의를 극복할 수 있는 방법은 무엇일까요? 21세기에는 이 시대의 다니엘을 꿈꿀 수 없는 것입니까? 기존의 인본주의적 크리스천 자녀양육 방식으로는 불가능합니다. 인본주의 방법으로 크리스천을 양육하는 것은 기실 매우 그럴듯하고 세련되어 보입니다. 하지만 이 방식으로는 이 시대의 다니엘을 양육하기는커녕 21세기 사탄의 공격에 아무런 항체가 없는 무기력한 크리스천만 만들어 낼 뿐입니다. 유일한 방법은 믿음의 자녀들을 어려서부터 철저히 성경으로 가르치는 것입니다. 신본주의 교육이야말로 유일한 대안입니다. 믿음의 자녀들에게 그들이 어떤 존재이며, 그들이 왜 살아야 하는지 정체성을 세워 나가도록 가르치는 일, 이 일에 믿음의 부모들이 먼저 신앙의 본을 보이는 일이 급선무입니다. 하나님의 방식으로 자녀를 양육하십시오. 좀 더 구체적으로 말씀드린다면 믿음의 부모의 눈물의 기도만이 자녀를 살릴 수 있습니다.

눈물의 기도로 지켜 내십시오

저 역시 중·고등학교를 다니면서 많은 유혹을 받았습니다. 저라고 해서 어찌 유혹이 없었겠습니까? 은밀한 죄를 지을 기회가 참 많았습니다. 그런데 이상하게도 결정적으로 죄를 지을 만한 순간에 머릿속으로 빠르게 스치고 지나가는 영상이 있었습니다. 새벽마다 눈물이 마르지 않던, 어머니의 기도하는 모습이었습니다. 도대체 왜 꼭 그런 순간에 어머니의 모습이 떠오르는 걸까요? 그 모습이 떠올라 결국 저는 순간적인 여러 안목의 유혹과 인간의 자랑으로부터 벗어날 수 있었습니다.

하나님의 엄격한 죄의 기준에 비추어 보면 저는 무수히 많은 죄를 지었고 지금도 짓고 있습니다. 하지만 중요한 것은 인본주의의 교묘한 유혹이 때로는 달콤하게, 때로는 잔혹하게 제게 다가올 때마다 거기서 벗어나도록 이끈 것은 바로 어머니의 눈물 기도였다는 사실입니다. 자녀를 위해 눈물로 기도하는 부모의 기도가 얼마나 값진지, 제 삶에 얼마만한 위력을 발휘했는지 저는 어려서부터 몸소 겪었고 지금도 겪고 있습니다.

믿음의 학부형들이시여, 지금 자녀들을 일일이 쫓아다니며 음란 포르노를 못 보도록 막겠습니까? 잠시 집을 비운 사이, 깊이 잠에 빠져 있는 시간에 자녀들이 포르노 화면에서 눈을 떼지 못하고 있다면 어떻게 하시겠습니까? 컴퓨터를 치운다고요? 집에서 못하면 PC방에 갈 수도 있고, 친구네 집에서도 얼마든지 볼 수 있습니다. 이제는 휴대전화를 통해서도 얼마든지 볼 수 있는 시대입니다. 아무리 청소년에게 유해한 프로그램을 보지 못하도록 하는 방지 프로그램이 개발된다고 해도 그것을 뛰어넘는 더 교묘한 음란 포르노는 끊임없이 제공될 것입니다.

결국 우리는 모든 것을 하나님 앞에 겸손히 내려놓고 우리의 자녀 속에 내주하시는 성령님을 통해 그 자녀가 인도되기를 기도할 수밖에 없습니다. 하나님의 인도하심 외에는 자녀들을 가공할 인본주의 쾌락 문화로부터 안전하게 지키고 인도해 낼 방도가 없습니다. 부디 학부형들은 골방에서 다시금 눈물로 기도하십시오. 새벽을 깨우십시오. 새벽기도가 힘드신 분은 제발 일찍 주무십시오. 정말 새벽기도가 힘들다면 저녁에라도 시간을 정해 놓고 기도하십시오. 정작 본인은 텔레비전 보면서 자녀들에게 공부하라고 성경 읽으라고 기도하라고 잔소리할 수는 없습니다.

자녀는 공부하고 부모는 기도하라

사실 부모님이 공부하라고 잔소리하면 아이들은 겉으로 공부하는 시늉을 합니다. 책상에 앉아 있다고 반드시 공부가 되는 것은 아닙니다. 딴생각도 하고, 적당히 음악도 들어 가면서 얼마든지 시간을 보낼 수 있습니다. 공부할 때 중요한 것은 얼마만큼의 집중력으로, 인내심을 가지고 꾸준히 공부하느냐 하는 것입니다. 부모님의 잔소리 때문에 억지로 책상에 앉아 네다섯 시간을 흘려 보내느니, 한 시간 반을 집중해서 공부한 다음 나머지 시간에 자기가 하고 싶어 하는 일을 하도록 하는 것이 실력을 쌓는 데 더 효과적인 방법입니다.

자녀가 책상에 앉으면 부모님도 텔레비전 보지 마시고 조용히 그 자녀를 위해 기도하십시오. 혹은 조용히 성경을 읽으십시오. 부모님이 자녀를 위해 통곡하며 기도하는 소리를 들으며 공부하는 자녀, 그 자녀는 부모와 진실한 교감을 갖게 되고 그 기도에 감사하는 마음을 갖게 됩니다. 그 기도 소리를 들으면 왠지 마음이 편안해집니다. 다시금 공부할 마음을 먹게 됩니다. 제가 어려서부터 그렇게 직접 겪어 보았기에 자신 있게 말씀드릴 수 있습니다.

매일 저녁 9시부터 11시까지 자녀들이 한창 공부할 그 시간에 자녀들을 위해 기도해 보십시오. 자녀들이 조금씩 달라지는 것을 느끼실 것입니다. 만약 그렇게 해도 자녀가 변화하지 않는다면, 자녀가 잘 때 그 자녀의 손 혹은 이마 혹은 다리를 붙들고 자녀가 깨지 않도록 조용히 눈물로 간절히 기도해 보십시오. 그렇게 1년 동안 해 보십시오. 놀라운 변화가 있을 것입니다. 그 무엇으로도 변화하지 않던 자녀에게 조금씩 다른 모습이 나타나는 것을 목격하게 될 것입니다. 믿음의 자녀로 바르게 양육하기 위해 눈물로 지혜를 구하는 부모에게, 하나님이 그 기도를 외면하시겠습니까? 각자 상황이 다를 것입니다. 획일적인 방법은 없습니다. 하지만 하나님께 눈물로 구할 때 각자의 상황에 맞도록 필요한 지혜를 주시겠다고 분명히 약속하셨습니다. 하나님으로부터 자녀 양육에 필요한 지혜를 공급받으십시오.

눈물 기도라는 전신갑주

학부형들은 하나님이 주신 믿음의 자녀들을 하나님의 방식대로 양육하여 그들을 하나님을 영화롭게 하는 준비된 믿음의 일꾼들로 키울 의무가 있습니다. 하지만 이 의무는 쉽게 감당할 수 있는 일이 아닙니다. 더욱이 21세기 사탄의 전술 속에 포함된 인본주의 쾌락 문화와 성공주의 교육방식의 함정에서 벗어나 믿음의 자녀들을 굳건한 주님의 일꾼으로 키우는 데는 많은 난관과 방해가 있을 것이 분명합니다.

생각해 보십시오. 믿음의 청소년들이 이 시대의 다니엘로 성장하는 것을 누가 가장 싫어하겠습니까? 바로 사탄입니다. 사탄은 할 수만 있다면 주님의 일꾼들을 무기력하게 만들어 하나님의 일을 방해하고자 합니다. 주님의 일꾼은 사탄의 일차적인 공격 대상입니다. 이 시대의 다니엘로, 먹든지 마시든지 무슨 일을 하든지 주님의 영광을 위해 하기로 뜻을 정한 믿음의 청소년들을 사탄이 좋아할 리 없습니다. 할 수만 있다면 수단 방법을 가리지 않고 그들의 결심을 약화시키고, 할 수만 있다면 그 결심의 싹을 남김없이 잘라 없애려고 벼르고 있습니다. 이런 사탄의 교묘한 공격으로부터 믿음의 자녀를 구하려면 하나님의 지혜를 담대히 구하셔야 합니다. 먼저 믿음의 학부형들이 하나님의 지혜를 소유한 다음 각자의 상황에 맞게 자녀들을 주님의 일꾼으로 양육하셔야 합니다. 이를 위해 가장 필요한 것이 바로 부모님의 눈물의 기도입니다. 하나님께 전심으로 지혜를 부르짖고 기도해야 합니다(약 1:5).

그것 없이는 어떤 세련된 교육 프로그램이나 세미나도 아무 소용이 없습니다. 시대가 변하여 미묘한 방법론의 변화 또한 기승을 부리지만 실제로 가장 큰 힘이 되는 것은 믿음의 자녀를 둔 믿음의 학부모 자신의 눈물 기도입니다. 내 자녀가 하나님의 준비된 일꾼이 되기를 소망하는 마음으로 드리는 눈물 기도만큼 귀하고 값진 것은 이 세상에 없습니다. 자녀를 영적으로 또 육적으로 새롭게 변화시키는 원동력은 바로 부모님의 눈물 기도에 있습니다. 제발 뜻을 정하십시오. 이제부터라도 자녀를 위해 매일 눈물로 기도하겠다고 결심하십시오. 한 시간이고 두 시간이고 기도하겠다고 결심하십시오. 정말 자신이 없다면 30분만이라도 기도하십시오. 그 기도가 매달 천만 원짜리 과외를 시키는 것보다 자녀의 영혼과 범사에 더욱 유익할 것입니다. 아무리 비싼 과외를 시키고 일류 선생님께 배운다고 해도 본인이 노력하지 않는다면 아무런 의미가 없습니다. 그가 다니엘처럼 뜻을 정하여 하나님의 자녀에게 약속하신 하나님의 지혜를 구한다면 오히려 그것에 진정한 소망이 있는 것입니다. 하나님이 주시는 지혜는 세상이 감당할 수 없는 것입니다. 하나님은 하나님의 영광을 위해 진심으로 헌신한 자들에게 그 지혜를 마음껏 부어 주실 것입니다.

| 전 2:26 |

하나님이 그 기뻐하시는 자에게는 지혜와 지식과 희락을 주시나, 죄인에게는 노고를 주시고 저로 모아 쌓게 하사 하나님을 기뻐하는 자에게 주게 하시나니, 이것도 헛되어 바람을 잡으려는 것이로다.

위의 말씀처럼 하나님께서 하나님을 기쁘시게 하고자 잠을 줄이고 노는 시간을 줄이고 열심히 공부하는 학생들이 지혜를 구할 때 주시지 않겠습니까? 구하지 않은 것도 더욱 풍성히 주실 것입니다. 솔로몬이 지혜를 구할 때 하나님은 그 외의 것들까지 풍성히 주셨습니다. 그처럼 하나님은 사랑하는 하나님의 자녀들이 하나님 아버지의 마음을 시원케 해 드리기 위해 자신을 헌신하고 자신의 정욕을 십자가에 못 박고 노력할 때 그들의 눈물 기도를 외면하지 않으십니다.

믿음의 학부형 여러분, 제발 이제부터라도 뜻을 정하십시오. 자녀를 위해 눈물로 기도하지 않으면 밥을 먹지 않겠다고 결심하십시오. 자녀를 위해 눈물로 기도하지 않으면 내가 살지 않겠다고 결심하고 그대로 행하십시오. 그렇게 단호하게 행할 때 하나님께서 필요한 모든 지혜를 아낌없이 주실 뿐만 아니라 그 가정을 하나님의 작은 천국으로 변화시키실 것입니다.

자녀들의 시행착오를 줄이려면

이때 한 가지 주의할 것이 있습니다. 기도할 때 자녀들을 여러분의 의지대로 이끌려고 하지 마십시오. 하나님이 맡겨 주신 대로, 하나님께서 주신 달란트를 최선을 다해 활용하도록 눈물로 기도하며 도우라는 것입니다. 그러나 너무나 많은 믿음의 학부모들이 자신의 생각을 마치 하나님의 뜻인 양 오해하고 일방적으로 자녀들을 몰아세우고 있습니다. 아무리 서울대 법대나 의대가 좋다고 해도 모든 크리스천 학생들이 법대나 의대에 갈 수는 없습니다. 모두 법대나 의대에 가는 것은 하나님의 뜻도 아닙니다. 중요한 것은 하나님의 뜻보다 우리의 뜻이나 바람이 더 앞서 나가서는 안 된다는 것입니다. 학부형은 자녀의 소유자가 아닌 신본주의 방식으로 자녀를 교육시키라고 위탁받은 하나님의 청지기임을 잊어서는 안 됩니다.

물론 학부모들은 자녀와 함께하는 시간이 많다 보니 자녀의 특성이나 재능을 다른 사람들보다 더 잘 압니다. 그래서 부모의 바람이나 기대가 하나님의 그것과 일치하는 경우도 많습니다. 그렇다고 해서 부모의 계획이나 바람이 하나님의 계획과 반드시 일치한다고는 말할 수 없습니다. 사람이 계획을 세울지라도 그 걸음을 인도하시는 분은 하나님이십니다. 믿음의 학부모들은 늘 겸손한 마음으로 하나님의 뜻을 구해야 합니다. 하나님께서 그 자녀들에게 가지고 계시는 뜻이 무엇인지 묻고 그 뜻을 분별하기 위해 하나님의 지혜를 구해야 합니다. 그럴 때 믿음의 자녀들이 시행착오를 줄이고 하나님이 가지고 계신 계획에 따라 마음껏 뜻을 펼칠 수 있습니다.

하나님은 믿음의 학부형과 자녀 모두에게 하나님께 담대히 나아 와서 기도할 수 있는 특권을 주셨습니다. 그 특권이 너무나 익숙한 나머지 우리는 그것을 특권으로 여기지 않고 간과해 왔는지도 모릅니다. 하지만 하나님은 하나님이 택한 믿음의 자녀들에게 '아바 아버지'라고 부를 수 있는 특권과 예수 그리스도의 이름으로 기도할 수 있는 특권을 주셨습니다. 이것은 세상 사람들 아무나 할 수 있는 일이 아닙니다. 우리 믿음의 자녀들은 누구든지 하나님을 아버지라 부를 수 있고 언제든지 그분의 보좌 앞에 담대히 나아가 하나님께 구할 수 있습니다(약 1:5). 인본주의를 넘어서 신본주의로 회귀하는 시작은 예수 그리스도의 십자가를 의지하여 하나님의 보좌에 담대히 나아가 눈물로 기도하는 것입니다.

오로지 기도만이…

인본주의의 거대한 블랙홀을 지나 신본주의로 나아가려면 기도 없이는 불가능합니다. 기도 외에 하나님의 보좌를 움직일 수 있는 것은 아무것도 없습니다. 인간의 그 어떤 노력이나 의지도 하나님의 보좌를 움직일 수 없습니다. 오직 예수 보혈의 공로를 의지하고 하나님 앞에 나의 죄를 자복한 후 하나님께 주님의 뜻이 이루어지기를 간절히 기도하는 일, 이것이 우리가 할 일입니다.

저는 다른 것은 잘 못해도 한 가지 잘하는 것이 있습니다. 바로 기도입니다. 저는 어떤 문제가 닥쳤을 때 제가 무엇을 할 수 있다고 생각하지 않습니다. 살아오면서 내가 무언가를 할 수 있다고 생각했을 때, 자신감에 차 있을 때 그 문제는 해결되지 못하고 더욱 어려워졌습니다. 하지만 도저히 내 힘으로, 내 능력으로 할 수 없다고 생각한 문제는 처음부터 철저하게 하나님께 두 손 들고 매달리며 기도했습니다. 그러면 도저히 감당할 수 없을 것처럼 보이던 문제가 해결되었습니다.

그렇기에 이제는 무슨 일이 생기면 다른 사람의 도움을 빌려 보겠다는 생각은 아예 하지 않습니다. 인간을 의지하여 무언가를 먼저 해 보겠다는 생각은 아예 잊었습니다. 대신 바로 하나님께 가지고 나아가 기도합니다. 공부하다가 갑작스레 문제가 생기면 공부를 잠시 접고 두 손 들고 기도합니다. 걸어갈 때도 갑자기 어떤 문제가 생각나면 그 문제를 놓고 바로 기도합니다. 제가 비록 짧은 인생을 살았지만 여러 번의 시행착오를 거치면서 뼈저리게 느낀 것이 하나 있습니다. 나의 노력과 나의 힘으로 무언가를 해 보려고 했을 때 생기는 참담한 시행착오를 이제부터라도 온전히 주님께 맡겨 보자는 것입니다. 나를 의지해 생기는 시행착오의 시간을 줄여 보자는 것입니다. 그래서 요즘은 어떤 문제가 생기더라도 당황하지 않습니다. 재빨리 주님께 아뢰는 일에 힘쓰기 때문입니다.

4

예수께 붙은 학생을 위한 성적 상승 노하우

아직 여러분에게는 하나님 안에서 역전의 기회가 얼마든지 있습니다.
절대로 포기하지 마시고 조금만 더 힘을 내서 뜻을 정해 다시 시작하십시오.

■■ 입시라는 관문은 '적당히 어떻게 되겠지.' 하는 마음가짐으로는 절대 통과할 수 없습니다. 하나님의 영광을 위해 공부하기로 뜻을 정한 다음 자신에게 맞는 최적의 학업 계획과 노력이 반드시 필요합니다. 철저하게 자신의 실력을 점검하고 자신의 실력을 겸허하게 인정하십시오.

13 뜻을 정한 초등학생을 위한 신앙훈련과 학습지침

> 철저한 성경 읽기와 신앙훈련을 바탕으로 효과적인 다니엘 아침형 시간 관리를 해야 합니다. 국어 실력을 키우기 위한 독서, 운동을 통한 건강관리, 수학과 영어를 미리 공부해 놓음으로써 초등학생 시절부터 영혼과 지식과 육체 모두 고루 기초를 튼튼하게 해 두어야 합니다.

성경 읽기와 폭넓은 독서를 병행하라

21세기 신앙과 실력을 겸비한 다니엘을 꿈꾸는 초등학생에게 가장 중요한 것은 국어, 영어, 수학 공부가 아닙니다. 더 중요한 것은 예수님을 향한 바른 신앙을 가지고 있느냐 없느냐입니다. 어린이라도 자신이 크리스천이며 하나님을 믿는 백성이며 하나님의 자녀라는 사실을 우선 배워야 합니다. 그리고 난 다음 공부를 왜 하는지 물어보십시오. 아이의 대답을 잘 들은 다음 하나님의 백성이 공부하는 이유는 바로 하나님을 기쁘시게 해 드리기 위해서이며 하나님께 영광을 돌리기 위해서라고 분명히 가르쳐 주십시오.

그러므로 초등학교 시절에 제일 중점을 두고 해야 할 일은 하루에 적어도 30분 이상 성경책을 보는 것입니다. 성경책을 30분 보지 않으면 밥을 못 먹는다는 원칙을 세워 주어야 합니다. 한 번에 30분을 보기 어려우면 15분씩 두 번 혹은 10분씩 세 번 나누어서 소리 내어 읽는 것이 좋습니다.

30분 이상 성경책을 보고 나면 그 다음에 해야 할 일이 있습니다. 바로 기도하는 것입니다. 집에서 매일 가정예배를 드리는 것이 가장 좋습니다. 하지만 그렇지 못할 경우 학생 스스로 성경책을 보고 나서 기도하도록 훈련해야 합니다. 『다니엘 아침형 학습법』에 학생들이 성경 보고 기도하는 훈련 계획이 상세하게 나와 있습니다. 참고하시면 큰 도움이 되실 것입니다. 이 시기에는 반드시 폭넓게 독서할 수 있도록 지도해야 합니다. 초등학생 자녀에게 책을 사 주는 일에 돈 아까워하지 마십시오.

지금 바로 목표하는 대학을 정하라

우선 학생이 자신이 가고자 하는 대학교를 정하는 것이 필요합니다. 적어도 자신이 어느 정도의 공부 실력을 기를 것인지에 대해 본인 스스로 정할 수 있도록 부모님과 충분한 대화를 하는 것이 필요합니다. 예를 들어 서울대학교를 목표로 한 초등학생이라면 어느 과든 다 갈 수 있을 만큼 탄탄한 실력을 기르기 바랍니다. 대기권 밖에서 지구를 보는 것처럼 높은 실력을 키우라는 말입니다. 우주선이 지구 대기권을 벗어나기 위해 불꽃을 내뿜으며 힘차게 올라갑니다. 지구에서 대기권을 벗어나기 위해서는 엄청난 에너지가 필요합니다. 그러나 대기권 밖으로 나가면 무중력 상태이기 때문에 가만히 떠 있습니다. 일단 대기권을 벗어나면 거기에서는 떨어질 염려가 없습니다.

공부도 마찬가지입니다. 어디든 원하는 대학과 학과를 갈 수 있을 만한 성적을 거둔 사람만이 대기권을 돌파한 사람입니다. 서울대학교

의 인기학과를 지망한다는 것은 바로 이렇게 대기권을 돌파하는 수준으로 공부해야 한다는 뜻입니다.

아무리 초등학생이라고 해도 목표를 세우고 준비해야 원하는 실력을 갖출 수 있습니다. 시간이 많이 남았다고 여유를 부리면 나중에 큰 후회를 하게 됩니다. 밥을 먹고 싶다고 벼는 심지도 않은 채 그냥 땅속에서 무언가가 자라나기만 바란다면 얼마나 어리석은 짓입니까.

예를 들어 현재 제가 강의하는 중앙아카데미 학원에는 초등학교 4학년 학생부터 제 과목 수강이 가능합니다. 초등학교 4학년의 경우 졸업하려면 2년이 남았습니다. 중학교 3년, 고등학교 3년을 합하면 6년, 도합 8년이 남은 셈입니다. 대학 가기 위해 공부할 수 있는 시간이 8년이 남았다는 얘기입니다. 그러나 실제로 8년이면 그렇게 긴 시간이 아닙니다. 사실 공부는 초등학교 4, 5, 6학년 때와 중학교 1, 2, 3학년이 가장 중요합니다.

고등학생이 되어 보십시오. 1학년 때 공부를 잘하던 아이가 고 3이 되어서도 여전히 공부를 잘하는 법입니다. 공부를 꾸준히 열심히 해왔기 때문입니다. 그런데 고등학교 1학년 때 공부를 못하던 아이가 고 2나 고 3 때 그들을 따라잡으려고 노력한다고 합시다. 본인은 나름대로 열심히 노력합니다. 그러나 역전이 쉽지 않습니다. 그전부터 이미 실력이 갖추어져 있는 아이들 역시 공부하지 않고 가만히 놀기만 하는 것은 아니기 때문입니다. 물론 하나님 안에서 얼마든지 역전의 기회는 있습니다.■

하지만 좀 더 일찍부터 시작할 수 있다면 그만큼 시행착오를 줄이

■ 『다니엘 아침형 학습법』에 그런 역전의 방법들이 상세히 나와 있습니다. 참조하시면 도움이 되실 것입니다.

며 앞서 나갈 수 있기에 초등학생을 자녀로 둔 부모님들은 지금부터 차근차근 계획을 세워 자녀를 지도하시는 것이 필요합니다.

예를 들어 100미터 달리기를 하는데 다른 친구는 50미터 앞서서 달린다고 생각해 보는 겁니다. 지금 막 달리기 시작했다면 결승선에 도달하기까지 그 친구보다 두 배는 더 빨리 뛰어야 한다는 계산이 나옵니다. 그것은 굉장히 힘든 일입니다. 앞서 출발한 친구도 가만히 있지 않고 계속 뛰어갈 테니 말입니다. 아무도 뒤에서 달려오는 아이를 기다려 주지 않습니다. 정말 목표로 하는 학교가 정해지면 지금부터 준비하기 바랍니다.

미리미리 공부하라

예를 들어 서울대학교에 가려면 적어도 4, 5, 6학년 때부터 미리 공부를 시작하는 것이 좋습니다. 가급적 4학년 겨울방학 때부터는 본격적으로 공부를 시작해야 합니다. 그렇게 공부해서 나중에 서울대학교 의대에 충분히 갈 수 있는 수준이 되면, 그때가 바로 대기권 돌파 실력이 된 것입니다. 그런데 사실상 서울대 법대나 서울대 의대에 가려면 전국에서 300등 안에 들 정도의 수준이 되어야만 합니다. 그러려면 6학년 1년 동안 중학교 1학년 과목을 이미 공부하고 있어야 합니다. 말하자면 6학년 때는 중학교 1학년 영어와 중학교 1학년 수학을 미리 공부해야 합니다. 물론 더 일찍 선행학습을 하는 학생들이 요즘에는 대단히 많습니다.

제가 사역하는 강남 8학군 학생들의 경우는 선행학습이 매우 정교하고 일찍 시작됩니다. 타 지역 학생들이 이 지역 학생들보다 머리가 나쁜 것도 아니고 공부를 덜 하는 것도 아닙니다. 단지 먼저 효과적인 방법과 체계적인 관리를 통해 미리 준비했기에 더 효과적으로 앞서 갈 수 있는 것입니다. 예컨대 중학교 때 공부를 잘하던 친구들이 고등학교에 진학하여 수학이나 영어 점수가 갑자기 많이 떨어지는 경우가 많습니다. 초등학교 때 공부를 잘하던 친구들이 중학교 가서 수학 점수가 많이 떨어지는 경우가 있습니다. 초등학교 6학년 수학에 비해 중 1 수학이 갑자기 많이 어려워지기 때문입니다. 상대적으로 중 1 영어는 쉬워서 따라가는 데 별 지장이 없습니다. 강남의 학생들은 초등학교 5, 6학년 때 미리 중 1 수학을 준비했기에 난이도가 갑자기 높아져도 그것에 유연하게 대처하고 넘어갈 수 있습니다.

반면 선행학습이 잘 준비되지 않은 친구들 중에 갑자기 중 1 수학이 어려워져 공부에 흥미를 잃는 학생들이 종종 있습니다. 그렇게 흥미를 잃은 친구들이 두세 달만 공부에 소홀하면 그 다음부터는 수학을 제대로 따라가기가 어려워집니다. 나름대로 노력을 해 보지만 결과가 잘 나오지 않으면 낙심하여 금세 포기하는 학생들도 많습니다.

또 고등학교 1학년 수학과 영어도 중 3 수학, 영어에 비해 난이도가 많이 높아집니다. 그래서 미리 준비해 두지 않은 학생들은 그 수준을 따라가기가 어려워 당황하다가 고 1 첫 시험을 망치는 경우가 많습니다. 물론 시험을 망친 다음에라도 마음을 잘 추슬러 실력을 쌓아 수준을 따라가면 되는데 그 또한 쉽지 않습니다. 많은 학생들이 몇 번 시도하다가 그냥 한 학기 정도를 흘려 보내고 맙니다. 그러면 점점 공부에 흥미를 잃게 되고 빠르게 나가는 학교 진도를 원활하게 따라가지 못해 학생들은 점차 공부에 자신감을 잃고 초조해지기 시작합니다. 그렇게 몇 번의 시도와 좌절을 겪으면서 수학 혹은 영어에 자신감을 잃어 아이들은 하나님이 주신 비전과 꿈 역시 현재의 성적만을 보고 성급하게 포기하게 됩니다.

학생들이 공부하는 데 중요한 분수령이 되는 시기들이 있습니다. 그 시기를 잘 대처하기 위한 준비가 미리미리 되어 있다면 자연스럽게 넘어갈 수 있는 봉우리이지만, 시기를 놓치면 마치 에베레스트 산을 넘는 것처럼 힘들어지는 경우가 많습니다.

서울대학교에 가는 학생이나 연·고대에 가는 학생들은 모두 영어와 수학을 잘합니다. 서울대학교와 연·고대를 가르는 기준은 국어 실력입니다. 그만큼 국어는 영어나 수학 못지않게 중요한 과목입니다. 그러면 국어를 잘하기 위해 초등학교 때부터 무엇을 해야 할까요? 초등학생들은 1학년부터 6학년까지 책을 많이 읽어야 합니다. 대학 입시에서 언어능력은 최상위권 학생들의 당락을 결정하는 주요인입니다. 대학 입학시험 문제는 단순히 문제집을 많이 풀어 본다고 잘 풀 수 있는 문제가 아닙니다. 폭넓은 독서를 요구합니다. 그렇지만 고등학교에 올라가면 독서할 시간이 많지 않습니다. 초등학생이라면 적어도 일주일에 한두 권은 책을 읽어야 합니다. 현재 소위 말하는 명문대학에서 당락을 결정하는 주요 변수는 바로 통합 논구술에 있습니다. 이것을 잘하기 위해서는 미리미리 독서를 하는 것 외에는 다른 방법이 없습니다. 몇 달간의 집중 고액과외를 받는 것보다 미리미리 독서를 꾸준히 하고 많이 생각하고 느낀 점을 많이 써 보는 것이 가장 좋은 길입니다.

저와 절친한 한 친구는 수학을 무척 잘했습니다. 그런데 국어를 못했기 때문에 결국 서울대학교에 가지 못했습니다. 대학에 들어간 그

■ 구체적인 학습의 방법들과 시기에 대한 준비는 『다니엘 아침형 학습법』, 『다니엘 3년 150주 주단위 내신관리 학습법』을 참조하시면 많은 도움이 되시리라 생각됩니다.

친구는 자기가 가르치는 학생에게 하다못해 만화책이라도 많이 보라고 했답니다. 어렸을 때부터 책을 많이 읽지 않았던 그 친구는 아무리 열심히 노력해도 국어 성적이 좋지 않았습니다. 중·고등학교 때 필수적으로 읽어야 하는 도서목록이 있습니다. 중·고등학교 때 이런 책들을 보면서 내신 준비와 대학 시험 준비를 하려면 시간이 무척 빠듯합니다. 그래서 초등학교 때 미리미리 읽어 둘 수만 있다면 그 학생은 남보다 뛰어난 준비를 하는 것입니다. 이런 점을 염두에 두고 계획을 세워서 독서하기 바랍니다.

초등학교 5학년이 되면 4학년에 비해 수학이 굉장히 어려워집니다. 학교 수업에 충실해야 함은 물론, 적어도 4학년 겨울방학 때부터 5학년 수학을 공부하기 시작해서, 겨울방학 때 1학기 것을 미리 해 놓고, 여름방학이 되면 2학기 것을 미리 해 놓는 식으로 공부하는 것이 좋습니다. 그런 식으로 5학년 겨울방학이 되면 6학년 1학기분의 공부를 하고, 여름방학에는 2학기 공부까지 마치는 겁니다. 그런데 이때, 그러니까 6학년이 되기 전 5학년 겨울방학 때 6학년 수학을 공부하면서 중학교 1학년 수학을 같이 공부해 두는 것이 좋습니다. 6학년 수학이 중학교 1학년 수학과 비슷한 형식으로 되어 있기 때문입니다. 그래서 6학년 때 중학교 1학년 수학을 같이 공부해도 그다지 어렵지 않습니다. 중학교 1학년 수학을 6학년 때부터 학원 또는 인터넷 강의 혹은 교육방송을 들으면서 미리 공부해 두는 것이 얼마든지 가능합니다.

제가 강의를 하는 학원에서는 정말 놀라운 초등학생들이 많습니다. 물론 그 아이들 역시 놀기 좋아하고 인터넷 오락을 즐기는 아주 평범한 친구들이었습니다. 하지만 그 아이들에게 제가 왜 공부하는지 선명한 동기 부여를 해 주고 그들 실력에 맞는 공부 계획을 가지고 꾸준히 다니엘 아침형 학습법을 지도한 결과 정말 놀라운 일들이 일어나고 있습니다. 선행학습을 억지로 하려고 해서 선행학습을 하는 것이 아니라 더 이상 자기 학년에서는 할 것이 없기 때문에 자연스럽게 선행을 하지 않을 수 없을 정도로 학생들이 놀랍게 변하기 시작합니다. 초등학생들은 중·고등학생들보다 더 순수해서 강의 내용을 그대로 받아들이고 최선을 다해 노력하기 때문에 그들의 변화 속도는 실로 놀랍습니다. 그렇다고 해서 그들이 매일 공부만 하는 것은 결코 아닙니다. 잠을 억지로 줄이는 것도 아닙니다. 평소처럼 잠을 자지만 일찍 자고 일찍 일어나서 아침 시간을 아주 지혜롭게 사용하고 있습니다.

이정훈 학생 이야기

그중에 정훈이의 경우는 본보기가 되는 매우 좋은 사례라고 생각합니다. 정훈이를 처음 본 것은 3년 전의 일입니다. 학원에서 강의하고 있는데 어느 한 학부모님께서 제 강의를 수강시키고자 자녀를 데리고 오셨습니다. 초등학교 5학년인 그 친구는 하루 5시간 정도 매일 오락을 하는, 오락에 중독된 학생이었습니다. 어머니는 너무나 속상하고 걱정이 되어 나름대로 이런저런 방법으로 아이를 설득하고 혼도 냈습니다. 하지만 아이는 부모의 뜻대로 잘 되지 않았습니다. 그러다 제가 일반 학생들을 대상으로 강의한다는 소식을 듣고 자녀를 데리고 온 것이었습니다.

그렇게 만난 정훈이는 강의를 들으면서 한 주 한 주 조금씩 변하기 시작했습니다. 하나님의 자녀가 하나님께서 주신 재능의 소중함을 모

■ 『다니엘 아침형 학습법』에 상세한 방법들이 나와 있습니다. 단계별로 차근차근 실천하시면 큰 도움이 되리라 생각합니다.

른 채 하루하루 오락에 빠져 살다가 점점 하나님과 한 팀이 되는 은혜의 시간들을 경험하면서 정훈이는 점점 더 변하기 시작했습니다. 그렇게 시간이 지나 지금 정훈이는 중 2가 되었습니다. 그렇게 좋아하던 오락은 지금은 하라고 해도 하지 않게 되었습니다. 그리고 요즘은 일주일에 적어도 6번 이상 아침 4시 40분에 일어나 하나님께 기도하고 말씀을 본 후 하루를 시작하는 다니엘 아침형 학생으로 변화되었습니다. 하루 세 번의 말씀과 기도 시간, 독서 시간과 하루 1시간 정도를 운동에 할애하면서도 그의 학업 실력은 현재 고 3 상위권 학생의 수학과 영어, 국어 실력에 견줄 정도로 탁월합니다.

아마 이 책을 보시는 분들 중에서도 설마 그런 일이 있을까 반신반의하는 분들도 계실 것입니다. 하지만 정훈이를 직접 학원에서 본 학생들과 학부모님들은 모두 한결같이 제 얘기가 사실이며 오히려 축소됐다고 여길 정도입니다. 그만큼 탁월한 믿음의 인재로 정훈이는 현재 무럭무럭 성장하고 있습니다. 정훈이 말고도 21세기 다니엘을 꿈꾸며 착실히 준비하고 있는 어린 초등학생들을 볼 때마다 저는 가슴이 설렙니다. 저는 자신 있게 말합니다. 저의 어머니가 저에게 그랬듯이 여러분도 자녀들을 그렇게 신본주의 학습 원리로 양육하십시오. 어릴수록 아이들에게 하나님과 한 팀이 되어 하나님의 영광을 위해 공부하는 다니엘 아침형 학습법을 전수시켜 주십시오. 어릴수록 더욱 더 순수하게 받아들여 그만큼 눈부신 성장을 이룰 수 있다는 것을 여러분도 경험하시게 될 것입니다.

》 나의 비전*

서론 6·25 전쟁 당시 미군은 북한과의 휴전을 위해 남한정부의 협력이 필수적이었다. 그 상황을 파악한 당시 이승만 대통령은 북진 무력통일론을 밀어붙였다. 이 상황에서 타협에 성공한 한국은 미국으로부터 한미상호 방위조약 체결, 장기간의 원조, 2억 달러의 부흥원조제공 등의 여러 실리를 얻었다. 반면 한국은 휴전 불방해 내용의 친서 한 장을 건넸을 뿐이다. 이 상황을 통해 국익과 외교가 충분히 연관돼 있음을 보여 준다. 현재 한국의 동북아에선 북핵 문제 등 국익이 달린 문제들이 계속 터지고 있다. 분쟁현황은 더 심화될 전망이다. 이 상황에서 나는 한국의 외교관이 되어 동북아 정세 안정을 도모하는 것이 장래희망이다. 이제부터 이 꿈의 성취계획을 서사적 방법론을 통해 서술하겠다.

본론 내 꿈을 이루기 위한 첫 번째 계획은 2010년까지 서울대 외교학과에 입학하는 것이다. 목표 대학, 학과에 간 다음 재학 중 외시를 중심으로 공부한 뒤 행시까지 도전할 것이다. 졸업 후 외무고시 합격자 필수조건인 국내교육 및 실무수습 1년 5개월 정도를 이수한다. 그 뒤 정규 사무관으로 임용된다. 그 후 외교부에선 신규 채용자 전원에게 약 2년간의 해외연수 파견이 원칙이다. 이때 대체로 해외대학원 과정에 파견된다. 여기서 본인 의사가 존중된다. 이때 난 조지타운 대학의 월슨스쿨에서 동북아 지역 국제관계학을 전공할 것이다. 조지타운 대학은 분야 최고 전문가들에게 직접 수업을 들을 기회가 많다. 또

---

* 제가 강의하는 논술 시간에 정훈이가 자신의 비전에 대하여 쓴 글입니다. 중 2 학생이 쓴 글입니다. 자신의 비전에 대하여 나름대로 구체적으로 준비하는 모습이 참 인상적입니다.

워싱턴 D.C.에 위치해 교실 밖에서도 배움의 기회가 많다. 실제로 수백 개의 NGO본부, 외국 대사관에서 이 학교 학생을 인턴으로 받는 등 이점이 많다. 대학원 과정을 마친 뒤 군에 입대할 것이다. 외무고시에 합격한 현역 입영 대상자는 복무기간 동안 해외유학 연수의 입영 혜택이 부여되므로 프랑스에서 불어를 전공할 것이다. 왜냐하면 외교관에게 언어는 무기인데 불어는 유럽에서 사용빈도 2위, 61개국에서 통용되고 있기 때문이다. 그 후 정식적으로 외교 공직 생활에 들어갈 것이다. 외교관 생활을 하며 관심 있는 동북아 정세에 관해 연구해 나의 가치를 높여 동북아 분쟁 문제에 관련한 한국 협상단 대표가 될 것이다. 동시에 외교관 생활을 하며 현지 선교사들에게 신변, 물질적으로 선교에 지장이 가지 않도록 도와줄 것이다. 무엇보다도 외교관이란 직업을 통해 그 임무를 충실히 해서 주님께 영광을 돌릴 것이다.

결론 지행합일이란 말이 있다. 알면 반드시 행해야 한다는 뜻이다. 위에서의 계획처럼 나는 나의 비전을 이루기 위한 과정을 알고 있다. 이제 남은 것은 그 과정을 이루기 위해 제대로 실력을 쌓는 것, 즉 자기 노력이 필요하다. 비록 현실적으론 그림의 떡이다. 하지만 포기하지 않고 열심히 노력하는 것이 주님이 기뻐하시는 일이다. 눈물로 씨를 뿌리는 자는 기쁨으로 거둔다고 했다. '성공하는 사람은 눈을 밟고 가지만 실패하는 사람은 눈이 녹을 때까지 기다린다.'는 말이 있다. 이에 따라 나도 내 비전을 이루기 위해 주님과 동행하며 장애물이 되는 눈을 밟고 전진할 것이다.

>> 한국 주택 시장 문제의 문제점과 그 해결방안에 대하여

서론 한국 주택 시장의 문제는 재건축 지역에서의 낮은 원주민 정착률과 용적률이다. 실제로 은평 뉴타운의 경우 주민 3분의 1이 높은 집값으로 지방으로 떠났다. 은평구 인근 지역으로 떠난 주민들도 18평 이하 전셋집에 살고 있다. 그러나 전세금이 약 6,000만 원인데 보상금은 약 2,000만 원에 불과해 빚을 내서 사는 실정이다. 재정착률도 15~20퍼센트에 불과한 실정이다. 은평 뉴타운의 용적률도 153퍼센트로 상향 조정된 수도권 신도시 평균 191퍼센트에 한참 못 미친다. 용적률 10퍼센트만 상향 조정해도 500~1,000가구를 늘릴 수 있었다. 위 사례를 통해 나는 집값 불안정 원인을 재건축 지역의 낮은 용적률로 인한 공급부족, 낮은 원주민 재정착률이라 규정한다. 이제부터 위와 같은 재건축 지역의 문제점 해결을 위한 대책으로 순환정비방식과 압축도시 개념을 도입한 재건축 필요를 중심으로 논하겠다.

본론 1 현재 재건축 지역의 원주민들은 외지로 쫓겨나는 상황이다. 은평 사례 외에도 분양을 마친 길음 뉴타운의 경우 재정착률이 23

■ 이 글 역시 정훈이가 중학교 2학년 3월에 직접 쓴 글입니다. 한국의 주택 문제에 대한 문제점과 그 해결방안에 대하여 나름대로 여러 책을 읽고 깊이 생각하여 논술 시간 1시간 15분 안에 다 쓴 글입니다. 비록 나이는 어리지만 어려서부터 체계적인 독서, 논술훈련과 다니엘 아침형 학습 훈련을 통해 정훈이는 주님 안에서 무럭무럭 자라고 있습니다. 이 글 이외에 정훈이는 논술 각 주제별로 이 글 수준 이상의 글들을 이미 썼고 각 주제별 배경 지식 또한 독서를 통해 축적한 상태입니다. 그리고 현재도 더 정교한 실력을 쌓기 위해 부단히 노력하고 아침을 깨우고 있습니다. 이 모든 것이 하나님의 은혜라고 생각합니다. 하나님 안에서 역전의 기회는 있습니다. 3년 전에는 누구도 정훈이가 이렇게 되리라고 상상하지 못했습니다. 하지만 하나님 안에서 불가능은 없습니다. 현재 여러분의 자녀에 대해 성급하게 단정 짓지 말고 하나님의 자녀에 맞는 신본주의 학습 방법으로 다시 한번 양육해 보시길 강권합니다.

퍼센트에 불과했다. 반면 순환정비방식을 도입한 신림 2-1구역은 62퍼센트대의 재정착률을 보였다. 이는 2003년 이후 사업을 마친 35개 재개발구역 재정착률 42퍼센트를 훨씬 능가한다. 위 근거를 보아 나는 순환정비방식을 도입한 재건축 지역 확장이 필요하다고 본다.

본론 2 현재 고분양가 논란이 됐던 은평, 판교는 용적률이 150퍼센트, 159퍼센트에 불과했다. 수도권 신도시인 분당, 동탄 등도 170퍼센트, 173퍼센트에 불과하다. 이는 용적률 220퍼센트의 대전 가오지구, 노은 2지구 등 지방 신도시보다 한참 낮은 수치다. 실제로 연구결과 판교 신도시의 경우 230퍼센트의 용적률 적용시 12,000가구, 은평의 경우 200퍼센트로 적용시 5,000가구의 물량을 늘릴 수 있다고 나왔다. 최고 110만 평의 강남권 저층단지 밀집지역의 용적률을 250퍼센트로 상향 조정하면 판교 신도시 2개를 공급하는 것과 같다. 실제로 서울시 용적률이 400퍼센트까지 허용됐던 1991~1998년엔 주택 증가율이 2.11배 증가했다. 반면 250퍼센트 미만으로 규제가 강화되며 증가율이 1.22배로 축소된 것을 보아 용적률과 공급물량 증가와의 상호 관계를 증명한다.

본론 3 용적률을 높이면 분양가 인하의 효과를 볼 수 있다. 토공의 조사 결과 용적률을 200퍼센트로 높일 경우 23퍼센트의 택지비 인하효과를 볼 수 있다. 판교 신도시의 경우 용적률 200퍼센트 적용시 32평형 분양가를 4,500만 원가량 떨어뜨릴 수 있는 것으로 조사됐다. 일각에서는 용적률 상향 조정으로 인한 주거환경을 문제 삼는다. 하지만 압축도시의 개념상 고층 타원형 아파트로 건설, 즉 건폐율을 낮추면 된다. 이로 인해 오히려 더 많은 녹지 공간 확보와 스카이라인 형성으로 주거 쾌적성을 높일 수 있다. 예로 삼성동 아이파크의 경우 용적률 300퍼센트가 적용됐다. 하지만 건폐율을 9.2퍼센트로 낮춰 대한민국 친환경건물 1위를 차지한 것이 압축도시의 필요성을 증명한다.

결론 산업혁명 당시 영국에서 인클로저 운동이 벌어졌었다. 이로 인해 몇몇 지주들에 의해 토지가 구획화되었다. 그 결과 대부분의 원주민들이 고향을 등지고 도시로 가서 비참한 노동자 생활을 하게 되었다. 이는 단순히 지나간 역사가 아닌 한국 서민들의 현실이다. 재건축 지역 원주민, 일반 서민들은 비싼 집값으로 부동산 극빈층이 되고 대다수 주택들이 일부 투기세력에 잠식된 상황이다. 실제 상위 5퍼센트가 전체 주택 21.2퍼센트를 차지하고 있다. 반면 1,700만 명이 셋방살이, 160만 명의 사람들이 지하방, 비닐집 등에 살고 있다는 국정감사 결과가 이를 증명한다. 토머스 페인은 모든 세대는 새로운 세계를 자유로이 만들어 갈 수 있어야 한다고 했다. 그러므로 정부는 일반 서민들이 자기세계를 개척하도록 해야 한다. 그를 위해 기본적인 주거권을 해결해야 한다. 그 대안으로 순환정비방식과 압축도시 개념을 혼합한 재건축제도를 시행해야 한다. 동시에 용적률 상향 조정을 통한 공급 확대, 분양가 인하로 주택 자가 점유율을 높여야 한다. 신속히 정부는 위에서 말한 재건축 도입으로 주거권 제공을 통해 국민 개개인이 그들의 삶을 구상할 기회를 주길 기대한다.

초등생의 시간 관리

그럼 초등학생은 시간 관리를 어떤 방식으로 해야 할까요? 초등학생은 보통 늦어도 3시 정도에는 집에 돌아옵니다. 이런 것을 감안해서 언제 자고 언제 일어날지를 정해야 합니다. 가령 10시에 잠자리에 든다고 하면 그 사이에 7시간 정도의 시간이 주어집니다. 수면 시간을 대략 8시간으로 하면 아침 6시 정도에는 일어날 수 있습니다. 아침에 일어나면 먼저 기도하고 말씀 보고 다니엘 마음 관리 시간을 가집니다. 그런 다음 6시 20분부터 8시 20분까지 아침 공부를 할 수 있습니다. 2시간 동안은 수학 공부를 하면 좋습니다. 물론 처음부터 이렇게 하기는 어렵습니다. 『다니엘 아침형 학습법』을 참조하여 처음에는 1단계부터 시작하여 조금씩 단계를 높여 가면서 시작하시기 바랍니다.

학교 다녀와서 자기 전 시간은 어떻게 활용하면 좋을까요? 7시간 정도의 시간이 주어지는데 이 중에 운동 시간 1시간, 독서 시간 1시간, 공부 시간 3시간, 나머지 쉬는 시간 및 식사 시간으로 2시간을 줍니다. 공부 시간에는 영어 공부를 1시간 30분 정도 하고, 나머지 1시간은 학교 숙제 시간으로 하십시오. 30분은 성경 보는 시간으로 하십시오. 텔레비전은 가급적 보지 않도록 하는 것이 좋습니다. 저는 제 강의를 듣는 초등학생들이 텔레비전 시청과 오락을 거의 하지 않도록 교육시킵니다. 대신 책과 신문과 성경을 많이 보도록 합니다.

학원에서 강의를 꾸준히 하다 보면 다양한 학생들을 많이 볼 수 있습니다. 해마다 아이들의 체력이 무척 약해지는 것을 느낍니다. 키와 몸무게는 많이 나가지만 상대적으로 건강이 약한 학생들이 참 많습니다. 저는 그들에게 건강의 중요성을 강조하고 운동을 꼭 하도록 지도합니다. 제가 건강이 좋지 않아 너무 많은 고생을 하고 있기에 아이들에게 건강에 대해 매우 강조하며 지도합니다. 꾸준히 운동을 함께 병행하면서 공부하는 학생들은 표정에서도 자신감이 넘치며 육체적으로도 매우 건강함을 보게 됩니다.

　더욱이 요즘은 학교 폭력이 심해져서 자신의 건강을 잘 관리할 필요가 있다고 생각합니다. 학생들이 워낙 공부와 여러 문제들로 스트레스를 많이 받고 그 스트레스를 잘못된 방식으로 풀다 보면 약한 친구들을 괴롭히는 경우가 많습니다. 민감한 시기이니만큼 이로 인한 정신적 상처도 큽니다. 그래서 저는 학생들에게 운동할 것을 권합니다. 육체적으로 건강해지면 학교에서도 주눅 들지 않으니까 매사에 의욕이 생깁니다. 하나님이 주신 귀한 육체를 자기 스스로 소중히 관리하고 지킬 수 있는 건강한 신체관리가 초등학교 때부터 필요합니다.

단계별 독서와 철저한 신앙훈련

　방학 때가 되면 학교에 가지 않기에 평소보다 독서 시간을 두 배 혹은 세 배로 늘리셔도 좋습니다. 집중적으로 책을 많이 읽는 게 좋습니다. 중학생과 고등학생이 읽어야 될 기본적인 도서목록은 대형서점에 가면 금세 찾을 수 있습니다. 중학교 때, 고등학교 때 읽어야 할 필독서도 각각 30일 정도면 다 볼 수 있습니다. 중·고등학교 시절에는 30일이라는 시간을 내기가 쉽지 않습니다. 그러므로 초등학교 때 읽어 두는 것이 좋습니다. 4학년이나 5학년까지 기본적인 독서훈련을 시킨 다음 어느 정도 독서 습관이 되어 있는 학생이라면 6학년부터는 쉬운 철학서를 읽는 것도 좋습니다. 저는 학원에서 논술 강의 시간에 이런 방식으로 아이들을 직접 가르치고 있기에 아이들이 얼마든지 따라올 수 있다는 것을 자신 있게 말씀드립니다. 단계별 독서를 통해 초등학교 6학년 학생들이 대학, 논어, 중용, 맹자와 같은 책들을 읽고 독후감도 쓸 수 있습니다. 심지어 그들이 글을 쓸 때 이것을 직접 인용하여 글을 쓰는 것도 저는 보았습니다.

이렇게 초등학생들에게 많은 독서훈련을 시키는 데는 이유가 있습니다. 저 또한 그들 나이 때 어머니에게 그러한 독서훈련을 받았기 때문입니다. 그리고 그 독서훈련이 저의 인생에서 얼마나 중요한 삶의 저력이 되는지를 몸소 경험했기에 어린 초등학생들에게 제가 어머니에게 배운 독서훈련을 그대로 전수하고 있는 것입니다. 제 어머니께서는 다른 것은 안 사 주셔도 책은 최대한 많이 사 주시고 보게 하셨습니다. 유치원 때부터 저는 아침에 일어나서 성경 보고 기도한 후 어머니가 사 주신 책을 소리 내서 읽기 시작했습니다.

부모님들은 초등학교 저학년 때 아주 쉬운 책부터 차근차근 읽어 나가도록 지도해 주십시오. 처음에는 만화 혹은 그림으로 된 것을 보다가 흥미가 생기면 그보다 좀 더 살이 붙는 책을 고르는 식의 단계별 독서가 효과적입니다.

성경 읽기는 하루 30분을 기준으로 해서 잠언은 매일 한 장씩, 시편은 150편까지 있으니까 하루 다섯 편씩 읽도록 합니다. 그러면 한 달에 잠언과 시편을 한 번씩 읽을 수 있습니다. 구약은 창세기부터 하루 2장 정도, 신약도 마태복음부터 하루 2장 정도 읽습니다. 빠르면 30분 만에 다 읽을 수 있는 분량입니다. 시간이 좀 모자라다면 성경 읽는 시간을 좀 더 늘려도 좋습니다.

잠언과 시편을 병행해서 읽으면 이런 점이 좋습니다. 시편을 읽으면 감수성이 예민해집니다. 시편은 하나님께 감사하는 아름다운 찬양시입니다. 초등학생이 이 시를 보면 다양한 수사법과 은유, 상징에 친숙해집니다. 그런 과정에서 감수성과 창의성이 계발됩니다. 반면 잠언은 매우 논리 정연하며 그 속에 하나님의 지혜가 가득 담겨 있습니다. 그렇기 때문에 시편과 잠언을 함께 읽다 보면 감수성과 창의성과 논리력이 동시에 계발되는 유익을 얻을 수 있습니다.

초등학생이 장르별로 성경을 읽는다면 적어도 1년에 잠언을 12번, 시편을 12번 읽을 수 있습니다. 그렇게 2년을 하면 잠언과 시편을 최소 20번 이상 읽게 되고, 성경도 한 번은 충분히 읽을 수 있습니다. 그런 식으로 성경을 읽으면 독서 능력이 월등히 향상될 뿐 아니라 엄청나게 많은 지식과 지혜를 얻게 됩니다.

성경은 하나님에 대한 말씀입니다. 성경 속에는 하나님에 대한 모든 지식이 다 숨어 있습니다. 따라서 성경을 읽는 초등학생은 비록 나이는 어리지만 하나님을 분명히 알 수 있게 될 것입니다. 성경을 읽을 때마다 성경말씀을 통해서 하나님을 인격적으로 만날 수 있고 교제할 수 있습니다. 영혼의 양식인 성경을 매일 읽음으로써 그의 영혼이 매우 강건해집니다. 그러므로 초등학생도 매일 성경을 읽도록 교육시키셔야 합니다.

철저한 성경 읽기와 신앙훈련을 바탕으로 효과적인 다니엘 아침형 시간 관리를 해야 합니다. 국어 실력을 키우기 위한 독서, 운동을 통한 건강관리, 수학과 영어를 미리 공부해 놓음으로써 초등학생 시절부터 영혼과 지식과 육체 모두 고루 기초를 튼튼하게 해 두어야 합니다. 그 기초를 기반으로 중학교와 고등학교에 가서 대기권 진입을 목표로 더욱 힘차게 공부할 수 있게 됩니다.

14
뜻을 정한 중고생을 위한 신앙훈련과 학습지침

> 아직 여러분에게는 하나님 안에서 역전의 기회가 얼마든지 있습니다. 절대로 포기하지 마시고 다시 뜻을 정해 도전하시길 간곡히 부탁드립니다. 아직 포기할 때가 아닙니다. 조금만 더 힘을 내서 뜻을 정해 다시 시작하십시오.

좌절감을 딛고 일어설 이유

저에게 오는 많은 고등학생들이 이렇게 질문합니다.

"선생님, 왜 저는 나름대로 열심히 공부하는데도 성적이 제자리일까요? 뭐가 잘못된 걸까요?"

앞에서도 언급했듯이 선행학습의 차이는 쉽게 극복되지 않습니다. 고등학교 이전부터 착실하게 준비해 온 아이들이 있기 때문에 내가 열심히 해도 그들이 더 앞서 가면 내 성적은 제자리일 수밖에 없습니다. 그렇다면 이미 늦었으니 그냥 포기하고 대충 시간을 흘려 보내야 할까요? 결코 그렇지 않습니다. 여러분은 하나님 안에서 얼마든지 역전의 기회를 잡을 수 있기 때문입니다.

| 빌 4:13 |

내게 능력 주시는 하나님 안에서 내가 모든 것을 할 수 있느니라.

그렇습니다. 우리에게는 하나님이 계십니다. 그냥 막연히 긍정적 사고를 하라는 것이 아닙니다. 그리스도인에게는 전지전능하신 하나님이 계십니다. 그러므로 진정한 긍정적 사고가 가능한 것입니다. 중학교 때 너무 많이 놀아서 기초가 부실한 상태로 고등학교에 진학한 한 학생이 있습니다. 그에겐 고등학교에서의 공부가 쉽지 않을 것입니다. 수업 시간에 수학, 영어 진도를 따라가는 데 무척 어려움이 많을 것입니다. 그렇다면 이런 상태에 있는 고등학생들은 공부를 포기해야 할까요? 많은 학생들이 이를 만회하고자 몇 번씩 몸부림을 칩니다. 그러나 제자리인 성적표를 보고 결국 좌절하게 됩니다. 그렇다면 우리 크리스천 고등학생들은 어떻게 이 문제를 해결할 수 있을까요?

바로 하나님 안에서 이미 늦었다는 부정적 마음의 밧줄을 끊어 버리는 생각의 전환이 무척 중요합니다. 이렇게 한번 생각해 보십시오. 검정고시학원에서 중학교 전 과정을 마치는 데 시간이 얼마나 걸릴 것 같습니까? 놀라지 마십시오. 기껏해야 6개월입니다. 그러면 고등학교 1학년이면 가능하다는 결론이 나옵니다. 무엇이 가능합니까? 고 1 때 그만큼 시간을 투자한다면 충분히 따라잡을 수 있습니다. 중학교 3년간 배운 공부를 검정고시학원에서 6개월도 안 되는 시간에 끝내 주니 말입니다.

문제는 고 1, 3월의 성적이 고 3 입시 때까지 특별한 경우를 제외하고는 변함이 없다는 사실입니다. 고 1 때 공부를 상당히 잘한 아이들은 대개 고 2 때도 그 성적을 유지합니다. 그리고 고 3이 되어서도 마찬가지입니다. 고 1이나 고 2 때 성적이 좋지 못한 학생들이 그런 아이들을 따라잡기 쉽겠습니까? 나름대로 열심히 공부한다고 해도 성적은 잘 오르지 않습니다. 해마다 투신자살로 스스로 삶을 포기하는 학생들이 있습니다. 그들이 왜 떨어지는지 아십니까? 그들은 공부를 못하는 아이들이 아닙니다.

어느 고 3 학생이 뒤늦게 정신을 차리고 하루 7시간 자다가 5시간씩 자면서 매일 공부했다고 합시다. 한 달 후 모의고사를 봤는데 성적이 그전이랑 거의 차이가 없습니다. 당연한 일입니다. 남들은 그전부터 그렇게 공부해 왔기 때문입니다. 하지만 그 학생은 매우 답답합니다. 다시 한번 굳게 결심하고 또 한 달을 매일 5시간씩 자고 공부만 열심히 했습니다. 그런데 이번에는 성적이 더 떨어졌습니다. '최선을 다했는데 왜 성적이 오르지 않지? 내가 이것밖에 안 되는 걸까?' 하고 내심 불안해지기 시작합니다. 화가 납니다. 다시 마음을 가다듬고 하루 4시간씩 자고 열심히 공부했습니다. 그렇지만 시험을 봐도 여전히 그 점수입니다. 3개월 동안 죽자 사자 공부했지만 변화는 거의 없습니다. 그때 그 학생이 느끼는 것은 엄청난 절망감입니다. 해도 안 될 때 인간은 더 이상 어쩌지 못하고 좌절합니다. 특히 청소년기에 느끼는 좌절감은 곧 삶의 의욕에 영향을 미치고 급기야 살기 싫어지기까지 합니다. 도무지 어떻게 해야 할지 모르는 상태에 이르러 상상할 수 없는 엄청난 스트레스를 받아 결국 아파트에서 투신하고 마는 것입니다.

공부를 잘하던 학생이 여자 친구를 사귀거나 잘 노는 친구들과 어울려서 몇 달을 놀았다고 합시다. 사실 고등학교 3학년은 정말 중요한 시기입니다. 고 3의 하루는 보통 중학생이나 초등학생의 열흘과 맞먹습니다. 그런데 그렇게 중요한 시기를 몇 달씩이나 소홀히 하고 급기야 성적이 많이 떨어졌습니다. 그것을 원상회복하기 위해서 잠을 줄여 가며 평소보다 두 배로 열심히 공부합니다. 그러나 그렇게 한두 달을 해도 여전히 성적은 오르지 않습니다. 부모님 잔소리에, 학교에서 받는 스트레스까지, 이제 그 학생도 어떻게 할 바를 모르는 상태가 되었습니다. 이런 상태가 되면 대부분의 학생들은 공부를 포기하게 됩니다. 공부를 해도 더 이상 성적이 오르지 않을 것이라고 성급하게 일반화하기 때문입니다.

뒤돌아보지 말고 남은 시간을 계산하라

중학교 3년 공부는 검정고시학원에서 단기간에 끝낼 수 있습니다. 실질적으로 중학교의 수학과 영어는 수준이 그리 높지 않습니다. 고등학교 수학 영어와 비교한다면 수준 차이가 많이 납니다. 그래서 중학교 때 공부 잘하던 학생들이 고등학교 때 공부를 못하는 경우가 종종 있습니다. 다른 암기과목은 달달 외워서 모두 백점 받았고, 영어 수학은 중학교 수준에 맞게 공부해 왔기 때문입니다. 그런 학생들은 평균이 아무리 높아도 영어 수학 실력이 생각만큼 높지 않습니다. 그런데 어떤 학생은 중학교 때 평균이 80점인데 고등학교에 가니까 공부를 더 잘하는 경우가 있습니다. 암기과목은 40, 50점 받고 영어 수학은 만점을 받던 학생입니다. 중학교 때 영어 수학을 심도 있게 공부하여 실력을 탄탄하게 다져 놓은 것입니다. 그런 학생들이 고등학교에 가면 날아다닙니다.

고등학생 때는 대부분 영어나 수학 중 한 과목에 비중을 두고 공부하면 상대적으로 한 과목의 점수가 떨어집니다. 그렇지만 중학교 때 미리 고등학교 영어나 수학 중 한 과목을 완벽하게 마스터해 놓았다면 어떨까요? 예를 들어 중학교 때 고등학교 영어를 완벽하게 공부해 놓았다면 남들 영어 공부할 때 그 학생은 수학을 두 배로 공부할 수 있는 시간을 벌게 됩니다. 그러면 다른 학생들보다 앞서 나갈 수 있습니다. 그러니까 적어도 중학교 때 최소한 영어나 수학 중 하나는 확실히 끝내 놓아야 합니다. 그러면 고등학교 때 자신이 부족한 과목을 보충하거나 다른 과목을 공부할 수 있는 시간을 벌게 됩니다. 그만큼 중학교 때 영어나 수학의 기초를 확실하게 쌓아 두는 것이 중요합니다.

엄밀히 말해 보통 학생들이 중학교 때 고등학교 수학까지 다 끝내 놓기란 어렵습니다. 그러므로 두 과목 중 한 과목에 치중하여 공부할 경우 수학보다는 영어를 충실히 준비하는 것이 효과적입니다. 중 3 수학의 범위는 고 1 수학과 비슷한 과정이므로 중 3 수학을 공부하면서 고 1 수학을 조금씩 병행하여 함께 공부하는 것이 효과적입니다. 그러나 영어는 중 3 문법과 고 3 문법이 다르지 않으므로 단어 암기와 독해 연습, 영어 듣기 연습을 꾸준히 병행한다면 영어에 관한 한 중학교 때 이미 고 3 정도의 실력을 갖출 수 있습니다. 조기 어학연수 붐이 이는 것도 좀 더 어렸을 때 영어 실력을 쌓아 두어 중학교, 고등학교 때의 영어 공부를 미리 준비한다는 의도가 있다고 이해됩니다. 그렇게 해서 남은 시간을 수학 공부에 더 투자할 경우 1년 정도 지나면 수학 점수도 잘 나옵니다. 그러면 영어 점수도 좋고, 수학 점수도 잘 나오고, 최소한 연·고대는 갈 수 있게 되는 것입니다.

초등학교 때부터 책을 많이 읽은 학생은 특별히 공부하지 않아도 언어영역 시험을 잘 봅니다. 이것은 가장 이상적인 방법입니다. 그렇다면 고등학생들은 어떤 식으로 공부해야 할까요? 이미 중학교 시절은 지나갔습니다. 고 2라면 1년 정도 남았고 고 1은 2년 남았습니다.

굉장히 짧은 시간이고 금방 지나갑니다. 고 2라면 시간이 나날이 빨리 지나간다는 것을 알 겁니다. 시간은 흘러가는데 성적은 생각만큼 오르지 않고 다른 아이들과 점점 더 격차가 벌어진다고 느끼면 불안해집니다. 내가 목표로 하는 대학의 커트라인은 변함없는데 내 실력은 여전히 거기에 못 미쳐서 가고 싶은 대학에 가지 못한다고 생각하면 그 좌절감은 상당합니다. 그러면 대개 성적에 맞추어 꿈을 바꾸든가 포기하게 됩니다. 그럴 때의 기분이란 정말 비참합니다.

그렇다고 지나간 시간을 아까워해 봤자 소용없습니다. 이미 고등학생이 되었는데 중학교 때 공부하지 않은 것을 후회해 본들 무슨 소용이 있겠습니까? 전혀 도움이 안 됩니다. 지금 성적이 잘 안 나와서 화나고 불안합니까? 마음만 고달플 뿐 그런다고 실질적으로 공부하는 데 도움이 되는 것은 아닙니다. 아직 얼마든지 하나님 안에서 역전의 기회는 있습니다.■

장기기억의 효과

고등학생들에게 하루에 5시간 정도 스스로 공부할 시간이 있다고 합시다. 그렇지만 그 시간도 책상에 앉아서 어영부영 다른 생각하면서 보낼 수 있습니다. 음악 들으면서 그냥 공부하는 척하면서 보낼 수 있습니다. 그렇게 어영부영 공부하는 척하며 5시간 동안 책상에 앉아 있는 것과 2시간 동안 확실하게 집중해서 공부한 다음 나머지 3시간을 노는 것과 어떤 것이 더 효과적인 공부겠습니까?

■ 하나님 안에서의 구체적인 역전의 방법과 내용들이 사례를 통해 아주 상세히 기록된 책이 바로 『다니엘 아침형 학습법』입니다. 이 책을 참조하시면 하나님 안에서 여러분 상황에 맞는 구체적인 역전의 기회를 잡게 될 수 있으리라 생각합니다.

불안하고 초조한 상태에서 공부를 해 보십시오. 책장을 넘길 수는 있어도 막상 시험 볼 때 생각이 날 듯 날 듯하다가 결국 그 문제를 틀리게 됩니다. 틀린 문제는 언제나 또 틀리게 되어 있습니다.

우리 기억에는 장기기억과 단기기억이 있습니다. 학생들이 불안하고 초조한 상태에서 아무리 공부를 많이 해도 그것은 장기기억으로 넘어가지 않습니다. 순간적으로 기억하는 것 같아도 곧 잊어버립니다. 그런데 텔레비전 드라마나 재미있는 만화책 내용은 어떻습니까? 1년이 지나도 그 내용이 생각납니다. 왜 그럴까요? 외우겠다는 각오로 열심히 연습장에 써 가며 본 것도 아닌데 기억이 납니다. 왜 그럴까요? 그것은 재미있기 때문입니다. 불안하고 초조한 상태에서 드라마를 보지는 않습니다. 설령 불안하고 초조한 상태에서 드라마나 만화책을 보기 시작했다 하더라도 어느 순간 긴장이 풀리면서 그 내용에 빠져듭니다. 의도적으로 집중하지 않아도 자연스럽게 집중이 됩니다. 그러므로 오랫동안 기억에 남는 겁니다.

그런데 우리는 어떻게 공부하고 있습니까? 시험은 며칠 안 남았고 한 번 보기는 봐야 하는데, 대학에 떨어지면 어떻게 하지, 불안하고 초조하고 그렇게 잔뜩 긴장한 상태에서, 더욱이 공부하지 않으면 안 된다는 심리적 압박감까지 더해진 상태에서, 아무리 책을 본다 한들 얼마나 오래 기억되겠습니까? 그런 마음 자세로 만화책이나 드라마를 보는 학생은 아마 없을 겁니다. 긴박감 속에서 공부하다가 열이 난 머리를 식히겠다고 보는 것이 텔레비전이나 만화책입니다. 가장 중요한 것은 마음의 자세입니다. 잠언 4장 23절에서도 "무릇 지킬 만한 것보다 더욱 네 마음을 지키라. 생명의 근원이 이에서 남이니라."고 했습니다. 걱정 근심을 하면 뼈가 썩습니다. 이것은 의학적으로도 증명

되고 있습니다. 불안하고 초조한 상태에서는 아무리 공부를 해도 효율성이 떨어집니다. 100개를 공부하면 적어도 80개나 90개는 기억해야 하는데 50개 내지 40개밖에 기억하지 못하니까 시간은 시간대로 허비하고 능률은 능률대로 오르지 않는 것입니다.

최단거리를 전력 질주하라

그러면 시간이 많이 남지 않은 학생들은 어떤 식으로 공부해야 합니까? 남들은 지금 나보다 훨씬 앞서 나가고 있는데 그들을 따라잡으려면 어떻게 해야 합니까?

첫째, 따라잡는 것을 포기하고 대학을 낮춰서 가겠다고 결정하면 지금처럼 대충대충 공부해도 됩니다. 둘째, 도저히 그렇게 하기는 싫어 따라잡고 싶다면 어떻게 해야 할까요? 그들이 가는 것보다 더 빨리 가는 수밖에 없습니다. 뒤떨어진 학생이 지금과 같은 속도를 유지하고, 앞선 아이들도 일정한 속도를 유지하면 간격은 좁혀지지 않습니다. 뒤떨어진 학생은 반드시 속도를 높여야 합니다.

그것이 말처럼 쉽지는 않습니다. 하지만 방법이 없는 것도 아닙니다. 바로 빈틈 공략입니다. 앞서 가고 있는 아이들도 대학 입시의 그 날까지 시행착오 하나 없이 가는 것은 아닙니다. 앞선 아이들이 다 직선코스를 달리는 것은 아니기 때문입니다. 슬럼프도 지나고 이런저런 시행착오도 겪습니다. 공부를 못하는 학생일수록 이 시행착오의 폭이 큽니다. 그래서 아주 느립니다. 방향은 이쪽인데 엉뚱한 쪽으로 달리기 때문입니다. 그러나 공부를 잘하는 학생일수록 시행착오의 폭이 좁아서 그만큼 빨리 갑니다.

그러면 어떻게 할까요? 앞서 가는 아이들이 시행착오를 할 때 그 틈을 노려야 합니다. 앞으로는 시행착오를 최대한 줄이고 목표 하는 대학을 향해 최단거리의 일직선 코스를 잡아서 달려 나가야 합니다. 각자에게 맞는 공부 방법으로 꾸준히 공부해서 따라잡는 수밖에 없습니다. 그러나 그렇게 해도 따라잡지 못할 수도 있습니다. 왜 그렇습니까? 그동안 공부를 너무 안 했기 때문입니다. 그러면 어떻게 해야 되겠습니까? 1년 재수하는 수밖에 없습니다. 그동안 공부하지 않았다는 것을 인정하십시오. 반드시 목표로 하는 대학에 가기 위해 더 열심히 공부하겠다는 각오로 1년 더 공부해서 따라잡는 방법밖에 없습니다.

공부를 하나도 안 하던 학생이 고등학교 3학년이 되어서 불현듯 서울대 법대에 가겠다며 하루에 3시간씩 자고 공부한다고 서울대 법대에 갈 수 있을까요? 못 갑니다. 평균 50점인 학생이 1년 동안 코피 흘리며 공부한다고 서울대 법대에 갈 수 있을까요? 힘듭니다. 그만한 노력으로 재수를 하든지 삼수를 하든지 공부를 더 해야 가능합니다. 그런 점에서 공부는 굉장히 정직합니다.

정직한 자기 실력을 확인하라

예를 들어 지금 고 1 학생이 성균관대학교 사회교육학과를 가고자 한다면 어떻게 해야 할까요? 성균관대학교에 가고 싶다면 우선 그 대학의 정확한 커트라인을 알아야 합니다. 자신이 원하는 사회교육학과의 최근 3년에서 5년간의 커트라인을 알고 있어야 합니다. 또 현재 자신의 실력을 정확히 파악해야 합니다. 그리고 실제 커트라인과 자신의 성적 차가 어느 정도 되는지 정확히 알아야 합니다. 그런 다음 그 간격을 좁힐 수 있는 공부 방법을 찾아야 합니다. 일단 자신이 평소 잠자리에 드는 시간이 몇 시인지 체크하고 방과 후 스스로 공부할 수 있는 시간이 어느 정도 되는지 계산해 봅니다.

자신의 하루 공부 시간을 파악한 다음 자신이 가장 취약한 과목이 무엇인지 생각해 보기 바랍니다. 그 과목을 보완해야 합니다. 가령 현재 수학이 40점이고 영어가 80점이라면 원하는 대학(성균관대학교)에 가기에는 모자란 점수입니다. 더욱이 수학과 영어 어느 한 과목도 확실하게 잘한다고 할 수 없습니다. 수학이나 영어를 잘한다는 것은 그 과목 평균이 100점이거나 간혹 한 개 정도 틀리는 점수를 말하기 때문입니다. 이 학생의 경우 매일 자신이 공부하는 시간의 절반 정도는 수학에 투자해야 합니다. 나머지 절반의 3분의 2 정도는 영어 공부를 하고 나머지 3분의 1은 학교 숙제를 하도록 시간을 배분하는 것이 좋습니다. 수학 공부를 할 때는 『다니엘 아침형 학습법』을 참조하여 아침에 일어나서 하는 것이 매우 효과적입니다. 가장 집중력이 좋은 시간에 자신의 약점 과목을 공부함으로써 최고의 효과를 거둘 수 있기 때문입니다. 월요일부터 금요일까지 5일간은 수학과 영어 위주로 공부하고 토요일과 주일은 국어 공부와 암기 과목 중 자신이 부족한 과목을 공부하면 좋습니다.

서울대학교를 목표로 공부하듯 공부하라

언어영역의 국어는 단기간에 성적을 올릴 수 있는 과목이 아닙니다. 그렇기에 토요일이나 주일 중 시간을 투자하여 심도 있게 공부하는 것이 좋습니다. 그리고 중간고사나 학기말 시험은 내신에 들어가는 시험입니다. 대학 입학시험을 미리 나누어 보는 시험이기 때문에 결코 소홀히 해서는 안 됩니다. 커닝을 제외한 모든 수단을 동원하여 시험을 잘 치르십시오. 고 1 겨울방학은 너무너무 중요합니다. 이때가 바로 부족한 과목의 실력을 키울 수 있는 황금 같은 시간이기 때문입니다. 고등학교 때 여유 있는 시간이라고 하면 고 1 겨울방학과 고 2 여름방학과 겨울방학, 고 3 여름방학뿐입니다. 단 네 번의 기회가 남아 있을 뿐입니다. 이 중에서도 고 1 겨울방학이야말로 다른 아이들을 최대한 따라잡을 수 있는 절호의 기회입니다. 서울대 법대를 목표로 공부하는 학생이라면 적어도 이 시기부터 하루에 8시간씩 온전히 공부하는 훈련을 해야 합니다. 배우는 시간은 공부하는 시간이 아닙니다. 본인이 본인의 힘으로 본인의 것으로 만드는 시간만이 공부하는 시간이기 때문에 적어도 8시간 이상 엉덩이를 붙이고 자신의 공부를 해야 합니다. 성균관대를 목표로 한 학생은 서울대학교를 목표로 공부하듯이 공부하십시오. 그래야 지나간 시간을 보완하고 앞서갈 수 있습니다.

고등학생은 6시간 정도 자는 것이 좋습니다. 만약 5시간을 자도 그 다음 날 생활하는 데 전혀 지장이 없다고 느껴지면 5시간을 자는 것도 좋습니다. 단 무리하게 수면 시간을 줄이는 것보다는 일찍 자고 일찍 일어나는 다니엘 아침형 학습 습관을 몸에 익히는 것이 좋습니다.

서울대학교를 목표로 하거나 연·고대를 목표로 하는 학생들은 적어도 고 2 때 고 3 대입 공부를 미리 한 번쯤은 끝내 놓는 것이 좋습니다. 그런 다음 고 3 기간 동안 다시 그것을 반복합니다. 그러면 재수를 하는 것과 동일한 효과를 얻게 됩니다. 사실 수많은 상위권 학생들이 그런 방법으로 준비하고 있습니다. 특히 강남의 상위권 학생들은 거의 다 그렇습니다. 빠른 학생들은 중학교 때 미리 고등학교 과정을 한 번 보는 학생들도 있습니다. 제가 가르치는 학생들 역시 다니엘 아침형 학습법을 효과적으로 익힌 중급반 이상의 학생들 가운데는 선행의 양과 질이 모두 뛰어나 중학생임에도 고등학교 과정을 아주 정교하게 공부한 학생들도 있습니다.

그러나 미리 공부해 둔다고 모두 좋은 것은 아닙니다. 미리 공부했다고 다 안다는 자만에 빠져 열심히 안 하면 미리 공부한 효과를 보지 못할 수도 있기 때문입니다. 하지만 미리 공부한 다음에도 자만하지 않고 꾸준히 열심히 한다면 더할 나위 없이 좋은 방법이 됩니다.

수학을 포기하지 마라

고 1 때는 일단 외국어영역과 수리탐구영역 1을 제대로 준비해 나가도록 합니다. 지금 수학 실력이 모자라다고 수학을 포기한다면 절대 원하는 대학에 가지 못한다는 것을 염두에 두십시오. 수학을 잘해야 된다는 것이 기본 전제입니다. 수학과 친해져야 합니다. 다니엘 아침형 학습법을 토대로 수학 공부를 하십시오. 가장 효율적인 방법 중 하나라고 생각합니다. 아침에 일어나 먼저 하나님과 인격적인 교제를 한 후 가장 공부하기 좋은 아침 시간을 이용해 집중적으로 수학을 공부하는 것입니다. 처음에는 1단계부터 시작해서 나중에 7단계를 마스터할 수 있다면 여러분에게 수학은 더 이상 고난의 과목이 아닌 친근한 친구로 다가서게 될 것입니다.

현재 가진 실력을 비교적 짧은 시간에 업그레이드할 방법이 있습니다. 이를 학업 리모델링이라고 합니다. 리모델링이란 건축에서 낡은 외관을 잘 단장하고 비효율적인 공간을 새롭게 배치하여 건물의 부가가치를 최고로 높이는 것을 말합니다. 이것을 학업에 적용하는 것이 바로 학업 리모델링입니다. 이를 위해서는 우선 정확한 학업 컨설팅이 필요합니다.

예를 들어 보겠습니다. 대개 영어를 못한다, 수학을 못한다고 하는데 그것은 사실 영어나 수학 전체를 못하는 것이 아니라 특정 부분에 약하다는 말입니다. 자신이 약한 부분을 집중적으로 보완하고 재정비 하면 되는데 학생들은 이미 알고 있는 부분까지 처음부터 다시 보려고 합니다. 그렇게 하면 시간도 많이 걸리고 정작 자신이 부족한 부분을 공부할 때는 힘이 빠지고 지쳐서 제대로 못해 그 부분이 여전히 약점으로 남게 됩니다. 결국 악순환의 반복으로 이어집니다.

수학의 경우 한 번 틀린 문제는 계속해서 틀리는 경향이 있습니다. 그렇다면 오답노트를 만들어서 틀린 문제를 5번 정도 반복해 풀면서 그 문제를 확실하게 자기 것으로 만드는 것이 매우 중요합니다. 저는 매주 수학 강의 시간에 수학 시험을 보면서 학생들에게 말합니다. "문제를 많이 틀리는 것은 괜찮지만 틀린 문제를 또 틀려서는 안 된다. 왜 틀렸는지 확실히 이해하고 그것을 적어도 5번씩 풀면서 완전히 자기 것으로 하는 것이 바로 수학실력의 비결이다."

학업 리모델링을 소홀히 여기지 마라

자신의 학업에 대한 구체적인 자료를 수집한 후 그것을 검토하여 자신에게 맞는 최적의 학업 수준을 위해 새 판을 짜는 것이 바로 학업 리모델링입니다. 입시라는 관문은 '적당히 어떻게 되겠지.' 하는 마음가짐으로는 절대 통과할 수 없습니다. 하나님의 영광을 위해 공부하기로 뜻을 정한 다음 자신에게 맞는 최적의 학업 계획과 노력이 반드시 필요합니다. 계획 없이 무조건 하면 되겠지, 라는 마음만으로는 대학 입시와 한판승부하기에 역부족일 때가 많습니다. 철저하게 자신의 실력을 점검해야 합니다. 그런 다음 자신의 실력을 겸허하게 인정해야 합니다. 그런 후 자신의 목표에 도달하기 위한 최단거리를 잡습니다. 그리고 목표에 도달하기 위한 최적의 학업 계획을 세워야 합니다. 이 모두가 여러분의 꿈을 현실로 이루어 줄 중요한 과정입니다.

내가 하루에 얼마나 공부하느냐도 중요하지만 더 중요한 것이 있습니다. 얼마만큼 집중해서 그 시간을 알차게 공부하느냐 하는 것입니다. 그러면 어떻게 집중할 수 있을까요? 일단 내가 정말 이 공부를 꼭 해야 되는지 생각해 봅니다. 이것이 가장 중요합니다. 내가 정말 이 학교를 가고 싶은가, 내가 이렇게 잠도 못 자고 놀고 싶어도 놀지 않고 이렇게 고생해서 갈 만한 값어치가 있는지 반드시 생각해 보시기 바랍니다. 그렇게 치열하게 생각해 보고 그래도 나는 반드시 그 학교에 가야 한다는 결심이 서면, 그제야 학생들은 그만한 노력을 할 마음의 준비를 하고 공부를 시작하게 됩니다.

저는 학원에서 다니엘 아침형 리더십 강의를 통해 학생들에게 크리스천으로서 왜 공부해야 하는지에 대하여 아주 구체적이면서도 확고하게 동기를 부여합니다. 한 번 하는 것이 아니라 수업을 할 때마다 지속적으로 계속 동기 부여하고 격려하며 아이들이 하나님과 멋진 한 팀이 되도록 최선을 다해 가르칩니다. 그렇게 만날 때마다 아이들이 뜻을 정할 때까지 동기를 부여해 주고 격려하면 결국 아이들은 변하기 시작합니다. 정말 중요한 것은 될 때까지 포기하지 않고 해 주는 것입니다. 실패는 얼마든지 있을 수 있습니다. 하지만 몇 번의 실패로 낙심하여 포기하게 되면 더 이상 성공의 가능성은 없습니다. 다니엘 아침형 학습을 몸에 익힐 때까지, 실패하면 그만큼 더 동기를 부여하고 격려해 주고 재정비하여 도전시킵니다. 몇 번의 동기 부여와 격려만으로는 부족합니다. 될 때까지 지속적으로 동기 부여하며 아이들이 변할 때까지 인내하고 꾸준히 격려해 주어야 합니다.

공부보다 먼저 할 것이 있다

아무리 공부하겠다는 의지가 앞서도 공부보다 먼저 해야 할 것이 있습니다. 공부를 시작하기 전에 아무리 시간이 없어도 우선 책상에 앉으면 5분 정도 기도를 해야 합니다. 그러고 나서 5분 정도 성경말씀을 봅니다. 특별히 고등학생들은 잠언을 차근차근 읽으시기 바랍니다. 잠언을 많이 읽다 보면 언어영역 공부에 도움이 많이 됩니다. 굉장한 논리가 그 속에 숨어 있고, 사색할 수 있는 다양한 요소가 그 말씀에 들어 있습니다. 공부하기 전 최소 10분에서 15분 정도, 기도하고 성경 보는 데 인색해서는 안 됩니다. 영혼의 양식인 성경말씀과 영혼의 호흡인 기도가 제대로 이루어져야 공부할 때 불안하지 않고 하나님이 주시는 평안함 속에서 공부할 수 있기 때문입니다. 영혼이 굶주리고 병들어 있는 상태로는 정상적으로 신본주의 학습을 하기가 어렵습니다.

특별히 공부를 더 잘하고 싶은 학생들은 잠언을 영어성경으로 볼 수도 있습니다. 영어성경 중에는 영어사전처럼 한글로 된 단어풀이가 밑에 달려 있는 것이 있습니다. 단어를 대조해 가며 매일 매일 영어성경으로 잠언을 읽습니다. 그렇게 한 달간 읽고 다음 달에 또다시 반복해서 봅니다. 영어 단어를 다시 한 번 보고 문장을 보니까 그 문장을 매우 쉽게 이해할 수 있습니다. 성경도 보고 공부도 할 수 있어 좋은 방법입니다. 신약성경 중에서는 로마서를 보는 것이 좋다고 생각합니다.

공부할 때는 한꺼번에 50분 이상 공부하지 마십시오. 40분에서 45분간 집중해서 공부하고 나머지 10분 정도는 스트레칭을 하면서 몸에 쌓인 피로를 바로 바로 풀어 주는 것이 필요합니다. 그런 다음 다시 집중해서 공부하십시오.

최고의 관리법

무조건 책상에 앉았다고 공부가 되는 것은 아닙니다. 쉬어 가며 공부하는 것도 요령입니다. 토요일이나 주일에는 한두 시간 정도 여유로운 시간을 가지십시오. 저는 산책이나 자전거 타기를 권합니다. 한두 시간 정도 본인이 좋아하는 음악을 들으면서 산책하는 것이 좋습니다. 우선 긴장이 풀어지고 운동의 효과도 높을 뿐 아니라 생각을 정리할 수도 있기 때문입니다. 저는 대학을 다니면서 아무리 힘들고 바빠도 하루에 적어도 한 시간 정도는 캠퍼스를 걸으며 생각을 정리했습니다. 정신적인 스트레스는 육체적인 운동을 통해 이완하는 것이 매우 효과적이기 때문입니다. 기도와 적절한 운동은 영육을 돌보는 최고의 관리법입니다.

크리스천에게는 믿지 않는 사람들과 달리 엄청난 특권이 있습니다. 그중에서도 공부하는 학생들에게 주신 매우 귀중한 선물이 바로 하나님이 주시는 지혜입니다. 예수님을 나의 삶의 구원자로 믿고 그분을 내 삶의 주인으로 모신 크리스천 학생들이 가지는 최고의 무기는 바로 하나님께 지혜를 구할 수 있는 권리가 있다는 것입니다. 크리스천 학생들에게는 하나님께 어느 때라도 담대히 지혜를 달라고 구할 수 있는 권리가 있습니다. 그럴 특권을 지닌 존재입니다.

예수님을 믿지 않는 사람은 아무리 지혜를 달라고 구해도 안 주십니다.

| 약 1:5 |

너희 중에 누구든지 지혜가 부족하거든 모든 사람에게 후히 주시고 꾸짖지 아니하시는 하나님께 구하라. 그리하면 너희에게 주시리라.

| 빌 4:6 |

아무것도 염려하지 말고 오직 모든 일에 기도와 간구로, 너희 구할 것을 감사함으로 하나님께 아뢰라.

공부하다가 공부가 안 될 때 하나님께 기도하면서 구체적으로 아뢰십시오. 틀림없이 지혜를 주십니다. 내가 수학 공부를 해야 되는데 수학 점수가 50점이니 어떻게 하면 좋겠느냐고, 나는 지금 초조하고 불안하고 걱정된다고, 공부할 수 있는 마음을 주시고, 지혜를 주시고, 내가 수학을 못하니까 수학 공부를 도와줄 수 있는 친구를 달라고, 내가 언제든지 물어봐도 잘 설명해 줄 수 있는 그런 친구를 주셔서 그 친구에게 잘 배우게 해 달라고, 등등 그런 세밀한 기도를 드리십시오.

하나님이 주신 비전을 가지고 공부하라

왜 공부를 합니까? 잘 먹고 잘 살려고 공부합니까? 크리스천 학생은 이미 예수 그리스도를 믿는다고 고백한 그분의 백성입니다. 예수 그리스도를 소유한 백성은 이미 그것으로 충분합니다. 세상에서 성공과 출세만을 위해 공부하는 것이 아닙니다. 왜 공부합니까? 하나님의 마음을 시원케 하는 준비된 일꾼이 되기 위해서입니다.

영국에서 공부하는 동안 케임브리지 대학에서 뉴턴의 동상을 볼 기회가 있었습니다. 뉴턴은 하루에 12시간 성경 보고 기도하고 나머지

12시간 동안에 공부한 사람이라고 합니다. 그는 하나님의 영광을 위해서 공부한 사람입니다. 그래서 하루의 반을 하나님께 드렸습니다. 그래서 위대한 학자가 되었다고 생각합니다.

요즘 학생들이 하나님께 드리는 시간은 대략 얼마나 될까요? 하루에 어느 정도 기도할까요? 하루에 얼마만큼 성경을 볼까요? 안타깝게도 요즘 학생들은 기도도 거의 하지 않고 성경도 거의 보지 않습니다. 이것이 한국 크리스천의 현실입니다. 반면 텔레비전 보고 오락하고 노는 시간은 하나님께 드리는 시간에 비해 월등히 많은 것이 현실입니다. 많은 크리스천 학생들의 영적 상태가 식물인간에 가깝습니다. 일주일간 식사를 하지 않고 호흡을 제대로 하지 않았다고 생각해 보십시오. 어떻게 제대로 공부를 할 수 있겠습니까? 이처럼 크리스천은 영혼의 양식과 호흡이 정상적으로 공급되지 않으면 제대로 하나님 영광 위해 공부하기가 어렵습니다.

고등학생이십니까? 앞으로 1, 2년이라는 시간이 남아 있습니다. 단번에 단계를 높이 뛰어넘을 수는 없습니다. 그 점은 인정해야 합니다. 시간은 하나님께서 모든 사람에게 주신 공평한 선물입니다. 그러므로 그동안 하나님이 주신 시간을 게으르고 불성실하게 쓴 것에 대해서 눈물로 회개하십시오. 그리고 이제부터 뜻을 정하고 정신을 차려서 하나님을 위해 시간을 아껴 쓰고 비옥하게 쓰겠다고 결단하십시오. 하나님이 주신 모든 것을 성실히 감당해야 할 청지기로서 본분을 다하지 못한 것은 잘못입니다.

정말 하나님을 믿으십니까? 그렇다면 시간을 대충대충 쓰지 마십시오. 귀한 믿음의 후배들이 이미 늦었다는 부정적 생각에 사로잡혀 매일 매일 하나님이 주신 소중한 재능과 비전을 자포자기와 게으름이라는 도끼로 내리찍고 있는 것을 보면 너무나 속이 상하고 안타깝습니다. 만약 하루에 7, 8시간씩 공부하는 사람에게 매일 밤 10만 원씩 주겠다고 한다면 어떨까요? 아마 평소에 공부하지 않던 학생들도 열심히 하겠다고 할 겁니다. 그러나 여러분이 가지고 있는 가능성의 값어치가 하루에 10만 원밖에 안 될까요? 10만 원이라고 해 봤자 1년 365일이면 3,650만 원, 10년이면 3억 6,500만 원, 100년이 지나도 36억 원입니다. 여러분의 가능성이 겨우 그것밖에 안 됩니까? 하나님이 여러분에게 주신 비전과 귀한 재능들은 훨씬 값지고 가치로 환산할 수 없습니다.

하나님이 주신 시간을 비옥하게 가꾸지 않는다면 죄를 범하는 것입니다. 지나가는 여자를 보고 음란한 생각을 하는 것이 죄이듯 시간을 비옥하게 쓰지 않는 것도 죄입니다. 하나님이 보시기에 똑같은 죄입니다. 크리스천 학생들이 공부하는 것을 가장 싫어하는 것이 누구일까요? 바로 어둠의 세력 사탄입니다. 사탄은 크리스천 학생들이 하나님을 위해서 열심히 준비하고 노력하는 것을 가장 싫어합니다.

공부를 열심히 하는 것은 분명히 하나님을 위한 일입니다. 하나님은 교회 가서 예배드리는 것만 기뻐하시는 분이 아닙니다. 그에 못지않게 공부도 예배드리는 마음으로 거룩하게 진실한 마음으로 하십시오. 하나님께서는 고린도전서 10장 31절에 먹든지 마시든지 무엇을 하든지 다 하나님의 영광을 위해서 하라고 말씀하셨습니다. 하나님이 주신 시간이고 하나님이 주신 기회이니 그 시간을 잘 가꾸시기 바랍니다.

사탄은 그것을 결코 반기지 않습니다. 수단과 방법을 가리지 않고 교묘하게 여러분이 공부하는 것을 막고 방해하려 들 것입니다. 사탄은 매우 교묘합니다. 그러므로 여러분이 사탄의 영적 공격에 미온적으로 대처하거나 이를 간과한다면 공부 자체도 힘들어집니다. 또 사탄의 공격을 받게 되므로 원하는 만큼 마음껏 공부하지 못하고 좌절하고 낙망하여 쉽게 포기하게 됩니다.

공부하기 전에 주님께 기도하십시오. 목마른 사슴이 시냇물을 찾듯이 하나님의 은혜와 지혜를 간절히 사모하고 그것을 간구하십시오. 사탄의 공격으로부터 지켜 달라는 방패 기도를 잊어서는 안 됩니다. 공부할 수 있는 것만으로도 하나님께 감사하고 내가 지금 하나님께 기도할 수 있는 것만으로도 너무나 감사한 일임을 잊어서는 안 됩니다. 귀한 믿음의 후배 여러분, 아직 여러분에게는 하나님 안에서 역전의 기회가 얼마든지 있습니다. 절대로 포기하지 마시고 다시 뜻을 정해 도전하시길 간곡히 부탁드립니다. 아직 포기할 때가 아닙니다. 조금만 더 힘을 내서 뜻을 정해 다시 시작하십시오.

15
뜻을 정한 크리스천 학생의 자기 관리법 4가지

> 하나님 안에서 열심히 공부하겠다고 뜻을 정했다면 4가지 자기 관리를 통해 뜻을 이루어 가야 합니다. 4가지 자기 관리란 목표 관리, 시간 관리, 건강관리, 영성 관리를 말합니다. 하나님께서 기뻐하실 준비된 일꾼이 되려면 철저한 자기 관리를 해야 합니다.

1 크리스천 학생의 목표 관리

분명한 목표가 없으면 우리가 하는 노력이 무의미해지는 경우가 많습니다. 예를 들어 동쪽으로 가야 할 사람이 목표에 대한 관리가 허술한 채 그저 열심만을 가지고 서쪽으로 돌진한다고 생각해 보십시오. 결국 그 사람은 다시 돌아와야 하는 수고까지 감당해야 합니다.

다니엘은 분명한 목표를 가지고 뜻을 세웠습니다. 바로 하나님이 기뻐하시지 않는 일은 자신의 목숨을 걸고라도 하지 않겠다는 뜻입니다. 다른 포로들과 다르게 다니엘은 유독 우상에게 바쳐진 음식이라는 이유로 왕이 주는 진미와 포도주를 먹지 않겠다고 결심했습니다. 하나님의 마음을 아프게 하는 일이라면 작은 일 하나라도 결코 타협하지 않겠다는 분명한 목표를 세운 것입니다.

이와 마찬가지로 믿음을 가진 학생들 역시 그리스도인답게 왜 하기 싫은 공부를 꾹 참고 해야 하는지 그 이유가 분명히 정리되어야 합니다. 공부하는 목표를 정해야 합니다. 세상 친구들처럼 단순히 자기 자신만의 출세를 위해서 공부한다면 그 사람은 그리스도인으로서 목표 설정이 잘못된 것입니다. 그리스도인은 하나님의 영광을 위해 사는 존재이기 때문입니다.

따라서 내가 왜 공부를 해야 하는지에 대해 분명한 목표를 세우기 바랍니다. 목표를 세웠으면 뒤돌아보지 말고 그 목표를 향해 전력으로 경주하기 바랍니다. 그리스도인이 공부하는 목표는 분명합니다. 하나님이 쓰실 수 있는 잘 준비된 일꾼이 되기 위해서입니다. 아무리 하나님께서 뛰어난 재능을 주셨다 할지라도 본인이 노력해서 그것을 잘 훈련하지 않으면 하나님의 마음을 시원케 하는 준비된 일꾼이 되기 어렵습니다.

 크리스천 학생의 시간 관리

목표 관리 이후에 해야 할 일이 시간 관리입니다. 그리스도인에게 시간의 주인은 나 자신이 아니라 하나님이십니다. 하나님께서 하나님의 자녀에게 너무나 귀한 시간을 허락하셨습니다. 우리는 신실한 청지기로서 마땅히 이 시간을 잘 관리하고 비옥하게 가꿀 의무가 있습니다. 아무리 목표 관리에 충실해도 구체적인 시간 관리가 허술하다면 게으른 종이 될 위험이 높습니다. 언제나 우리에게 충분한 시간이 주어지는 것은 아닙니다. 한 번 지나간 시간은 다시 돌아오지 않습니다. 시간이 귀하다는 것을 자각하십시오. 그리고 겸손히 하나님께 나아가 나에게 남겨진 시간을 계산할 수 있는 지혜를 달라고 기도하십시오. 시간의 소중함을 뼈저리게 느껴야 시간을 아껴 쓸 마음이 생깁니다.

　시간에 대한 청지기로서 나 자신에 대한 분명한 정체성을 확립해 달라고 하나님께 눈물로 기도하십시오. 우리는 시간의 주인이 아닙니다. 하나님이 주신 시간을 맡은 청지기입니다. 우리는 하나님의 일을 이 땅에서 이루는 데 하나님의 동역자로 부름 받은 거룩한 주님의 종입니다. 따라서 하나님께서 허락하신 시간을 남용하지 말고 늘 깨어 부지런히 주님의 일을 생각하고 시간을 관리해야 합니다. 공부하는 것도 하나님을 기쁘시게 하는 중요한 일 중에 한 가지입니다. 왜냐하면 우리는 나 혼자 잘 먹고 잘 살려고 공부하지 않기 때문입니다. 우리는 하나님이 하시고자 하는 일들을 원활히 수행하기 위해 준비하고 있기 때문입니다.

　세상 사람들은 자신만을 위해 공부합니다. 그러나 믿음의 후배 여러분, 그리스도인은 눈에 보이지 않지만 살아 계신 하나님을 위해 공부하는 존재입니다. 세상 사람들 눈에는 한심해 보일지 몰라도 하나님이 기뻐하시는 일이기 때문에 우리는 힘들고 짜증 나도 꾹 참고 공부합니다. 하나님이 그 과정을 기뻐하신다는 것을 생각하며 시간을 아껴 쓰기 바랍니다.

 크리스천 학생의 건강관리

　목표 관리와 시간 관리가 제대로 이루어지기 위해서 반드시 따라야 할 일이 있습니다. 바로 건강관리입니다. 아무리 선한 목표를 세우고 시간을 관리하고 하나님의 준비된 일꾼으로 살려고 다짐해도 건강관리가 제대로 이루어지지 않는다면 불가불 뜻대로 할 수 없는 경우가 많습니다.

더욱이 병들고 연약해지면 우리의 목표와 시간 관리에도 문제가 생겨서 전체적인 균형이 깨지고 맙니다. 젊다고 건강을 함부로 생각해서는 안 됩니다. 대학 입시는 장기 레이스입니다. 한두 달 바짝 공부한다고 해서 대학에 갈 수 있는 것이 아닙니다.

꾸준히 자신의 건강을 돌보면서 목표 관리와 시간 관리를 해야 비로소 원하는 대학에 진학할 수 있습니다. 건강관리를 위해 숙면을 취하는 일과 아침에 규칙적으로 일어날 것을 권합니다. 저녁에 가급적 일찍 자는 습관을 들이십시오. 또 일찍 잔 만큼 일찍 일어나서 정신이 맑을 때 기도하고 성경 보고 공부하시기 바랍니다.

하루 세 끼 식사는 거르지 말고 규칙적으로 해야 합니다. 불규칙적인 식사나 과도한 입시 스트레스로 인한 신경성 위장 장애는 건강을 많이 해칩니다. 특히 상당수의 고 3 학생들이 건강관리를 못해 위장 장애를 호소하는데, 그 결과 공부를 하고 싶어도 몸이 아파서 온전히 집중하지 못하고 비효율적으로 공부할 수밖에 없는 경우가 생깁니다. 결국 건강관리가 미비하여 생활의 리듬이 깨지고 건강을 잃고 대학도 떨어지게 되는 것입니다.

규칙적인 식사와 함께 하루 20~30분간이라도 반드시 운동하시기 바랍니다. 간단한 스트레칭이나 줄넘기, 혹은 산책도 좋습니다. 과도한 두뇌 사용에서 잠시 벗어나 육체적인 활동으로 신체를 이완해 주는 것은 긴장을 풀어 주고 신진대사를 원활하게 하여 공부로 인한 스트레스를 해소할 수 있는 좋은 방법입니다. 저도 공부하다 지치면 스트레칭을 10분 정도 합니다. 그러면 정말 몸이 많이 가벼워지고 다시 공부할 때 몸이 덜 피곤함을 느낍니다. 가급적 하루 3번 정도는 꼭 스트레칭을 하려고 합니다. 10분의 스트레칭이 주는 효과가 대단히 크다는 것을 절감했기에 귀한 믿음의 후배들에게도 꼭 강권합니다.

중간고사나 기말고사 기간에는 특히 두뇌를 혹사할 경우가 많습니다. 당일치기를 하는 학생들은 더욱더 그렇습니다. 몸이 단시간에 너무 많은 스트레스를 받을 경우에는 반신욕을 하는 것도 매우 효과적입니다. 따뜻한 물에 몸을 담가 심신의 피로를 해소하는 방법입니다. 주의할 점이 있다면, 너무 오래 탕에 앉아 있으면 금세 지쳐서 그날 공부를 하기가 어려울 수 있으니 적절하게 시간을 안배하는 것이 좋습니다.

4 크리스천 학생의 영성 관리

예수를 믿지 않는 학생들 가운데 간혹 이미 말한 세 가지 관리를 철저하게 잘하는 사람이 있습니다. 그런 사람은 자신을 위한 야망이 무척 강합니다. 세상적으로 출세하여 돈 많이 벌고 권세도 얻어서 한평생 떵떵거리며 잘 살아 보자는 것이 이유입니다. 그러기 위해서 나름대로 어디까지 어떻게 공부해야겠다는 목표도 분명하고, 시간 활용도 잘합니다. 물론 건강에도 신경을 씁니다.

그러나 중요한 차이가 있습니다. 그는 방향과 목적이 근본적으로 우리와 다릅니다. 하나님과 상관없이 자기 욕심을 채우기 위해 철저하게 자기 관리하는 것에 지나지 않는다는 말입니다. 그것은 어디까지나 인본주의적인 자기 관리이며, 이기적인 동기에서 비롯된 철저한 자기 관리입니다. 그런데도 많은 크리스천 학부모와 학생들이 이를

■ 전문적으로 청소년들의 건강관리를 하기 위해 쓴 『다니엘 건강관리법』이라는 책이 있습니다. 월별, 장소별, 증상별로 학생들이 건강 증진을 할 수 있는 책입니다. 특별히 장소별, 증상별 스트레칭법이 자세히 나와 있기에 집에서 혹은 교실에서 다양한 장소에서 자기 증상에 맞는 스트레칭을 할 수 있습니다. 참조하시면 도움이 되실 것입니다.

성공의 모델인 양 착각하고 있습니다.

　예수님을 믿는 학생은 한 가지 더 중요하고 분명한 자기 관리를 해야 합니다. 바로 영성 관리입니다. 영성 관리 없이 크리스천은 이 땅에서 하나님의 사명을 온전히 이룰 수 없고 하나님의 영광을 돌릴 수 없기 때문입니다. 영성 관리 없이는 크리스천이 세상에서 빛과 소금으로 선한 영향력을 주며 크리스천답게 살 수 없기 때문입니다. 그러므로 영성 관리는 크리스천의 의무이자 특권이며 반드시 최우선에 두어야 하는 일입니다.

　학생 시절의 영성 관리란 다름 아닌 규칙적인 성경 읽기와 기도입

니다. 공부하기 전에 반드시 기도하고 성경을 읽으십시오. 주일에는 무슨 일이 있어도 꼭 교회에 가서 하나님께 예배드리십시오. 주일 오전에 학원에 가느라 주일 예배를 드리지 않는다는 것은 말도 안 되는 소리입니다. 여름과 겨울, 두 차례의 수련회에 반드시 참가하여 인본주의 교육으로 묻어 버린 잘못된 생각의 때를 집중적으로 벗겨 내기 바랍니다.

21세기 신앙과 실력을 겸비하여, 다니엘처럼 하나님의 마음을 시원케 하는 준비된 하나님의 일꾼이 되기로 뜻을 정하고 공부하고자 하는 믿음의 후배들은 다니엘 선배님이 그러했듯이 하루 세 번 기도하고 성경 보기로 뜻을 정하길 부탁드립니다. 553운동(하루 3번 5분 성경 보고, 5분 기도하는 운동)에 동참하시길 권면합니다. 이러한 영성 관리 시간을 통해 우리는 하나님께 지혜와 지식을 부르짖고 기도해야 합니다.

제가 강의하는 학원의 학생들 중에서 다니엘 아침형 학습 리더십 중급 과정에 있는 학생들은 다니엘처럼 하루 세 번 기도하고 성경을 읽습니다. 아침에 20분, 점심에 10분, 저녁에 10분 성경 읽기와 기도를 합니다. 아침에 일어나서 20분간 다니엘 마음 관리 시간을 갖고 점심 식사 후 수업 시작 전과 저녁 식사 후 저녁 공부 전에 5분 기도하고, 5분 성경을 읽습니다. 이것이 힘든 학생들은 3분 기도, 3분 성경 읽기도 좋습니다. 이렇게 세 번을 기도하고 성경을 읽은 다음 공부를 합니다. 여러분도 그렇게 한번 해 보십시오. 정말 공부가 매우 잘됩니다. 하나님이 주시는 평안함 속에서 집중해서 열심히 공부할 수 있습니다. 하나님께서 공급해 주시는 지혜와 지식과 능력을 받아 주님 위해 최선을 다하는 것이 바로 다니엘 학습법의 핵심입니다.

성장기 학습법 총정리 1

▶ 초등학교 입학 전(유치원 시기)에 부모가 할 일

1. 기본적으로 하루에 세 장 정도 성경을 읽어 주십시오

구약 한 장, 신약 한 장, 그리고 잠언을 반드시 한 장씩 읽어 주십시오. 어린이용 성경은 그 종류가 다양하기 때문에 아이들이 이해할 수 있는 수준에 맞는 성경을 선택해서 읽어 주는 것이 좋습니다. 어린이 그림 성경을 비롯해서 연령별로 다양한 종류의 성경이 많이 나와 있습니다. 성경에는 시와 산문 등 다양한 장르로 이루어진 하나님의 말씀이 있습니다. 성경은 영혼의 양식이 됨과 동시에 국어 공부는 물론 이해력과 창조력을 배가하는 데 너무나 좋은 원천이 됩니다.

2. 하루 세 번 기도하는 습관을 들이도록 하십시오

일단 아침 점심 저녁 하루에 세 번씩 정해진 시간에 기도하는 습관을 들이도록 가르치십시오. 짧더라도 하루 세 번 매일 성경 보고 기도하는 습관을 길러 주십시오.

3. 주일은 철저하고 경건하게 지키도록 훈련하십시오

교회에서 아이들이 떠들지 않도록 확실하게 가르치십시오. 하나님께 예배드리는 것이 얼마나 중요한 일인지 어려서부터 알도록 훈계와 초달을 아끼지 마시기 바랍니다.

4. 날마다 성경 만화 비디오를 보여 주는 것이 좋습니다

영어로 된 성경 만화 비디오를 하루 한 시간에서 두 시간 정도 규칙적으로 꾸준히 보여 주면 성경을 대할 때도 친숙함을 느낄 수 있습니다. 영어로 된 비디오테이프를 보여 줄 경우 어려서부터 영어에 대한 감각도 기를 수 있습니다.

5. 『다니엘 마음관리 365일』을 통해 매일 마음 관리, 시간 관리를 해 보십시오

일찍 시작할수록 좋습니다. 부모님께서 자녀에게 매일 하루 한 편씩 읽어 주십시오. 초등학교 저학년까지는 부모님이 읽어 주셔도 좋습니다. 스스로 읽을 수 있을 때부터는 자녀 스스로 읽게 하십시오. 그런 다음 매일 한 시간 단위로 스스로 생활 계획을 세워 보도록 도와주십시오. 제가 강의하는 학생들은 매일 아침 『다니엘 마음관리 365일』을 보고 한 시간 단위로 공부 계획을 세웁니다. 창원 극동방송에는 제가 직접 녹음해서 매일 한 편씩 창원지역 복음화를 위해 보내 주고 있습니다. 방송을 듣고 많은 청소년들이 새롭게 마음을 관리하고 뜻을 정했습니다. 잠언에는 무릇 지킬 만한 것보다 더욱더 네 마음을 지키라고 했습니다. 생명의 근원이 여기에서 나온다고 했기 때문입니다. 순수하고 깨끗한 어린아이일수록 마음 관리는 필요합니다. 부모님과 함께하는 다니엘 마음 관리 시간을 꼭 가져 보시기 바랍니다.

『다니엘 마음관리 365일』이라는 책은 하나님을 믿지 않는 분들에게 자연스럽게 전도할 수 있는 책이기에 믿지 않는 분들에게 권해 주셔서, 자녀들에게 다니엘 마음 관리 시간을 가지도록 권면해 주십시오. 하나님을 모르는 가정이 그 시간을 통해 하나님을 만날 수 있는 역사가 일어나길 간절히 기도합니다.

마음 관리를 한 후 시간 관리를 하는 것이 매우 효과적입니다. 매일 하루 한 편 읽어 주는 데 걸리는 시간은 2분에서 3분 정도입니다. 자녀들이 너무나 좋아합니다. 어머니, 아버지 두 분 중 한 분이 꼭 읽어 주신 다음 다니엘 학습 플래너*에 한 시간 단위로 함께 계획을 세운 다음 그렇게 하루를 주님 안에서 복되게 살 수 있도록 부모가 자녀에게 손을 얹고 기도해 주십시오. 제가 일곱 살 때 처음으로 교회에 나가기 시작하면서 어머니께서 매일 해 주신 일입니다. 정말 그 시간을 통해 부모와 자녀 간에 친밀함이 더욱 깊어지고 부모에 대한 존경심이 생깁니다. 하나님께서 그 시간을 통해 부모의 영적 권위를 더욱더 새롭게 하십니다. 여러분 가정에서도 이러한 놀라운 하나님의 풍성한 축복과 은혜가, 자녀가 어렸을 때부터 지속적으로 일어나길 축원합니다.

성장기 학습법 총정리 2

▶ 초등학교 시기에 할 일

1. 하루에 30분 정도 성경 읽는 것을 원칙으로 삼으십시오

초등학교 6년이란 시간은 자녀 인생에서 너무나 중요한 시기입니다. 우선 매일 잠언 한 장과 시편 다섯 편 정도를 읽도록 합니다. 1년간 성경 전체를 일독할 수 있도록 연간 계획을 세운 다음 그 진도에 맞추어 부모님도 자녀와 함께 성경을 읽습니다. 성경 읽기에 최대한 시간을 투자해야 할 시기가 바로 초등학교 때입니다. 그러면 중·고등학교 공부에 요긴한 밑거름이 됩니다. 성경은 우리 인간의 영혼의 양식이며 동시에 성경 자체가 학생들에게 훌륭한 국어 교과서이자 지

---

* 다니엘 학습법을 날마다 실천 적용할 수 있는 『다니엘 학습 플래너』를 이용하여 한 시간 단위로 매일 공부 계획과 생활 계획을 세우는 데에 도움을 받으실 수 있습니다.

혜와 지식의 원천이기 때문입니다. 성경 보는 시간은 한 번에 30분이 아니라 나누어서 해도 좋습니다. 성경 읽는 것이 습관이 되면 초등학교 시절에는 시간을 점차 늘려 1시간 정도 보면 더 좋습니다. 20분 신약, 20분 구약, 20분 잠언과 시편 읽기 이렇게 보면 좋습니다. 30분 정도 읽는 학생의 경우에는 10분 신약, 10분 구약, 10분 잠언과 시편을 읽으면 좋을 것입니다. 이렇게 세 부분으로 나누어 부모가 자녀와 함께 성경 읽기를 하시면 놀라운 하나님의 축복과 은혜가 있습니다.

2. 가정예배를 드리면서 하나님을 경배하는 훈련을 체계화하십시오

자녀들에게 매일 크리스천이 어떤 존재이며 왜 살아야 하는지 이야기해 줍니다. 그리고 매일 드리기 힘든 상황이라면 각자의 사정에 맞추어 최소한 일주일에 한 번 이상은 가정예배를 정기적으로 드리시기 바랍니다. 가정예배 때마다 자녀들에게 먹든지 마시든지 무엇을 하든지 다 하나님의 영광을 위하여 해야 하는 존재임을 분명히 가르치고 훈계하십시오.

3. 기도훈련을 시키십시오

하루에 세 번 기도하고, 한 번 기도할 때마다 5분 이상 기도하도록 훈련시키십시오. 만약 점심에 기도하기 어려운 경우에는 아침과 저녁에 두 번 기도하도록 합니다. 자녀가 기도하지 못할 때 부모님이 함께 기도함으로써 기도훈련을 시키도록 합니다. 특히 부모님이 몸소 기도의 모범을 보이시기 바랍니다. 아버지와 어머니의 눈물의 기도가 꼭 필요합니다. 부모가 자녀를 위해서 눈물로 기도하는 모습을 자녀들에게 직접 보여 주는 것보다 더 큰 가르침은 없습니다. 특별히 아침에 일어나 부모와 자녀가 함께 기도하며 서로 축복하는 시간을 가지기를 강권합니다.

제가 사역하는 신반포 교회에서 매달 하는 학부모 자녀 새벽기도회 시간을 통해 저는 부모와 자녀의 관계가 아름답게 회복되는 것을 지켜보았습니다. 아버지가 아들을 위해 눈물로 기도하며 축복하는 모습은 정말 너무 아름답고 장엄한 모습이라고 생각합니다. 21세기 무너진 크리스천 가장의 권위가 하나님 안에서 멋지게 회복되는 모습을 보며 이것이야말로 우리 모두가 각 가정에서 해야 할 일이라고 확신하게 되었습니다. 저는 우리 교회만이 아니라 다른 교회에도 이러한 학부모 자녀 기도회가 더욱 확산되기를 간절히 기도합니다. 부모와 자식들이 함께 얼싸안고 아침을 깨우며 서로를 위해 하는 그 기도를 왜 하나님이 외면하시겠습니까? 인간인 제가 봐도 너무나 귀하고 아름답습니다. 보는 제가 너무나 기쁩니다. 하나님은 얼마나 기쁘시고 좋아하시겠습니까? 그렇게 기도회를 마친 다음 교회에서 제공하는 식사를 마치고 아버지는 바로 출근하시고 자녀들은 교회 식당에 삼삼오오 모여 공부를 합니다. 그런 다음 교회에서 바로 학교로 등교합니다. 강남 한복판에서 이런 모습을 보게 하신 하나님을 찬양합니다. 이런 학생들에게서 저는 21세기 다니엘을 꿈꾸고 기대합니다. 그리고 그들을 위해 기도합니다. 이들을 통해 21세기 대한민국과 온 세계가 복 받게 하소서. 이들을 사용하여 주옵소서. 이들이 하나님의 마음을 시원케 하는 준비된 일꾼이 될 수 있도록 주여, 선하게 준비시켜 주시고 인도하여 주옵소서.

4. 자녀와 부모가 함께 교회 기도회에 참석하십시오

일주일에 한 번 정도 부모와 함께 새벽기도를 가도록 훈련시키십시오. 주일 아침 새벽예배가 좋은 기회입니다. 금요기도회에 가끔 자녀를 데리고 가서 소리 내어 기도하는 훈련을 시키는 방법도 매우 좋습니다. 제가 사역하는 신반포 교회와 강의하는 중앙아카데미 학생들은 아주 철저하게 기도훈련을 받습니다. 신반포 교회에서는 위에서 말씀드린 것처럼 한 달에 첫 번째 일주일간 학부모 자녀 교사 새벽기도회로 부모와 자녀와 교사가 함께하는 기도훈련을 시킵니다. 그리고 강의하는 학원에서는 한 달에 한 번 마음껏 부르짖고 기도하는 기도회를 가집니다.

렘 29:11-13

11 나 여호와가 말하노라. 너희를 향한 나의 생각은 내가 아나니 재앙이 아니라 곧 평안이요. 너희 장래에 소망을 주려 하는 생각이라.
12 너희는 내게 부르짖으며 와서 내게 기도하면 내가 너희를 들을 것이요.
13 너희가 전심으로 나를 찾고 찾으면 나를 만나리라.

>> 기도회 소감문

▪▪▪ 나는 이번 다니엘 기도회가 처음이었다. 정말 많은 은혜가 되는 기도회였다. 기도를 시작하기 전엔 '과연 내가 기도를 잘할 수 있을까, 다른 아이들 신경 쓰지 않고 기도에만 집중할 수 있을까, 기도를 3분도 못하면 어쩌나.' 하는 많은 생각들이 있었다. 하지만 불을 끄고 기도를 하는 순간부터 나도 모르게 눈물이 쏟아지기 했다. 예전

에 나를 위해 살았던 나를 반성하고, 앞으로 주님을 위해서 살겠다던 나의 결심이 언제 이렇게 무너졌는지, 매 순간 최선을 다하지 못하고 사탄의 유혹을 이기지 못했던 나의 지난날들을 생각하니 하나님께 너무 죄송스럽고 부끄러운 마음에 펑펑 울었다.

너무 마음이 아팠다. 너무 죄송스러워서 고개를 들 수 없었다.

분명 하나님은 지난 나의 잘못을 또 한 번 용서해 주시고 나의 결심을 또 한 번 믿어 주셨다. 그렇게 나를 믿어 주신 주님을 뒤로한 채 나는 또 나의 뜻대로 생활하고 있었다. 나는 울고, 울면서 하나님께 부르짖었다. 다른 것은 아무것도 생각나지 않았다.

나는 지금 이 시간 하나님께 회개하고 앞으로 사탄의 유혹을 물리치기 위해 더욱더 굳건한 의지를 구해야 한다는 생각밖에 없었다. 한참을 그렇게 기도했다. 회개 기도를 하니 마음이 평안해지면서 또 나의 용서를 받아 주신 주님께 감사했다.

다음으로 나는 하나님께 지혜를 구했다. "저의 머리로는 힘든 많은 공부를 다 감당해 낼 수 없어요. 하나님께서 저에게 지혜를 더해 주세요." 하고 부르짖었다.

정말 집에서 나 혼자 하는 기도보다 함께 수업을 듣는 여럿이 함께 하는 기도여서 그런지 기도가 더 잘되고 하나님과 많은 대화를 나눈 시간이었다. 나의 마음 깊은 곳의 불안, 걱정 들을 하나님께 내려놓고 나니 마음이 평안하고 가벼웠다. 이런 기도회를 한 달에 한 번씩 가질 수 있는 것이 너무 좋다. 이번 다니엘 리더십 기도회에서 나는 생각보다 더 크고 더 많은 것을 배우고 깨달았다.

다음 기도회에서는 회개 기도보다 감사 기도를 하기 위해 더욱 노력하는 한 달을 보내야겠다. 정진희

▪▪▪ 이렇게 열심히 기도해 본 적은 오랜만인 것 같다. 몇 번 기도원을 갈 때나 교회 여름 수련회 같은 때 빼고는 열정적으로 기도한 적이 없었다. 다니엘 아침형 학습 리더십 강의를 함께 듣고 공부하는 친구들과 다 함께 기도하니 새롭고 좋았다. 성경에 나온 마가의 다락방에 있다는 느낌마저 들었던 것 같다. 솔직히 처음엔 어떻게 소리 내서 기도하지 걱정했는데 다들 열심히 목이 쉬어 가면서 부르짖어 기도하는 것을 보고 처음에 걱정했던 내가 창피했다.

다음 기도회 때에는 나도 더욱더 부르짖고 더 열정적으로 기도할 것이다. 리더십 수업 시간에는 항상 도전과 새로운 것을 배울 수 있는 기회가 있어서 좋다. 김민정

다니엘 아침형 학습법을 제대로 실천하기 위해서는 하나님으로부터 공급받는 새 힘과 지혜와 지식 없이는 불가능합니다. 이것을 위해 적어도 한 달에 한 번은 강의 듣는 학생들이 모여 전심으로 부르짖고 기도하는 시간을 가집니다. 이를 통해 아이들은 한 달 동안 쌓인 모든 걱정, 근심, 불안, 초조, 스트레스를 모두 하나님께 맡겨 버립니다. 기도회를 마친 아이들의 얼굴은 정말 해맑고 건강합니다. 그리고 다시 열심히 뜻을 정해 도전하고자 하는 열정으로 가득 찹니다. 전심으로 부르짖어 하나님께 기도할 때 하나님은 결코 학생들의 그 기도를 외면하지 않는다는 것을 저는 알고 있습니다.

학부모님들은 자녀들과 적어도 한 달에 한 번은 교회 기도회를 통해 자녀들과 함께 얼싸안고 기도하는 시간을 가지십시오. 부모와 자녀가 각자 서로 바빠 대화할 시간도 없는 것이 요즘 현실입니다. 마음을 담아 서로를 위해 기도하는 시간은 너무나 소중합니다. 그런 기도

하는 시간을 각자의 상황에 맞게 꼭 가지시길 간곡히 부탁드립니다.

5. 신본주의 교육을 최우선으로 하고 수련회에 참가시키십시오

성경에 기준을 둔 신본주의 교육의 틀을 이 시기에 분명히 세워 주어야 합니다. 그러기 위해 교회의 학생 수련회나 기도회에 학생들을 적극적으로 보내어 신앙이 자라도록 돌봐야 합니다. 일단 아이가 어려서부터 하나님과 인격적인 교제를 나누게 되면 공부를 하지 말라고 해도 하게 됩니다. 하나님과의 인격적인 교제를 통하여 그 아이의 마음속에 성령께서 내주하시면, 하나님의 준비된 종이 되는 데 부족함이 없도록 하나님께서 인도해 주십니다. 성령께서 그들에게 왜 공부해야 하는지 직접 마음에 감동을 주시고 그들에게 24시간 함께하시면서 동기를 부여해 주십니다. 부모님이 24시간 쫓아다니면서 아무리 공부하라고 해도 아이는 공부하지 않습니다. 오히려 공부에 대한 반감이 생겨 하는 시늉만 하면서 다른 생각을 하는 경우가 많습니다. 어릴 때부터 부모님에게서 전수받은 신본주의 교육은 아이들의 영혼과 범사에 유익합니다. 그러므로 믿음의 학부모님들은 하나님 중심의 교육에 관심을 가지고 자녀들을 양육하시길 간곡히 부탁드립니다.■

6. 초등학교 때 꼭 보아야 할 책을 300권 정도 정해서 읽도록 지도하십시오

일단 성경 인물과 관련된 책들은 최대한 많이 보는 것이 좋습니다.

■ 저의 어머니께서 저를 하나님 중심으로 양육하신 모든 방법을 정리한 『다니엘 자녀교육법』이라는 책이 무척 도움이 되실 겁니다. 부모님들은 꼭 보시고 자녀들을 신앙과 실력을 겸비한 21세기 다니엘로 양육하시는 데 참조하시길 부탁드립니다.

그와 동시에 위인전을 읽는 것도 좋습니다. 만화 삼국지를 포함해서 다양한 삼국지를 아이의 수준에 맞게 읽히는 것이 중요합니다. 맨 처음에는 글자보다는 그림이 많은 책을 택하십시오. 어느 정도 독서 습관이 길러지면 조금씩 글자 비율을 높이면서 자녀에게 눈높이 독서 교육을 시키십시오. 저는 논술 강의를 듣는 학생들에게 독서 숙제를 내 준 다음에 꼭 하는 일이 있습니다. 아이들이 책을 본 다음 반드시 책의 내용을 요약하고 느낀 점을 자신의 언어로 쓰게 합니다. 그런 다음 그것을 직접 발표시킵니다. 책을 읽는 것만으로는 부족합니다. 글을 잘 쓰지 못하더라도 자신의 언어로 직접 내용을 요약해 보고 그것을 상대방에게 발표하게 하십시오. 이를 통해 책의 내용을 심도 있게 파악하고 자신의 것으로 만들 수 있습니다.

7. 중학교 수학과 영어를 미리 공부하도록 합니다

산수를 싫어하는 아이들도 차근차근 원리를 이해시키며 가르치면 충분히 이해할 수 있습니다. 인내심을 가지고 설명해 주십시오. 특히 초등학교 6학년 때부터 산수가 어려워집니다. 또 그 내용이 중학교 수학과 맞물려 있으므로 보통 6학년 산수와 중 1 수학을 병행해서 공부하는 것이 좋습니다. 늦어도 초등학교 6학년 여름방학부터는 중학교 1학년 수학과 영어를 함께 공부해야 합니다. 겨울방학 이전까지 중 1 1학기 부분을 끝내고 겨울방학 기간을 이용하여 중 1 2학기 공부를 하는 것이 좋습니다. 6학년 때 중 1 영어와 수학을 공부해 놓고, 중학교 1학년이 되었을 때 중 2 영어와 수학을 공부한다면 대학 입시를 준비하는 데 매우 유리한 출발을 하게 되는 것입니다. 단 주의할 점이 있습니다. 선행을 위한 선행학습은 의미가 없습니다. 무리한 선행학습보다는 아이들의 학업 실력을 고려한 단계적 선행학습을 시키십시오.

8. 건강관리가 가장 중요합니다. 운동을 열심히 하고 잠도 충분히 자게 하십시오

남자 아이들은 꼭 운동을 시키십시오. 특히 초등학교 남자아이들은 태권도나 합기도를 통해 중·고등학교에 들어가기 전에 몸을 단련해 두는 것이 좋습니다. 지금 중·고등학교의 학원 폭력은 위험 수위에 도달했습니다. 그런 환경에서는 어느 정도 자신을 지킬 수 있도록 체력을 단련해 두는 일이 반드시 필요합니다. 초등학교 때에는 신체 발달상 잠을 충분히 자야 합니다. 잠을 충분히 자되 일찍 자고 일찍 일어나는 습관을 들이도록 도와주십시오.

성장기 학습법 총정리 3

▶ 중학교 시기에 할 일

1. 입학 전부터 인본주의 교육에 대비해야 합니다

중학교부터는 본격적인 인본주의 교육이 시작됩니다. 그러므로 부모들은 더욱더 깨어 기도해야 합니다. 특별히 성적 위주의 학교생활과 평가가 이루어지기 때문에 아이들에게 미리 이러한 인본주의 교육의 문제점을 말해 주고 인본주의 교육에 너무 위축되지 않도록 설명해 주는 일이 필요합니다. 중학교 과학 시간에 생물 교육을 받을 때 아이들은 진화론을 배우게 됩니다. 대부분의 학생들이 수업 시간에 배우는 것은 모두 하나의 사실로 받아들이기 때문에 이것을 대비하여 미리 자녀들에게 진화론의 허구성을 알려 주시고 하나님이 천지창조 하심을 확인시켜 주시기 바랍니다. 자녀들에게 진화론의 허구성에 대하여 알려 주시기가 쉽지 않으신 학부모님들은 창조과학회 홈페이지를 방문하셔서 자료를 얻으시거나 담당 교역자에게 부탁하시면 도움을 받으실 수 있습니다.

2. 공부보다 중요한 일이 성경 읽기와 기도입니다

매일 공부하기 전에 반드시 성경을 읽고 기도하는 것이 원칙입니다. 이 일을 하지 않으면 안 됩니다. 공부 시간을 줄이더라도 반드시 해야 할 일입니다. 왜냐하면 영혼의 양식인 성경말씀을 보지 않고는 정상적으로 하나님의 지혜와 지식을 가지고 공부하기가 어렵기 때문입니다.

3. 교회의 수련회에는 반드시 참석하도록 합니다

교회의 여름, 겨울 수련회에 적극 참여하게 하여 영적 건강을 지켜 주십시오. 인본주의 교육의 무서운 독소는 한 학기 동안 깊숙이 퍼집니다. 이를 극복하기 위해서 방학 동안 신앙교육을 철저히 받아야 합니다.

4. 다니엘 아침형 학습 습관을 익히도록 합니다

『다니엘 아침형 학습법』을 토대로 1단계부터 부모와 자녀가 함께 다니엘 아침형 학습 습관을 꼭 익히도록 하십시오. 총 7단계까지 30일 과정입니다. 만약 의지력이 강하고 열심히 나름대로 공부를 해 온 학생이라면 30일 과정으로 도전하면 됩니다. 그러나 상대적으로 의지력이 약하고 공부 습관이 몸에 익숙하지 않은 학생은 60일 혹은 90일로 잡고 30일 과정의 공부 계획에 2배 혹은 3배로 기간을 조금 더 늘려 도전하면 됩니다. 30일 과정으로 하면 힘들어 포기하던 친구들도 조금 기간을 늘려서 도전하면 충분히 성공할 수 있습니다.

5. 중간고사와 기말고사 한 달 전까지는 영어 수학 위주로 공부합니다

대학 입시를 대비하는 데는 영어와 수학이 가장 중요합니다. 그러므로 평소 영어와 수학을 집중적으로 공부합니다. 대신 일반 암기 과목은 평소 수업 시간에 충실히 공부해 두었다가 시험 때 요약한 것을 반복해서 암기하는 식으로 공부합니다.

6. 중간고사 기말고사 대비는 이렇게 합니다

중간고사나 기말고사를 치르기 적어도 보름 전까지 수학과 영어와 국어 시험 준비를 시험 범위까지 모두 끝내야 합니다. 진도가 다 나가지 않았더라도 예습하여 시험 준비를 미리 끝내 둡니다. 보름을 남겨 두고 열흘간 암기과목을 끝냅니다. 한 과목에 하루 혹은 이틀 정도를 투자해서 공부합니다. 시험을 보기 5일 전에는 국어 영어 수학을 한 번 더 확인합니다. 시험 첫날 과목을 위해 시험 전날 혹은 이틀 전부터 첫날 과목을 잘 준비하여 첫날 시험에 만전을 기하도록 합니다.

■ 중학생, 고등학생들의 중간고사, 기말고사 그리고 대학 입시를 효과적으로 준비하기 위해 중학교, 고등학교 6년의 생활을 주 단위로 정리한 『다니엘 3년 150주 주단위 내신관리 학습법 : 중학생 편/고등학생 편』을 참조하시면 상세한 자료를 얻고 도움을 받으실 수 있습니다.

7. 국어 공부는 차근차근 해 나가야 합니다

국어는 단기간에 되는 과목이 아니므로 욕심을 부리지 말고 차근차근 공부해야 합니다. 일단 자습서를 본 후 자습서 오른쪽에 있는 문제를 다 풀어 봅니다. 그리고 문제집을 두 권 정도 준비하여 시험 범위의 문제를 전부 풀고 모르는 문제가 있으면 잘 아는 친구나 선생님께 물어보고 반드시 이해하고 넘어갑니다.

8. 중학교 영어는 암기를 원칙으로 합니다

영어는 중학교 책의 본문은 물론 모든 지문을 다 암기하는 것이 원칙입니다. 저는 지금도 중학교 때 외운 본문을 생각해 낼 수 있습니다. 이렇게 중학교 때 확실히 암기해 두는 것은 매우 효과적입니다. 수업 시간에 충실히 듣고 모르는 것은 친구나 선생님께 반드시 질문하여 이해한 다음 넘어가도록 합니다. 소심하여 선생님께 질문을 못하는 학생은 잘하는 친구들에게 물어보고 그래도 모르겠으면 하나님께 담대함을 구한 후 음료수 한 병을 들고 선생님을 찾아가 겸손히 사정을 얘기한 후 물어보십시오.

9. 영어 듣기는 매일 조금이라도 꾸준히 하십시오

영어 듣기는 학교에서 사용하는 교재를 별도로 구해서 매일 20분간 꾸준히 들도록 합니다. 그 정도가 적당한 시간입니다. 단 매일 꾸준히 하는 것이 중요합니다. 영어 교과서의 듣기 교재를 다 풀었으면 세 번 정도 반복해서 풀어 봅니다. 그것도 다했으면 다른 영어 교과서 교재를 활용하는 것이 좋습니다. 굳이 다른 것을 사지 않고 비용 절감을 위해 친구들끼리 돌려서 들어 보는 것이 좋습니다.

10. 중학교 때 영어 공부가 고등학교 영어 실력을 좌우합니다

영어는 중학교 영어나 고등학교 영어가 따로 없습니다. 단어 수준과 독해 내용이 까다로워질 뿐입니다. 문법은 중학생들은 『맨투맨 기초영어』 한 권이면 다 커버가 됩니다.■ 『맨투맨 기초영어』 문법은 중1 시절부터 방학 때마다 한 번씩 보도록 합니다. 가능하면 초등학교 6학년 겨울 방학 때부터 미리 봐 두는 것이 더 좋습니다. 책을 보면서 잘 이해가 되지 않는 부분은 인터넷 강의를 통해 보완하시면 큰 도움이 되실 것입니다.

11. 영어 수학 국어 문제집은 일단 대표적인 것을 보도록 합니다

문제집은 학교 선생님이 추천해 주십니다. 학교마다 보는 문제들이 조금씩 다릅니다. 일단 학교 선생님에게 찾아가서 겸손히 도움을 구하십시오. 각 과목 선생님에게 직접 물어보는 것이 제일 좋습니다. 그런 다음 그 문제집을 중심으로 공부를 하는 것이 좋습니다.

12. 암기과목(과학, 사회) 학습 및 시험 준비는 이렇게 하십시오■■

그 밖의 암기과목은 일단 기본 자습서가 필요하고 함께 풀 문제집 한두 권이면 족합니다. 우선 시험 범위 내용의 교과서를 정독한 다음

■ 고등학생들에게는 『맨투맨 종합영어』를 권해 드립니다. 스스로 공부하는 데 매우 효과적인 책이라고 생각합니다.

■■ 중학생, 고등학생은 『다니엘 3년 150주 주단위 내신관리 학습법 : 중학생 편/고등학생 편』을 보시고 준비하시면 큰 도움이 되실 것입니다. 다니엘 학습법은 개략적인 내용을 담고 있지만 『다니엘 3년 150주 주단위 내신관리 학습법 : 중학생 편/고등학생 편』에는 실질적인 공부 방법과 계획이 주 단위로 되어 있어서 마치 제가 옆에서 설명해 주는 듯한 생각이 들 정도입니다. 책을 참조하여 자신에게 맞는 각 과목 공부 계획을 잘 세워 내신 시험과 대학 입시를 준비하는 데 구체적인 도움이 되길 바랍니다.

자습서를 한 번 봅니다. 자습서를 보면서 그곳에 실린 문제를 함께 풉니다. 그러고 나서 노트한 내용을 한 번 다시 봅니다. 과학은 교과서도 보지만 자습서를 잘 활용하는 것이 이해하는 데 도움이 됩니다. 일단 이 과정을 거친 다음 다시 자습서를 주의 깊게 보고 문제집을 다시 풉니다. 문제집을 다 풀고 나서 노트를 보며 다시 정리합니다. 시험 전날에는 틀린 문제를 다시 한 번 확인하면서 자습서와 노트로 내용을 정리합니다. 사회 계열은 교과서가 가장 좋은 책이므로 교과서를 자주 읽는 것이 좋습니다. 무조건 암기하려면 잘되지 않으므로 일단 책을 여러 번 읽은 다음 주요 내용 위주로 소리 내어 읽으면서 암기합니다.

13. 방학 때 이것만은 꼭 해 두세요

중 1 여름방학에는 영어와 수학을 위주로 중 1 2학기 내용을 공부합니다. 중 1 겨울방학 때는 중 2 1학기 영어 수학을 미리 다 끝내야 합니다.

중 2 여름방학 때는 중 2 2학기 내용을 정리합니다. 중 2 겨울방학 때는 중 3 1학기의 수학과 영어를 정리합니다. 중 3 수학 내용의 순서가 고 1 10-가, 나 진도와 비슷하니까 이때부터 본격적으로 입시 공부가 시작된다고 생각하면 됩니다. 고 1 수학의 교재 중 가장 쉬운 교재를 선택해서 병행하여 공부해 두도록 합니다.

14. 중 3 겨울방학은 대학 입학 당락을 좌우할 수도 있는 중요한 시기입니다

중 3 겨울방학은 너무나 귀중한 시기입니다. 이 시기를 어떻게 보내느냐가 결국 대학을 결정한다고 해도 과언이 아닙니다. 이 시기에 반드시 『다니엘 아침형 학습법』을 보면서 다니엘 아침형 학습 습관을 몸에 익히도록 하십시오. 이 습관을 익히고 고등학교에 들어갈 수 있다면 여러분은 최고의 비밀 무기를 가지게 된 것입니다. 선행학습이 그동안 제대로 이루어지지 않은 학생들은 이 시간을 이용해서 고등학교 1학년 내용들을 차근차근 보도록 합니다. 이미 선행학습이 잘 이루어져 있는 학생들은 그 다음 진도로 공부 계획에 맞추어 나아가도록 합니다.

15. 중학교 때부터는 잠을 줄이는 연습을 시작하세요

이때부터 잠을 6시간 정도 자도록 합니다. 일찍 자고 일찍 일어나는 다니엘 아침형 학습 습관을 몸에 익히도록 노력하십시오. 좋은 습관에 익숙해지면 6시간 정도 잠을 자도 충분히 숙면을 취할 수 있고 다음 날 공부하거나 생활하는 데 어렵지 않습니다. 다니엘 아침형 학습 1단계부터 차근차근 부모와 함께 실천하도록 합니다.

16. 중학교 때 꼭 봐야 할 책들입니다

대학 입시의 국어 시험(통합 논구술과 언어영역 시험 둘 다 포함)은 단기간에 준비되지 않습니다. 사실 국어 성적으로 서울대 상위권 학과의 당락 여부가 결정됩니다. 연·고대 이상 합격할 수준의 학생들은 영어와 수학에서 거의 다 만점을 받기 때문입니다. 하지만 국어는 어려서부터 꾸준하게 독서하지 않으면 쉽게 점수가 오르지 않습니다. 국어 시험은 문제집을 10권 푼다고 해도 한 번에 만점을 받을 수 없는 까다로운 과목입니다. 어려서부터 다양한 독서를 해야 합니다.

중 1 여름방학 때는 성경 각 권을 읽고 느낀 점을 원고지 10매 정도로 쓰도록 합니다. 1년에 적어도 성경을 일독하도록 지도합니다. 이 기간에는 주로 성경과 『다니엘 마음관리 365일』을 다시 읽기 바랍니다. 매일 아침 한 편씩 읽는 것과 별도로 여름방학을 이용하여 전체 내용을 다시 한 번 쭉 읽어 보면 마음 관리를 비롯해서 독서 능력 향상에 큰 도움이 될 것입니다.

중 1 겨울방학 때부터 중학생들이 읽어야 할 필독 소설과 시가 모두 실린 책을 찾아 읽습니다. 중 1 방학 기간 내에 천자문도 다 익히도록 합니다.

중 2 여름방학 때에는 이문열의 『삼국지』를 읽게 하고 각 권을 읽은 다음에는 반드시 원고지 10매 정도로 내용을 요약하고 느낀 점을 쓰도록 지도합니다.

중 2 겨울방학 때 최인호의 『상도』를 읽도록 합니다. 성경을 꾸준히 읽는 것은 기본입니다. 내용 요약도 필수입니다.

중 3 여름방학 때는 동양의 고전을 3권 정도 읽고 이문열의 『삼국지』를 다시 반복해서 읽습니다. 이때부터 신문 사설을 매일 두 편씩 읽고 원고지에 사설의 절반 분량으로 요약해 봅니다.

중 3 겨울방학이나 빠르면 중 3 여름방학 때부터 고등학생들이 읽어야 할 소설과 시를 읽도록 합니다.

중학교 시절에는 우선 영어와 수학을 확실하게 하고 국어는 폭넓은 독서와 성경 읽기를 통해 독해력을 충분히 기르도록 합니다. 사실 중학교 때 수학과 영어 중 한 과목만 확실하게 해도 성공했다 할 정도로 수학과 영어가 차지하는 비중은 매우 큽니다.

성장기 학습법 총정리 4

▶ 고등학교 시기에 할 일

1. 수학 영어 국어는 문제집을 적어도 5권씩 풀어야 합니다

고 1이 되면 영어는 『맨투맨 종합영어』를 기본 교재로 하고 대표적인 문제집을 되도록 많이 풀어 봅니다. 수 1은 『수학의 정석』 혹은 디딤돌 혹은 개념원리 중에서 자신에게 맞는 자습서를 택해 공부하는 것이 좋습니다. 그러나 각각의 문제집에 장단점이 있으므로 폭넓게 풀어 보는 것이 가장 좋습니다. 적어도 수학 영어 국어 등 주요 과목은 각 과목당 5권 정도의 문제집을 풀어 보아야 한다고 생각합니다.

2. 고 1 때 하루 1시간은 자유롭게 즐기도록 하십시오

일단 고 1이 되면 학교 끝나고 집에 와서 자기가 하고 싶은 취미 생활을 하루 1시간 정도 자유롭게 하도록 놔둡니다. 그런 다음 잠자리에 들기 20분 전까지는 집중해서 공부합니다. 다시 강조하지만 영어 수학 위주로 공부합니다. 주말에는 국어와 과학 공부를 병행합니다. 중간고사 기말고사 준비는 중학교 때와 동일합니다. 하루에 공부하는 시간은 4시간 내지 5시간이 좋습니다. 지나치게 학원 수업을 많이 듣는 학생의 경우 학교에서 배운 것과 학원에서 배운 것을 내 것으로 공부하는 시간이 적어서 오히려 해가 될 수 있습니다. 아무리 좋은 음식도 과하면 몸을 해치는 것처럼 자기 스스로 공부할 수 있는 시간을 확보하면서 필요한 수업을 듣는 것이 좋습니다.

3. 고 1 여름방학 때 영어와 수학에 집중하십시오

고 1 여름방학 역시 중학교와 동일하게 합니다. 국어는 2학기 자습서를 미리 구입하여 자습서를 두 번 정도 보며 자습서에 있는 문제를 함께 풉니다. 수학 문제집은 기본 자습서를 1권 정도 준비한 후 한 단원이 끝나면 그 단원에 해당하는 문제집을 3권 정도 풉니다. 중간고사와 기말고사를 보기 한 달 전에는 새로운 문제집을 2권 정도 정해서 기존의 틀렸던 문제와 병행하여 풉니다. 여름방학 때는 1학기에 배운 범위를 문제집 2권 정도 풀면서 정리합니다. 풀었다가 틀렸던 문제도 함께 병행하여 풉니다.

4. 하루에 영단어 10개와 숙어 5개를 암기하는 것은 기본입니다

영어에 기초가 부족한 학생들은 중학교 때 보던 『맨투맨 기초영어』를 계속 보면서 『맨투맨 종합영어』를 병행하여 봅니다. 어느 정도 기초가 준비된 학생들은 바로 『맨투맨 종합영어』를 보도록 하십시오. 단어는 중학교 때 『우선순위 영단어 숙어 중학교용』을 다 본 후 고등학교 때는 『우선순위 영단어 숙어 고등학교용』을 봅니다. 이렇게 보고 『성문 기본영어 단어·숙어집』을 본다면 어휘에 큰 도움이 될 것입니다. 하루에 단어 10개, 숙어 5개를 암기하는 것이 기본 원칙입니다.

5. 고등학생이 되어서도 영어 듣기는 하루 20분씩 하십시오

고등학교 영어 듣기 역시 중학교와 동일합니다. 외국어영역 듣기 평가가 있으므로 고 1부터 차분히 20분 정도 듣는 훈련을 해야 합니다.

6. 고 2 겨울방학까지 수학 영어 국어를 모두 끝낸다는 계획을 세워야 합니다

고 3이 되면 수학과 영어와 국어를 다시 한 번 반복해서 재수하는 것과 동일한 효과를 내야 합니다. 왜 미리 1년 정도 앞당겨 공부해야 하느냐면, 고 3이 되면 너무나 무거운 입시의 중압감으로 인해 새롭게 배우는 부분에 대해 마음만 앞서고 실제로 심도 있게 내용을 숙지하면서 공부하기가 어렵기 때문입니다. 더욱이 여러 과목을 정리하면서 수능에 대비해야 하기 때문에 자칫 고 3 때 나가는 진도 부분을 소홀히 하는 경우가 많습니다. 그러므로 국어 영어 수학을 고 2까지 끝낸 후 고 3 때 틀린 것을 확인하면서 새로운 문제집과 병행해 나간다면, 그전에 이해하지 못한 부분도 이해할 수 있고 그 내용을 충분히 파악할 수 있다는 장점이 있습니다. 이렇게 하기 위해서는 철저한 시간 관리와 목표 설정이 필요합니다.

7. 고 2 겨울방학 때 사탐 과탐 공부를 마무리합니다

고 2 겨울방학 때 이미 국어 영어 수학이 탄탄한 학생은 이과의 경우 과탐 공부, 문과의 경우 사탐 공부를 하는 것도 좋습니다. 하지만 아직 국어 영어 수학을 다 끝내지 못한 학생은 과탐이나 사탐을 시작하지 말고 고 3 여름방학을 이용하십시오. 고 3 여름방학 때 이과는 과탐을 정리하고, 문과는 사탐을 정리하는 것을 목표로 준비합니다. 한 달 정도 집중적으로 교육방송과 인터넷 강의를 통해 정리하는 것도 매우 좋습니다. 인터넷 강의는 그다지 많은 돈을 들이지 않고도 학원 오가는 시간을 절약하며 효율적으로 정리할 수 있기 때문입니다.

8. EBS 방송교재는 모든 과목을 다 사서 풀어 보도록 합니다

EBS방송을 보는 것이 좋지만 방송 볼 시간이 부족한 친구들은 방송을 보지 않더라도 방송교재를 푸는 것이 도움이 됩니다.

9. 고 3 때 9월과 10월 두 달 동안 지금까지 배운 것을 정리합니다

이때는 새로운 것을 풀려 하지 말고 지금까지 본 문제집과 모의고사 문제 가운데 틀린 문제 위주로 복습합니다. 그동안 공부한 것을 정리하는 중요한 시기이기에 더욱더 내면이 불안하고 초조해지기 쉽습니다. 시간이 없다고 행여 기도 시간과 성경 보는 시간을 줄여서는 안 됩니다. 오히려 이 기간에는 평소보다 조금씩 기도 시간과 성경 보는 시간을 늘려 하나님을 더욱 의지하며 하나님이 주시는 평안함 속에서 약한 부분들을 보완하는 것이 좋습니다. 『다니엘 마음관리 365일』에 보시면 대학 입시 한 달 전부터 특별 마음 관리하는 30일 분량의 내용이 있습니다. 30일 전부터 매일 하루에 한 개씩 꼭 보면서 마음을 잘 관리하며 최선을 다해 마무리하기를 부탁드립니다.

10. 다니엘 아침형 학습 습관을 몸에 익히십시오

저녁 늦게까지 공부하는 학생들은 일찍 자고 일찍 일어나는 습관을 들여야 합니다. 수능시험 자체가 오전부터 시작할 뿐만 아니라 우리 두뇌가 원활하게 움직이려면 어느 정도의 시간이 소요되기 때문입니다. 습관은 적어도 100일 정도 지나야 바뀝니다. 시험 전날만 일찍 일어나는 것은 그다지 바람직한 방법이 아닙니다.

11. 학교 선생님을 개인 과외 선생님(?)으로 삼으십시오

모르는 것은 그냥 넘어가지 말고 잘하는 친구나 선생님에게 꼭 묻고 지나가야 합니다. 모르는 문제를 어떻게 처리하느냐가 학업 실력을 향상시키는 주요한 원동력이 되기 때문입니다. 일단 본인이 나름대로 연구해 봅니다. 그래도 모르겠으면 친한 친구 중에서 잘하는 친구에게 물어봅니다. 그래도 여의치 않으면 학교 선생님께 물어보아야 합니다. 선생님께 질문할 때는 예의 바르고 공손한 자세로 여쭙니다. 저는 실제로 고등학교 때 그렇게 해서 선생님과 좋은 관계를 유지하면서 모르는 것을 많이 배우고 큰 도움을 받았습니다.

12. 스스로 공부하지 않는 시간은 공부하는 시간이 아닙니다

수업 시간에 배우든 과외를 통해 배우든 배우는 시간은 공부하는 시간으로 계산하지 말아야 합니다. 배운 것을 스스로 자습하면서 자신의 것으로 만드는 시간만 공부하는 시간으로 계산해야 합니다. 수업을 많이 듣는다고 해서 그것이 자기 것이 되지는 않습니다. 공부는 스스로 하는 것입니다.

13. 매일 기도하는 일과 성경 읽는 일을 거르지 마십시오

고등학교 시절은 너무나 무거운 중압감이 학생들을 짓누릅니다. 힘들 때마다 눈물로 하나님과 대화하며 그분을 의지하는 시간을 많이 가지십시오. 그러면 오히려 성적이 오르게 될 것입니다. 성경 보는 시간과 기도하는 시간이 많아질수록 오히려 실제로 공부하는 시간이 많아지고 집중하는 시간도 늘어나는 놀라운 경험을 하게 될 것입니다.

16 다니엘 학습법 십계명(총정리)

> 진정으로 하나님을 나의 아버지라고 고백하는 사람이라면 그리스도인답게 공부하고 살아야 합니다. 더 이상 인본주의와 신본주의를 오가는 적당주의에 머물러서는 안 됩니다. 이제부터라도 이 시대의 다니엘이 되기 위해 뜻을 정해야 합니다. 늦었다는 생각으로 포기하지 마십시오.
> 지금도 늦지 않습니다. 부디 하나님이 없다고 말하는 인본주의 공부 방식과 삶의 방식을 벗어던지고 하나님 중심으로 새롭게 되기로 뜻을 정하십시오.

오늘의 다니엘

걸어 다니는 사람보다 더 빠른 사람은 뛰는 사람, 뛰는 사람보다 더 빠른 사람은 날아가는 사람, 나는 사람보다 더 빠른 사람은 예수께 붙어 다니는 사람입니다. 이 사람이야말로 이 시대의 다니엘입니다. 나는 이 시대의 다니엘을 꿈꿉니다. 그리고 각 분야의 수많은 젊은 믿음의 후배들이 이 시대의 다니엘로 우뚝 서기를 꿈꿉니다. 그 일이 이루어지기까지 나는 믿음의 선배로서 내가 해야 할 일들을 게을리 하지 않을 것입니다.

| 단 1:8 |

다니엘은 뜻을 정하여 왕의 진미와 그의 마시는 포도주로 자기를 더럽히지 않게 하기를 환관장에게 구하니.

| 단 6:10 |

다니엘이 이 조서에 어인이 찍힌 것을 알고도 자기 집에 돌아가서는 그 방의 예루살렘으로 향하여 열린 창에서 전에 행하던 대로 하루 세 번씩 무릎을 꿇고 기도하며 그 하나님께 감사하였더라.

어떻게 소년 다니엘은 포로 주제에 거대한 바벨론 제국의 왕이 주는 진미와 포도주를 거절할 수 있었을까요? 어떻게 다니엘은 자기가 죽는 줄 알면서도 평소처럼 예루살렘을 향해 세 번씩 무릎을 꿇고 기도할 수 있었을까요? 죽는 줄 알면서 어떻게 하나님께 감사하는 기도를 드릴 수 있었을까요? 예수께 꼭 붙어 다니는 사람이 아니고서야 어떻게 이런 뜻을 정하여 행동으로 옮길 수 있었겠습니까? 다니엘의 삶을 통해서 저는 그리스도인으로서 제가 어떻게 살아야 하는지 진지하게 생각해 보지 않을 수 없었습니다. 적당히 세련되고 폼 나게, 저도 그렇게 얼마든지 교회에 다닐 수 있었습니다. 하지만 그런 삶은 너무나 공허합니다.

저는 사람에게 잘 보이려고 교회에 다니는 것이 아닙니다. 저는 사람에게 인정받으려고 교회에 가는 것이 아닙니다. 저는 사람에게 칭찬받고 제 이름을 드러내기 위해서 힘들어도 인내하고, 졸음을 참아가면서 열심히 공부하는 것이 아닙니다. 하나님이 존재하지 않으시면, 하나님이 그저 인간이 만들어 낸 문화의 산물이라면 저는 이 세상에서 가장 불행한 사람일 것입니다. 제가 힘들여 공부하고 목사로 사역하는 모든 것이 아무 소용도 없는 일일 것입니다. 하지만 누가 뭐라고 해도 저는 분명히 압니다. 하나님은 살아 계시고 죄 때문에 죽을 수밖에 없었던 저를 구원해 주셨다고 소리쳐서 외칩니다. 왜 힘들게 공부하느냐고, 왜 힘들게 그렇게 바보처럼 살아가느냐고 묻는다면 그 이유는 간단합니다.

"하나님이 쓰시기에 합당한, 잘 준비된 종이 되기 위해서입니다. 한여름 냉수처럼 하나님의 마음을 시원하게 해 드릴 수 있는 준비된 종이 되기 위해서 힘들지만 나의 육체를 쳐서 하나님께 복종시킵니다. 하나님을 위해 공부하며 먹고 자며 살아갑니다."

극악한 인본주의의 성공 신드롬 속에서 살아가는 사랑하는 믿음의 후배들이 그런 문화를 변혁시킬 변혁자로 우뚝 서기를 기대합니다. 그들의 모든 생애가 할 수만 있다면 예수께 꽁꽁 매어 붙어 다니길 소망합니다. 예수께 붙어 다니는 사람이야말로 이 패역한 세상이 감당할 수 없는 사람이기 때문입니다.

다니엘 학습법은 진정한 그리스도인이라면 누구나 해야 하고 따라야 하는 학습법이라고 생각합니다. 진정으로 하나님을 나의 아버지라고 고백하는 사람이라면 그리스도인답게 공부하고 살아야 합니다. 더 이상 인본주의와 신본주의를 오가는 적당주의에 머물러서는 안 됩니다. 그리스도인에게 회색지대란 없습니다. 회색지대 혹은 적당주의 자체가 바로 인본주의의 교묘한 함정이기 때문입니다. 이제부터라도 사랑하는 믿음의 후배들은 이 시대의 다니엘이 되기 위해 뜻을 정해야 합니다. 뜻을 정하십시오. 늦었다는 생각으로 포기하고 살아가지 마십시오. 지금도 늦지 않습니다. 부디 하나님이 없다고 말하는 인본주의 공부 방식과 삶의 방식을 벗어던지고 하나님 중심으로 새롭게 되기로 뜻을 정하십시오.

1계명 다니엘처럼 뜻을 정하라

수많은 믿음의 후배들이 하나님을 아버지라고 부르지만 살아가는 방식은 사탄이 기뻐하는 인본주의 방식으로 살고 있습니다. 우리는 그리스도인입니다. 우리는 예수님을 나의 구세주로 고백하고 그분이 죽은 자 가운데서 사흘 만에 살아나심을 의심 없이 믿는 사람들입니다. 우리는 하나님이 천지를 창조하신 것을 믿습니다. 우리는 하나님의 능력으로 홍해가 갈라진 것을 실제 사건으로 믿는 사람들입니다. 우리는 세상 사람들과 겉보기에 비슷해 보여도 너무나 다른 삶의 기준을 가지고 살아가는 그리스도인입니다.

아무리 세상 사람들처럼 살려고 해도 살 수 없는 존재입니다. 마귀는 할 수만 있다면 하나님의 자녀들에게서 믿음을 빼앗으려고 고도의 전략을 구사하여 우리를 공격합니다. 하나님의 은혜가 아니면 우리는 벌써 사탄의 공격에 넘어졌을 것입니다. 하지만 하나님은 우리를 끝까지 사랑하시고 우리를 위해 매일 매일 새로운 은혜를 허락하십니다.

그리스도인이면서 언제까지 인본주의 교육 방식으로 계속 공부하려고 합니까? 하나님이 없다고 생각하는 세상 친구들에게 하나님이 없다는 것을 전제로 삼는 인본주의 교육 방식은 매우 효과적인 방식일 겁니다. 하지만 하나님을 나의 아버지로 고백하는 그리스도인들에게 하나님이 없다는 것을 전제로 삼는 인본주의 교육 방식이 맞을 리 없습니다.

그럼에도 너무나 많은 믿음의 후배들이 너나 할 것 없이 인본주의 교육 방식에 몸과 영혼을 모두 철저히 유린당하고 있습니다. 공부를 해야 하는데 공부는 생각만큼 잘되지 않고, 시험은 점점 다가오고, 마음은 더욱더 불안하고 초조해집니다. 특별히 입시를 앞둔 고 3 후배들은 시험에 대한 중압감이 더욱 커져서 그렇지 않아도 메마르고 야윈 그들의 영혼이 더욱더 피폐해집니다. 성적이 오르느냐 내리느냐에 따라서 크리스천 후배들의 삶 역시 기쁨과 슬픔이 교차합니다. 더 이상 이런 방식으로 생활하는 것은 아무런 의미가 없습니다. 성적도, 영혼의 건강도, 육체의 건강도 모두 잃은 채 그저 거대한 인본주의 틀 속으로 함몰되어 가는 일련의 과정을 더 이상 간과하지 마십시오. 여러분이 절망 가운데 신음하고 고통당하는 것을 좋아할 대상은 사탄 외에 아무도 없습니다.

여러분이 절망 가운데 눈물 흘릴 때 하나님의 마음은 여러분보다 더 아프다는 사실을 결코 잊어서는 안 됩니다. 어깨를 어루만지시며 다시 일어나도록 격려하시는 분은 하나님이십니다. 이제 하나님을 위해 공부하기로 뜻을 정하십시오. 하나님의 사람으로 준비되기 위하여 공부하기로 뜻을 정하십시오. 하나님께 예배드리듯이 공부하기로 뜻을 정하십시오. 하나님께서 이렇게 뜻을 정한 학생에게 넘치는 지혜의 복을 주실 것입니다.

2계명 방향 관리를 우선시하라

동쪽으로 갈 사람이 서쪽으로 방향을 잡은 채 아무리 잠을 줄이고 속력을 높여 달려가 본들 그가 도달하는 곳은 결국 목적지가 아닌 그 반대쪽입니다. 제아무리 시간 관리와 체력 관리를 잘한다고 해도 방향 관리가 선행되지 않는다면 의미가 없습니다. 많은 믿음의 후배들이 방향 관리에 소홀한 채 그저 정신없이 인본주의 교육의 틀 속에서 다람쥐 쳇바퀴 돌 듯 하고 있습니다. 왜 달려야 하는지 그 의미도 모르는 채 그저 학교에서 하라고 하니까, 집에서 부모님이 잔소리하며 하라고 하니까 맹목적으로 하고 있습니다. 너무나 많은 시행착오를 통해 목적지에 이르기도 전에 탈진하고 자포자기합니다.

　믿음의 부모 혹은 선생님 혹은 선배가 그들을 격려하며 함께 방향을 관리해 준다면 상황은 많이 달라질 것입니다. 방향 관리는 여러분이 달려가야 할 목적지에 대한 분명한 자각이 있어야 가능합니다. 왜 공부를 해야 하고, 왜 내가 목표로 하는 대학을 가야 하는지 분명한 깨달음 없이 막연히 좋은 대학, 좋은 과에 가야 한다는 생각만으로 자신을 채찍질한다면 그것은 너무나 어리석은 일입니다. 세상 친구들은 힘든 공부를 꾹 참고 하고 있습니다. 그들은 좋은 대학에 들어가서 근사한 직장을 잡고 자신의 실력을 인정받아 세상에서 멋지게 살아가려 하기 때문입니다. 자신의 노력에 대한 보답으로 세상의 인정과 돈을 생각합니다. 하나님을 모르는 사람들에게 그러한 삶의 방향 설정은 너무나 자연스러운 일입니다. 하지만 하나님을 믿는 그리스도인이 그런 방향을 설정하고 산다는 것은 이미 방향 관리가 잘못되었다는 것을 스스로 인정하는 일입니다. 이제부터라도 우리는 그릇된 방향에서 돌아서야 합니다.

　그리고 철저하게 하나님 중심으로 방향을 맞추어 가야 합니다. 그리스도인의 방향은 이 세상의 자랑과 육신의 욕망과 돈과 권력이 아니라 바로 하나님의 영광입니다. 그리스도인이 살아가야 하는 방향은 하나님의 영광을 위하는 방향으로 바뀌어야 합니다. 믿음의 후배들이 성경말씀을 방향 관리와 지침서로 삼고 그 말씀대로 철저하게 공부와 삶의 방향을 재조정해서 그 방향대로 힘차게 달려가기를 권면합니다.

3계명 하나님께 우리에게 남겨진 시간을 계산할 지혜를 구하라

방향이 설정된 다음 해야 할 일은 그동안 방향이 잘못 설정되어 시행착오를 거치면서 낭비한 시간들을 만회하는 일입니다. 사람은 누구나 시행착오를 합니다. 그런 과정 없이 처음부터 완벽하게 잘하는 사람은 없습니다. 그런데 문제는 시행착오가 너무 많으면 다시 회복할 여지조차 사라진다는 점입니다. 시간 관리는 나에게 남겨진 시간을 어떻게 관리하느냐의 문제입니다. 보통 사람들은 시간 관리에 있어서 다양한 이론을 가지고 자신에게 꼭 맞는 방식을 찾으려고 애씁니다. 그리스도인들도 인본주의 시간 관리법에 의해서 시간을 관리하려고 애쓰고 있습니다. 그런데 인본주의 시간 관리법과 신본주의 시간 관리법에는 중요한 차이점이 있습니다.

그것은 바로 시간의 소유주에 대한 인식의 차이입니다. 인본주의 관리법에서 시간의 주인은 바로 나 자신입니다. 나 자신이 나의 시간의 주인이고, 나의 모든 시간은 나를 위해 존재하고 남아 있다고 생각합니다. 그러므로 시간 관리의 초점은 바로 나 자신에게 있습니다. 그러나 신본주의 시간 관리에서 시간의 소유주는 하나님이십니다. 그분이 시간을 창조하셨고 시간을 지배하십니다. 그리스도인에게 주어진 시간은 자신의 것이 아닌 하나님의 것입니다. 우리는 우리에게 남겨진 시간을 하나님의 영광을 위해 비옥하게 가꾸는 청지기입니다. 인본주의에서 시간을 허비하는 문제는 나 자신의 문제에 국한되지만 그리스도인은 다릅니다. 그것은 하나님과 나의 문제입니다.

하나님께서는 하나님이 허락하신 시간을 하나님의 뜻대로 우리가 비옥하게 가꾸길 원하십니다. 시간 관리는 기본적으로 시간의 소유주에 대한 근본 인식의 설정이 바로 된 다음에야 비로소 가능합니다. 시간의 주인이 내가 아니라는 생각이 그리스도인의 의식에 선명하게 각인된다면 시간을 아끼는 것도 바로 주님을 위하는 일임을 깨닫게 된다는 말입니다.

4계명 체력 관리를 소홀히 하지 마라

방향 관리와 시간 관리가 시작되면 의욕이 앞서서 체력 관리에 소홀한 경우를 많이 봅니다. 아직 어린 십대에게 무슨 체력 관리냐고 반문하실 수도 있겠습니다만 공부는 마라톤과 같은 장기 레이스입니다. 적어도 몇 년간 꾸준히 공부해야 하고 상당 기간 공부에 대한 중압감 속에서 자신을 지켜 내야 하기 때문에 체력을 관리하지 않는다면 체력 저하는 당연히 예상할 수 있는 현상입니다. 저도 체력 관리에 소홀하여 고 3 때부터 무척 고생을 많이 했습니다. 하나님이 주신 육체를 잘 관리하지 못한 잘못으로 저 한 사람만 힘든 것이 아니었습니다. 주변 분들에게도 많은 부담과 걱정을 끼쳤습니다. 선배가 겪은 시행착오를 반복하지 않길 바라는 마음에서 드리는 말씀입니다.

체력 관리의 가장 핵심은 나의 육체가 내 것이 아닌 하나님의 것이라는 인식이 선행되어야 한다는 것입니다. 저는 하나님의 영광을 위해서 열심히 해야겠다는 마음이 너무 앞서서 하나님이 주신 육체를 무리하게 사용하고 잘 돌보지 않았습니다. 처음에는 그렇게 무리를 해도 별 지장이 없었는데 점점 시간이 지나고 고 3이 되면서 결국 몸에 무리가 오게 된 것입니다. 돌이켜 생각해 보면 제가 좀 더 지혜롭

■ 『다니엘 아침형 학습법』에 초, 중, 고, 재수, 대학생들을 위한 아침형 시간 관리법이 상세히 나와 있습니다. 참조하시면 큰 도움이 되실 것입니다.

게 절제하고 체력 관리하면서 공부했더라면 얼마나 좋았을까 하는 생각이 듭니다. 지금 책을 쓰는 이 순간에도 저는 통증을 참고 글을 씁니다. 신경외과 의사인 동생이 제 MRI 사진을 보고 이렇게 말했습니다. "현재 현대의학으로는 이미 퇴행이 많이 진행된 형의 병을 치료하기가 어려워. 꾸준히 평생 운동 치료를 병행하면서 잘 참아야 해." 그때 치료시기를 놓치지 않고 정말 제대로 치료를 잘 받았다면 하는 아쉬움과 후회 그리고 하나님께 대한 죄송스러움이 있습니다.

하나님의 영광을 위해서 방향 관리와 시간 관리를 한 사람들은 긴 안목으로 체력 관리를 잘 병행해 나가야 합니다. 그것이 주님의 일을 꾸준히 할 수 있는 좀 더 지혜로운 방법입니다. 무엇보다 잠자리에 드는 시간과 일어나는 시간을 규칙적으로 정하시기 바랍니다. 잠은 무리하게 줄이지 말고 서서히 줄여 나가는 것이 좋습니다.

규칙적인 숙면과 기상 시간의 엄수와 더불어 매일 세 번 규칙적으로 식사하는 것이 매우 중요합니다. 흔히 아침을 거르는 학생들이 많습니다. 아침에 학교 가기 바빠서 밥을 먹더라도 대충 조금만 먹고 허둥지둥 가는 경우가 많습니다. 그러나 설령 아침 공부시간을 조금 줄이더라도 아침을 충분히 먹고 점심 저녁을 거르지 말고 식사하라고 권합니다. 불규칙적인 식사가 반복되면 위장에 무리가 가서 몸의 균형을 잃게 될 위험이 있습니다. 공부에 대한 중압감에서 오는 스트레스를 함께 받는 가운데 불규칙적인 식사가 반복되면 한계상황에 이르게 되어 결국 몸이 망가지게 됩니다.

하루에 5~10분 정도의 스트레칭과 30분 걷기를 권합니다. 걷기가 어려우면 줄넘기를 10분 정도 하는 것도 좋습니다. 장시간 공부로 인해 정신적으로 많은 에너지를 쓰게 되면 몸이 많이 지치고 힘듭니다.

그럴 때 간단한 육체활동을 하면 새로운 활력이 생깁니다. 이때 운동량이 지나치게 많으면 다시 공부해야 할 시점에서 몸이 매우 피곤하게 되기 때문에 운동량은 반드시 조절할 필요가 있습니다.

5계명 기도하지 않으면 밥 먹지 말고 성경을 읽지 않으면 공부하지 않을 것을 생활화하라

그리스도인은 하나님과의 대화 시간을 가지지 않으면 마음속에서 답답함을 느끼게 됩니다. 마치 산소가 부족한 곳에 들어가서 숨이 가빠 오는 것처럼 답답해집니다. 그런 상태에서는 무엇을 해도 쉽게 지치고 쉽게 무기력에 빠집니다. 사탄은 이런 상태를 놓치지 않고 교묘하면서도 집요하게 기도를 방해하고 영적 호흡을 저지시키려 합니다. 그러므로 그리스도인들은 기도를 그치는 죄악을 범하지 않고자 뜻을 정하고 지켜 나가야 합니다.

오늘 아침 만일 기도하지 않고 성경 보지 않았다면 실제로 아침밥을 먹지 마십시오. 여전히 기도하지 않고 성경 보지 않았다면 점심도 먹지 마십시오. 다음 날에는 배가 너무 고파서라도 반드시 기도하게 됩니다. 저는 어머니께 그렇게 철저하게 교육받았고 기도하지 않고 성경 보지 않아 차례로 두 끼를 먹지 못한 적이 있었습니다. 그런 다음 정말 배가 고파서 성경 보고 기도하지 않을 수 없었습니다. 그렇게 해서라도 기도하는 습관을 들인다면 모든 삶의 여정에서 승리할 수 있을 것입니다.

■ 『다니엘 건강관리법』에 더 구체적이고 정교한 청소년 건강관리법들이 나와 있습니다. 꼭 참조하셔서 하나님이 주신 건강을 잘 관리해 하나님께 마음껏 쓰임 받는 여러분이 되기를 축원합니다.

성경은 영혼의 양식입니다. 영혼의 양식을 먹지 않아 영혼이 메말라 가고 뼈만 앙상한데, 대학에 합격하기 위해 성경 보는 시간을 아껴가며 공부하다니 이 무슨 어리석은 일입니까? 영혼은 뼈만 앙상한데 지식을 채운들 무슨 소용이 있겠습니까? 지식을 계속 추구한다고 영혼의 갈급함이 채워지겠습니까? 오히려 마음이 답답하고 각박해지고 거칠어진다는 것을 알 수 있을 것입니다. 사소한 일에 버럭 화를 내고 작은 잘못도 쉽게 용납하지 못합니다. 공부를 해도 집중이 잘되지 않고 자꾸 불안하고 초조해지는 것은 여러분이 더 잘 아실 것입니다. 하지만 영혼의 양식을 충분히 섭취하고 하나님과 친밀한 대화가 이루어질 때 한번 공부를 해 보십시오. 얼마나 공부가 잘되고 집중이 잘되는지 직접 해 본 사람만이 경험할 수 있습니다. 공부를 하면 할수록 집중이 잘되고 문제가 술술 풀리게 되면서 점차 흥미가 더해진다는 것도 발견하게 될 것입니다.

학원에 처음 온 보통 아이들의 표정을 저는 가만히 봅니다. 대부분의 학생들이 표정이 어둡고 마음에 별로 기쁨이 없습니다. 말씀과 기도가 턱없이 부족해서 영혼이 굶주린 학생들이 대부분입니다. 그런 학생들이 다니엘 아침형 학습법을 몸에 익히고 말씀과 기도로 충전받고 수업을 받고 나면 돌아갈 때 표정이 달라지는 것을 보게 됩니다. 많은 학부모님들이 그 모습을 보고 놀라십니다. 그럴 때 문득 이런 생각이 듭니다.

'조금 더 일찍 믿음의 학부모님들이 자녀의 성적표만 보지 마시고 자녀의 영혼의 상태를 보시고 자녀와 함께 말씀과 기도하는 시간을 가졌으면 얼마나 좋았을까?'

강의를 듣는 학생 가운데는 심지어 한 달에 800만 원 정도의 사교육을 받았다는 학생도 있었습니다. 학생의 부모님은 아무리 좋은 선생님에게 비싼 돈을 들여 과외를 해도 아이가 변하지 않았다고 이야기했습니다. 그런데 강의를 들으며 아이가 변하는 모습을 보면서 많이 회개하셨다고 했습니다. 무조건 좀 더 비싼 과외와 학원을 보내는 것이 자녀를 위해 부모가 해 줄 수 있는 최선이라고 생각했는데 잘못된 생각이었다고 말씀하셨습니다. 정말 그렇습니다. 우리 귀한 자녀들에게 가장 필요한 것은 하나님과의 바른 관계와 영혼의 건강입니다. 영혼이 건강해야 공부도 할 수 있고 주님이 쓰시는 준비된 일꾼이 될 수도 있습니다. 기본이 중요합니다.

단호한 각오와 결심으로 뜻을 정하시기 바랍니다. 성경 보지 않고 기도하지 않으면 정말 밥을 먹지 않기로 결심하고 실천해 보십시오. 기도하지 않고 성경을 읽지 않으면 오늘 공부하지 않기로 결심하고 실천해 보십시오. 항상 공부하기 전에 성경 읽기와 기도하는 것을 생활화하실 것을 강력히 권면합니다.

6계명 아무리 사소한 것이라도 하나님 말씀에 비추어 보았을 때 합당하지 않다면 단호히 배격하라

21세기 종교 다원주의 시대를 살고 있는 한국의 믿음의 후배들은 너무나 쉽게 인본주의 문화와 타협할 수 있을 만한 상황 가운데 놓여 있습니다. 다양한 종교 가치관이 혼재되어 하나님의 말씀을 교묘하게 왜곡하고 하나님 말씀대로 살려고 하는 믿음의 후배들을 독선주의자 혹은 배타주의자로 몰아붙이는 경우가 얼마나 흔한지 모릅니다. 초등학교부터 고등학교까지 우리는 12년간 하나님이 없다는 것을 전제로 하는 인본주의 교육체계에서 성장했습니다. 우리의 생활방식 저변에는 인본주의적 요소가 너무나 많습니다.

다른 친구들은 부모님 몰래 포르노 보고 심지어 청소년 시절에 성관계를 하는데 왜 굳이 나만 하면 안 될까요? 남들은 다 커닝하고 숙제 베껴 내고 리포트 짜깁기 하는데 왜 굳이 나만 그렇게 해서는 안 될까요? 내 공부하기도 아까운 시간에 왜 나보다 공부 못하는 아이들이 물어 오면 가르쳐 주어야 하는 겁니까? 대답은 간단합니다. 하나님이 그렇게 하기를 원하시기 때문입니다. 성경말씀을 통해 우리에게 그렇게 말씀하고 계시기 때문입니다. 하나님은 죄악된 일이나 행동은 생각도 말고 가까이하지도 말라고 말씀하셨습니다. 하나님은 불의한 제물을 원하지 않으십니다. 하나님은 불의한 방법으로 내신 성적을 올리거나 학점 올리는 것을 기뻐하지 않으십니다. 하나님은 약한 자를 외면하지 않으시고 그가 도움을 요청하면 도와주라고 말씀하셨습니다.

우리는 그리스도인입니다. 그러므로 하나님의 말씀을 제 일 순위로 삼고 그 말씀대로 살아가는 존재입니다. 따라서 믿음의 후배들은 다른 세상 친구들이 어떻게 생활하든 여러분은 하나님의 자녀답게 살아가야 합니다. 사소한 것부터 타협하기 시작하면 점점 그 정도가 커집니다. 애초에 다니엘처럼 뜻을 정하십시오. 인본주의의 달콤한 유혹과 타협안을 강력히 거부하기를 부탁드립니다.

7계명 믿음의 동역자를 달라고 눈물로 기도하라

믿는 사람들에게 독불장군이니 유아독존이니 하는 말은 통할 수 없는 말입니다. 왜냐하면 우리는 모두 하나님의 자녀이며, 하나님을 떠나서 나 스스로 존재하거나 스스로 뽐낼 수 없는 존재이기 때문입니다. 우리는 그리스도를 머리로 한 몸을 이루는 관계입니다. 그러므로 우리의 관계는 네가 죽어야 내가 산다는 인본주의 무한 생존경쟁의 관계가 아니라 네가 존재하므로 내가 존재한다는 유기적 관계입니다.

팔이 다치면 온몸이 아픈 것처럼 우리 그리스도인의 관계는 한 몸 됨을 이루는 관계입니다. 하지만 이런 관계를 몸소 느끼는 사람들은 극소수입니다. 인본주의 경쟁관계가 그리스도인의 관계를 장악함으로써 한 몸을 이루는 유기적 관계를 해치고 있습니다.

하지만 다니엘서를 자세히 보십시오. 다니엘은 그가 뜻을 정한 후 단독행동을 하는 것이 아니라 친구들에게 함께 동참할 것을 강권하여 뜻을 정한 세 친구들과 함께 바벨론이라는 거대한 제국의 구조적인 악에 대항하고 있습니다. 인본주의 문화가 거대하게 버티고 서서 각 분야마다 구조적인 악을 형성하고 있는 지금의 시대에 한 명의 그리스도인이 그 체제를 변혁시키기란 역부족입니다. 하지만 두세 사람이 뜻을 정하여 하나님의 영광을 온전히 나타내고자 마음을 모아 기도한다면 거대한 여리고성이 무너진 것처럼 작금의 인본주의의 구조적인 악의 체제도 무너뜨릴 수 있습니다.

중요한 것은 나 혼자 잘한다고 만족할 것이 아니라 나와 함께 하나님께 영광을 돌릴 믿음의 친구들을 달라고 겸손히 기도하는 일입니다. 그리고 주변 친구들에게 함께 21세기 다니엘을 꿈꾸며 동역할 것을 강권하십시오. 성경에는 두세 사람이 내 이름으로 모인 곳에 나도 그들과 함께하시겠다고 말씀하셨습니다. 우리는 이 시대의 다니엘이 되고자 뜻을 정한 그리스도인들입니다. 다니엘과 그 세 친구가 아름다운 동역을 이루어 거대한 바벨론 제국을 변화시키고 하나님의 영광을 드높인 것처럼 패역한 인본주의 문화가 판치는 21세기에도 그러한 동역은 필요합니다. 오히려 더욱더 절실히 필요한 때가 되었습니다.

저는 한 달에 한 번 학원에서 학생들과 전심으로 부르짖는 기도회를 가집니다. 그 시간에 학생들은 자신과 서로를 위해서 전심으로 부르짖고 기도합니다. 각 분야마다 학생들이 모여 힘을 합쳐 합심하여 자신들의 사명과 나라와 민족을 위해 기도합니다. 힘든 일이 있으면 서로 격려하고 함께 기도하며 공부합니다. 먼저 다니엘 아침형 학습법을 몸에 익힌 선배들은 후배를 이끌어 주고 조언하며 도와줍니다. 공부하다가 모르는 것이 있으면 서로 가르쳐 주고 서로 격려해 줍니다. 일반 학원을 다니다가 제 수업을 듣게 되는 학생들은 맨 처음 그 모습을 보고 굉장히 놀랍니다. '아니 어떻게 저렇게 할 수 있을까? 저렇게 가르쳐 주어도 될까? 자신에게 손해나는 일을 왜 하지?' 그들이 그렇게 하는 이유가 있습니다. 그들은 서로를 대학 입시의 경쟁자가 아닌 믿음의 동역자로 보기 때문입니다.

이제부터라도 하나님께 믿음의 동역자를 달라고 눈물로 기도하기 바랍니다. 주변에 이미 하나님께서 허락하신 사람이 있다면 그들을 내 몸처럼 아끼고 사랑하며 함께 시간을 내어 기도하고 주님의 은혜를 나누는 시간을 갖기 바랍니다. 서로를 위해 간절한 기도를 통한 진실한 동역의 관계로 나아가기 바랍니다. 하나님께서는 지금도 다니엘과 그 세 친구의 아름다운 동역관계를 꿈꾸며 기다리고 계십니다.

8계명 뜻을 정한 것이 무너졌을 때 좌절하지 말고 다시금 뜻을 정해 시작하도록 하라

하나님의 자녀는 여러 번 좌절을 겪더라도 두려워해서는 안 됩니다. 중요한 것은 좌절한 후 다시금 뜻을 새롭게 정하고 일어나는 것입니다. 성경말씀에 의인은 일곱 번 넘어지더라도 다시 일어나는 사람이라고 했습니다. 완벽한 사람이 의인이 아니라 때로는 실패하더라도 실패로 인해 포기하는 것이 아니라 다시 하나님께 뜻을 정하고 도전하는 사람이 의인인 것입니다.

| 잠언 24:16 |
대저 의인은 일곱 번 넘어질지라도 다시 일어나려니와 악인은 재앙으로 인하여 엎드러지느니라.

이 책을 보며 다니엘 학습법과 다니엘 아침형 학습법에 따라 공부하기로 결심한 멋진 믿음의 후배들이 생겨날 것입니다. 하나님의 영광을 위해 철저하게 남은 인생을 살겠다고 결심하여 방향 관리와 시간 관리와 체력 관리를 새롭게 시작할 것입니다. 그동안 나를 위해 살던 내가 이제부터라도 하나님을 위해 살기로 결심하게 될 것입니다. 그런데 막상 뜻을 정하고 실행에 옮기려 하면 생각만큼 잘되지 않음을 경험하게 될 것입니다. 나름대로 뜻을 정했지만 모든 일이 일사천리로 잘되지 않는 것을 경험하게 될 것입니다. 그로 인해 좌절하고 낙심하는 후배들이 생길 것입니다. 이런 상황을 만나면 어떤 믿음의 후배들은 이런 생각을 합니다.

'그러면 그렇지, 지금까지 뭐 하나 제대로 한 것이 없는데, 혹시나 했더니 역시구나! 난 안 돼. 내가 무슨 하나님의 영광을 위해 살아? 내 한 몸 추스르기도 힘든데. 역시 난 안 돼. 내가 무슨 이 시대의 다니엘을 꿈꿔? 뱁새가 황새 따라가려니 될 게 뭐야? 에잇, 신경질 나. 될 대로 되라지.'

이렇게 쉽게 포기할지도 모릅니다. 하지만 이런 일은 미리 예상해야 합니다. 왜냐하면 평소에 그렇게 살지 않았던 사람이 큰 은혜를 받았다고 해서 하루아침에 변하지 않기 때문입니다. 평소에 7시에 일어나던 사람이 갑자기 내일 아침 5시에 일어나리라 결심할 수 있지만 습관이 되지 않은 학생들에게는 무리입니다. 『다니엘 아침형 학습법』에 나온 대로 1단계부터 차근차근하십시오. 무리하게 욕심 부리기보다는 1단계부터 차근차근하면서 7단계까지 나아가십시오.

매일 매일의 삶은 현실이고, 그 삶은 뼈아픈 훈련을 통해 조금씩 나의 잘못된 삶의 습관이 깎여지면서 하나님께 좀 더 가까이 갈 수 있는 것입니다. 부디 처음에 잘 안 된다고 쉽게 포기하지 마십시오. 저 역시 여러 번의 실패를 거듭하면서 조금씩 하나님의 영광을 위해 사는 모습으로 제 자신이 다듬어져 가고 있습니다.

중요한 것은 하나님을 위해서 뜻을 정했다는 그 사실입니다. 하나님께서는 뜻을 지어 성취하시는 분입니다. 하나님께서 자신의 뜻을 여러분 마음속에 소원으로 두게 하시고 여러분을 강권하며 위로하며 결국에는 하나님의 뜻을 성취하실 것입니다. 더욱더 중요한 것은 뜻을 정했음에도 그 뜻대로 여러분이 행동하지 않을 때, 실패를 경험할 때 좌절하여 포기하는 것이 아니라 다시금 뜻을 정하고 하나님께 회개하고 새롭게 시작하는 일입니다.

인간은 누구도 완벽할 수 없습니다. 우리는 완벽한 존재가 아닙니다. 하나님 역시 우리가 허물 많고 연약한 존재임을 잘 알고 계십니다. 나름대로 하나님 뜻대로 살려고 노력하지만 우리는 수없이 같은 실수와 잘못을 반복하고 실패합니다. 그럴 때마다 하나님은 우리에게 포기하지 말고 다시 시작하라고 말씀하십니다. 그리스도인에게 '실패'는 있을지라도 '포기'는 있을 수 없습니다. 몇 백 번을 실패하더라도 다시금 뜻을 정하십시오. 하나님은 여러분이 다시 뜻을 정하고 도전할 때 새로운 힘과 지혜와 용기를 주실 것입니다.

9계명 철저하게 하나님의 지혜를 구하고 공부를 시작하라

일단 하나님의 영광을 위해 공부하기로 결심한 사람은 반드시 하나님께 지혜를 구해야 합니다. 어떤 군인이 최신 자동소총을 가지고 있다고 해 보십시오. 그가 이렇게 자랑합니다.

"내 총은 일 분에 몇 발을 발사할 수 있고, 저 멀리 있는 적도 쏠 수 있고, 적외선 탐지기가 있어서 어두운 곳에서도 사용할 수 있는 굉장한 총이다."

그런데 이 군인이 정작 전장에 나갈 때 총알을 가지고 나가지 않았다면 어떻겠습니까? 아무리 좋은 총이라도 총알이 없다면 무용지물에 불과합니다. 이 시대의 다니엘이 되고자 결심한 여러분은 사탄이 보기에 너무나 두려운 존재입니다. 하지만 여러분이 공부할 때 하나님의 지혜를 구하지 않고 여러분이 가지고 있는 지혜로 공부하려 한다면 사탄은 결코 여러분을 두려워하지 않을 것이고 신경도 쓰지 않을 것입니다.

하나님의 자녀가 하나님의 지혜를 구하지 않고 공부하는 것은 총알도 없는 총을 들고 전쟁터에 나간 군인과 별반 다르지 않기 때문입니다. 하나님이 주시는 지혜는 인본주의 철학이 말하는 인간의 지혜와는 질적으로 다릅니다. 하나님이 주시는 지혜는 인간의 의지나 노력으로 획득할 수 있는 것이 아닙니다. 하나님이 주시는 지혜는 인간이 철학책을 천 번 읽는다고 해서 생기는 것도 아닙니다. 하나님의 지혜는 하나님을 아버지라고 고백하는 그분의 자녀들에게만 허락하시는 특별한 선물입니다.

| 약 1:5 |
너희 중에 누구든지 지혜가 부족하거든 모든 사람에게 후히 주시고 꾸짖지 아니하시는 하나님께 구하라. 그리하면 주시리라.

하나님의 지혜는 하나님이 주시는 선물입니다. 하나님은 하나님의 영광을 위해 살고자 애쓰는 하나님의 자녀들이 하나님께 지혜를 구할 때 후히 주시고 꾸짖지 아니하십니다. 겉으로는 하나님의 영광을 위해 공부한다고 말하면서 마음속 은밀한 곳에서는 그래도 내가 잘 먹고 잘되고 폼 나게 살기 위해 공부한다는 사람에게, 하나님은 지혜를 주시지 않습니다.

하나님은 인간이 결코 만홀히 여길 분이 아닙니다. 하나님은 우리의 마음의 중심을 알고 계시는 분입니다. 하나님을 위해 다니엘처럼 뜻을 정한 사람들에게 하나님은 하나님의 지혜와 지식을 아낌없이 부어 주십니다. 여러분이 하나님의 지혜를 구하여도 받지 못하는 이유는 다른 데 있는 것이 아닙니다. 여러분의 마음속에 은밀한 자기 소원의 성취를 이루기 위해 하나님을 이용하려는 얄팍한 마음이 있다는 것을 하나님께서 이미 알고 계시기 때문입니다. 그런 사람이 만약 하나님의 지혜를 소유한다면 어떻게 될까요? 그 사람은 아마 더욱더 교만해져서 하나님의 지혜를 마치 자기 지혜인 양 자랑하며 자기 영광을 구할 것입니다. 그리고 하나님으로부터 더욱더 멀리 떠나게 될 것입니다.

그리스도인이 철저하게 하나님의 뜻을 위해 살기로 다짐했다면 담대하게 하나님께 지혜를 구해도 됩니다. 하나님께서 자신이 사랑하는 자녀가 전심으로 하나님의 영광을 위해 살고자 하는 데 지혜가 부족하여 지혜를 달라고 하는데 안 주시겠습니까? 주십니다. 부디 하나님의 지혜를 구하는 동기의 순수성을 회복하고 회복하신 이후에는 겸손하게, 그리고 당당하게 하나님의 지혜를 구하시기를 간곡히 권면합니다.

10계명 먹든지 마시든지 무엇을 하든지 하나님의 영광을 위해 살라

저는 어려서부터 '하나님의 영광'이라는 말을 너무나 많이 들어 왔습니다. 철없던 초등학교 시절부터 하나님의 영광에 대해 생각했습니다.

'도대체 그것이 무엇인데 내가 그렇게 살아야 한다고 매일 들어야 하는 거지?'

어렸을 때는 하나님의 영광을 위해 살아야 한다는 것이 너무나 무거운 짐이자 하기 싫은 일이었습니다. 그리고 할 수만 있다면 벗어나고 싶고 도망가고 싶었습니다.

'이럴 줄 알았으면 예수님을 늦게 믿어서 세상에서 하고 싶은 일을 다 해 볼 것을….'

이런 생각도 수없이 많이 해 보았습니다. 그런데 어느 순간 이 말씀이 나를 힘들게 하고 숨이 막히도록 만드는 말씀이 아니라는 것을 조금씩 깨닫게 되었습니다. 하나님의 영광을 위해 살아야 한다는 말은 그리스도인이 져야 하는 무거운 짐이나 의무라기보다는 특별한 특권임을 알게 되었습니다. 나 같은 죄인이 예수님을 몰라 죽을 수밖에 없었을 때 나는 내가 하나님의 영광을 위해 살고 싶어도 그렇게 살 수 없는 존재였습니다. 그런데 예수 그리스도께서 나 대신 십자가에서 몸 바쳐 피 흘려 그의 생명으로 내 죗값을 치른 이후 나는 구원받을 수 있게 되었고 이제부터 하나님의 영광을 위해 살 수 있는 존재로 바뀌게 되었습니다.

　이 얼마나 감사한 일인지요. 너무나 감사한 일입니다. 내가 예수 그리스도를 구주로 알기 전에 나는 하나님의 영광을 위해 살 수 없는 존재였는데 이제는 거룩한 하나님의 자녀가 되었습니다. 나의 신분이 바뀌어서 하나님의 영광을 위해 살 수 있는 거룩한 하나님의 자녀가 된 것입니다. 이것을 깨달으면서 저는 참 많이 울었습니다. 그리고 회개했습니다. 그동안 하나님의 영광을 위해 산다는 것을 너무 자기 연민적으로 생각한 내 자신이 참으로 교만한 존재였음을 분명히 깨달았기 때문입니다. 하나님의 영광을 위해 사는 것 자체가 나 자신에게 가장 행복하고 기쁜 일임을 알게 되었습니다.

　때로는 그러한 삶이 육체적으로 지치고 힘들 수도 있습니다. 또 저처럼 '미친놈'이라는 욕도 들을 수도 있고 '한심한 놈, 세상을 모르는 덜 떨어진 놈'이라는 조롱을 받을 수도 있습니다. 하지만 얼마나 감사한 일인지 모릅니다. 사랑하는 믿음의 후배 여러분, 우리는 하나님의 영광을 위해 살기로 부르심을 받은 거룩한 하나님의 자녀입니다. 아무리 세상 사람들이 하나님을 인간이 만들어 낸 허구에 불과하다고 말해도 우리는 하나님이 창조주이시고, 구원자이시고, 우리의 아버지이심을 고백합니다. 하나님은 정말 살아 계십니다. 우리는 하나님의 영광을 위해 살도록 하나님의 위대한 구원 사역을 경험한 사람들입니다. 이 사실을 천국 가는 그 날까지 잊지 말고 항상 간직하시기를 간곡히 부탁드립니다.

에필로그

**하나님과 한 팀 되어 하나님 방식으로
다시 시작하십시오**

인본주의 지성의 유혹 앞에서

저 역시 많은 인문학 서적을 읽었습니다. 어려서부터 많은 책을 읽었습니다. 그러나 대학에서 읽은 수많은 인문학 서적은 나의 지성을 날카롭게 만들어 준 반면 나의 영성을 무디게 했습니다. 영성이 무디어진 상태에서 인문학으로 교묘하게 날이 선 지성의 칼날은 너무나 쉽게 하나님의 뜻을 거스르는 행동을 하도록 이끕니다. 이것은 매우 위험하며 그 폭발력은 매우 큽니다. 저 역시 다양한 인본주의 서적을 읽으면서 무의식적으로 내 안에 잠재된 인본주의 사고의 면면을 발견할 수 있었습니다. 그럴 때마다 저는 소스라치게 놀랍니다. 나도 의식하지 못한, 나의 내면에 도사리고 있는 인본주의 독소들이 내 안에서 뿜어져 나오고 있다는 사실을 주님의 은혜 가운데 자각할 때마다 나의 무기력함에 처절히 고개를 떨어뜨릴 수밖에 없었습니다. 그러면 가슴속 깊이 슬픔과 탄식의 소리가 들려옵니다.

인문학의 꽃이라는 종교학을 공부하면서 저는 새벽마다 하나님께 눈물로 부르짖지 않을 수 없었습니다.

"하나님 제가 하나님의 준비된 일꾼으로 서길 원합니다. 그러나 제 안에는 이미 인본주의적인 독소들이 저도 모르는 사이에 많이 퍼져 있습니다. 하나님 저는 인본주의 서적들을 바르게 읽고, 비판하고, 그 한계를 지적하려 합니다. 그렇지만 그런 책을 읽는 과정에서 나도 모르게 내 안에 인본주의적 사고방식과 독소가 훈습되는 것을 느낍니다. 오! 주님 이 죄인을 긍휼히 여기사 제게 있는 인본주의 독소를 제거해 주소서. 신본주의 사고를 견지하면서 인본주의의 전략과 전술을 극복하고 무너뜨리게 하옵소서. 주님 저는 할 수 없습니다. 도저히 이 일을 할 수 없사오니 주여 도와주시옵소서. 부디 이 종의 기도를 외면

하지 마시고 속히 응답하여 주시옵소서."

저는 매일 새벽 그분께 이렇게 매달리지 않을 수 없었습니다.

대충 공부하면 인문학의 독소는 내면세계 깊숙한 곳까지 쉽게 퍼지지 않을지도 모릅니다. 하지만 저는 한 과목 한 과목에 최선을 다하며 공부했고 나의 내면에 매일 쌓이는 인본주의 독소를 매일 새벽 눈물의 기도로 없애 나갔습니다. 제 안에는 차츰 독소에 대한 면역이 생겼습니다. 모든 것은 하나님의 놀라운 섭리와 은혜 가운데 이루어졌습니다. 하나님께서는 그렇게 저를 훈련시키셨습니다.

인본주의를 표방하는 서울대학교의 대표적인 명강의를 들으면서 제 안에서 두 가지 소리가 들려왔습니다. 나의 죄악된 본성은 이렇게 말합니다.

"자, 이 강의를 들어 봐라. 너무나 속이 시원하지 않니? 저 명쾌한 논리와 분명한 인지 패턴, 너무 멋지지 않니? 인간이 이 세상의 중심이야. 너도 저 사람처럼 폼 나고 멋지게 이 세상의 중심에 설 수 있어. 너무나 세련되고 샤프한 강의 아니니? 너도 그 강의 내용을 인정하고 탄복하고 있잖아. 자, 어서 너도 삶의 패턴을 바꾸렴. 이제는 바꿔야 해. 언제까지 인간을 억압하는 신본주의적 사고를 가지고 살아갈 거니? 그것은 구태의연한 사고야. 신(神)은 인간의 적이야. 인간의 자유를 억압하는 최대 걸림돌이 바로 신본주의야. 어서 빨리 거기서 자유로워지렴. 기독교의 하나님이란 다른 종교와 마찬가지로 인간 욕구를 대리 충족하기 위해 만든 신에 불과해. 자, 어서 빨리 깨어나렴. 네 앞에는 이렇게 멋진 세계가 펼쳐져 있어. 인문학은 너무 고귀해. 자, 어서 신본주의적 사고방식을 버리고 하루바삐 인본주의 사고방식으로 전환해. 이 시대의 최고의 종교학자로서 이 세상에서, 그리고 서울대학교에서 젊은 지성을 깨우렴. 너는 할 수 있어. 너는 지금 그럴 수 있는 조건을 충분히 가지고 있어. 어서 빨리 바꾸렴. 어서 빨리 버려!"

오로지 은혜로!

인본주의 사고방식으로 무장한 서울대학교 명교수의 명강의를 듣고 있노라면 어느덧 조금씩 그 사고에 동화되어 가는 내 모습을 보게 됩니다. 인본주의 지성은 나날이 날카로워지고 나의 영성과 하나님 중심의 지성은 나날이 퇴보하는 느낌을 지울 수 없습니다. 나는 고도의 인본주의의 공격에 너무나 무기력한 존재입니다. 인본주의의 본산인 대학에서 나는 인본주의에 동화되지 않기 위해 대학 4년간 처절하게 몸부림치며 울며 기도했습니다. 내 힘으로는 도저히 그 엄청난 인본주의의 유혹과 힘을 감당할 수 없기 때문입니다.

그래서 나는 새벽을 깨우지 않을 수 없었습니다. 그래서 나는 고등학교 때보다 더 일찍 일어났고 지친 나의 육체를 채찍질하며 새벽에 목 놓아 울었습니다. 그것은 나의 생존의 문제이자 나의 인생에서 가장 힘겨운 삶의 존폐의 문제였기 때문입니다. 그 과정에서 나는 더욱 더 견고하게 하나님의 은혜와 진리 안에서 다듬어져 갔고 주님의 은혜로 모든 인본주의 공격에 무릎 꿇지 않을 수 있었습니다.

모든 것이 하나님의 은혜 없이는 될 수 없었기에 내가 자랑할 것은 예수 그리스도의 십자가밖에 없습니다. 내가 자랑할 것은 예수 그리스도밖에 없습니다. 내가 자랑할 것은 나를 구원하신 하나님밖에 없습니다. 내가 아무리 힘들고 지치고 죽음을 생각할 정도로 몸이 아프더라도 내가 감사할 수 있었던 것은 모두 나의 눈물을 닦아 주시고, 나의 젖은 어깨를 어루만져 주시고, 피곤한 무릎을 다시 일으켜 세워 주신 그분, 하나님 때문입니다.

　하나님의 그 놀라운 사랑으로 오늘의 내가 있습니다. 그리고 지금도 묵묵히 주님의 길을 가고 있는 것입니다. 우리는 우리 삶의 안정성을 확보하기 위해 사는 존재가 아닙니다. 우리 삶의 모든 안정과 기쁨의 기반이 인간의 노력이나 의지에 있지 않습니다. 바로 하나님께 있음을 고백합니다.

　사랑하는 믿음의 후배 여러분, 지금 대학 입시를 위해 힘들게 준비하는 것은 비단 대학 입시 자체에 국한된 것이 아닙니다. 입시 이후 대학이라는 인본주의 천국에서 여러분을 기다리는 거대한 인본주의와의 한판 싸움을, 여러분은 간과해서는 안 됩니다. 지금부터라도 늘 깨어 기도하기를, 그 길을 먼저 걸었던 한 선배로서 간곡히 부탁합니다.

세밀히 인도하시는 하나님

　2001년 여름 영국에서 공부하던 저는 옥스퍼드에서 공부 중인 선배를 만나러 갔습니다. 처음 가는 길이기에 무척 낯설었습니다. 길을 헤매다가 우연히 동양인으로 보이는 한 사람이 길에 서 있는 것을 무심코 지나쳤습니다. 한참을 걸어가는데 제 속의 성령께서 자꾸 그 사람이 있던 곳으로 돌아가라고 하시는 음성이 들렸습니다. 그래서 한참을 걷다 다시 돌아가 그분에게 물었습니다. 그분은 한국 사람이었습니다. 그분은 저의 선배를 잘 알았고 옥스퍼드에서 한국 사람으로는 처음으로 구약학을 전공하고 박사학위를 받을 분이었습니다. 저는 너무나 놀랐습니다. 영국으로 오기 전에 옥스퍼드에서 구약학을 공부하는 한국 사람이 한 명 있다는 이야기를 들었는데 설마 제가 그분을 길에서 만나게 되리라고는 생각하지 못했기 때문입니다.

저는 그분에게서 선배의 집이 어디쯤인지 들었습니다. 그분은 친절하게도 만일 선배가 집에 없으면 자기 집에 가서 함께 저녁을 들자고 이야기해 주셨습니다. 저는 초면인데 친절을 베풀어 주시니 감사하다고 말씀드린 다음 선배의 집으로 발걸음을 옮겼습니다. 그런데 막상 도착한 선배의 집에는 아무도 없었습니다. 가족끼리 여행을 간 것입니다. 집 주소만 갖고 선배를 찾아간 것이기에 무척 난감했습니다. 당황한 저는 어떻게 할까 생각하다가 좀 전에 만난 그분의 집을 찾아갔습니다.

사실 제가 만나려고 했던 선배는 신약학을 전공하고 계셨는데 구약학에 관심이 더 많은 하나님께서 어느새 제게 더 좋은 분과의 만남을 예비하셨던 것입니다. 저는 그 집에서 그분과 많은 얘기를 나누었습니다. 또 그곳에서 숙식하며 옥스퍼드 대학의 도서관과 주변 학교를 두루 둘러보았습니다. 옥스퍼드에서 어떻게 공부를 하고 학위를 받을지 세세한 부분에 대해 이야기를 듣고 세밀한 도움을 받게 되었습니다. 영국에서 공부하면서 그분과 좋은 교제를 나누며 옥스퍼드와 케임브리지에서 신학을 공부하시는 선배들을 두루 만나고 좋은 가르침을 풍성히 받을 수 있었습니다.

그분을 보면서 저는 너무나 감사했습니다. 잘 모르는 청년에게 친절히 대해 주시고 많은 부분을 도와주시니 그저 송구스러울 뿐이었습니다. 저는 그때 하나님의 사랑과 인도하심이 얼마나 세밀한지 다시 한 번 느꼈습니다. 지금까지 지내 온 제 모든 삶이 하나님의 인도하심이었음을 다시 한 번 고백하게 됩니다.

저는 지금까지 그분과 지속적으로 만남을 유지하고 있습니다. 참으로 놀라운 하나님의 은혜입니다. 하나님은 눈에 보이지 않지만 살아 계시고 당신의 자녀들을 세밀히 돌보고 계십니다. 성경에는 참새 한 마리라도 하나님이 허락하지 않으시면 땅에 떨어지지 않는다고 했습니다. 저는 하나님이 눈동자처럼 우리를 지키신다는 말의 의미를 살아갈수록 진하게 느끼고 있습니다.

사나 죽으나 하나님의 영광을 위해

사실 이런 이야기는 너무 많아서 다 기록할 수도 없습니다. 저는 저 같은 죄인에게 하나님께서 왜 이렇게 큰 은혜를 베푸시는지 도무지 이해할 수 없습니다. 그래서 매일 아침 울지 않을 수 없습니다. 저는 저 같은 죄인을 구원하신 하나님의 그 크신 사랑을 도무지 이해할 수 없습니다. 너무나 좁은 저의 소견과 생각으로는 도저히 이해할 수 없습니다. 그렇기에 저는 감당할 수 없는 그 사랑 때문에 오늘도 그분의 뜻을 온전히 이루어 드리고자 애씁니다. 비록 많이 아프고 힘들고 어렵더라도 새롭게 힘 주시는 하나님의 도우심에 의지하여서 말입니다. 나를 쳐서 복종시키고 내 안에 계신 성령님이 그분의 뜻대로 마음껏 나를 사용하시도록 하는 것, 그것이 나의 삶의 목적입니다.

그리스도인은 나를 위하여 사는 존재가 아닙니다. 우리는 사나 죽으나 하나님의 영광을 위해 부르심을 받았습니다. 그분을 기쁘시게 해 드리는 것이 우리 삶의 목적입니다. 그렇게 살 때 인본주의 생활방식으로는 도저히 경험할 수 없는 놀라운 기쁨과 감사를 맛보게 될 것입니다. 포르노보다, 재미있는 컴퓨터 오락보다, 은밀한 성관계가 주는 쾌락보다, 더 가슴 벅차오르는 기쁨과 감사가 있다는 것을 꼭 기억하시기 바랍니다.

세상이 알지 못하는 참 평안과 기쁨을 모른 채 매일 매일 산다면 삶은 참으로 곤고해집니다. 이 기쁨과 평안은 환경에 구애받지 않습니다. 하나님이 주시는 기쁨과 평안은 어느 누구도 빼앗지 못합니다. 제 말은 결코 헛된 것이 아닙니다. 짧지만 지금까지 살아오면서 제가 직접 경험하고 체험한 것입니다. 하나님의 말씀인 성경 또한 우리에게 분명히 증거하고 있습니다.

순간적인 쾌락에 사로잡혀 그 뒤에 오는 공허감을 달래지 못하고 무기력과 죄책감 가운데 하루하루를 살아가는 수많은 믿음의 후배들을 볼 때마다 저도 그런 시절을 보냈고 수많은 유혹 가운데 살고 있는 선배로서 당부합니다. 부디 이제라도 다니엘처럼 뜻을 정하여 하나님의 자녀답게 살기로 결단하십시오. 우리의 연약한 결심을 하나님께서 붙들어 주실 것을 기도하십시오. 특별히 학부모님들께서는 자녀가 뜻을 정하도록 기도해 주시고 하나님의 뜻대로 자녀들을 온전히 키우기 위해 몸부림치십시오. 인본주의 자녀교육 방식을 과감하게 버리십시오.

21세기 다니엘을 꿈꾸며

청소년 사역과 학원 강의를 하며 수많은 청소년들을 만나면서 제가 느낀 것은 우리 학생들에게 정말 필요한 것은 비싼 과외와 학원이 아니라는 것입니다. 하나님 말씀과 기도가 없어 영혼이 죽어 가는 학생들에게 좀 더 좋은 학원과 과외가 그들의 문제를 해결해 주는 대안이 될 수 없습니다. 지금까지 수많은 청소년들을 가르치고 훈련시킨 결과 그들에게 정말 필요한 것은 하나님의 은혜라고 생각합니다. 말씀과 기도가 매일 매일 그들의 삶에서 넘쳐 나면서 하나님의 은혜가 매일 풍성히 있을 때 비로소 우리 학생들의 상처 나고 병든 마음이 치료될 수 있다고 생각합니다.

『다니엘 학습법』은 단순히 아이들을 일류대에 보내기 위해 쓴 책이 아닙니다. 21세기 신앙과 실력을 겸비한 하나님의 일꾼을 만들기 위해 쓴 책입니다.

이기적인 공부 잘하는 크리스천 엘리트를 만들기 위해 쓴 책이 아닙니다. 연약한 이웃들을 마음에 품고 그들을 섬기고 도울 수 있는 마음이 따뜻한 크리스천 리더들을 만들기 위해 쓴 책입니다.

신반포 교회 청소년 사역과 일반 학원 강의 그리고 극동방송과의 지역 연합 세미나와 개교회 세미나 등 수많은 청소년 교육들을 통해 저는 확신을 얻었습니다.

하나님 중심의 신본주의 학습법은 결코 시대에 뒤떨어진 것이 아니라 어느 시대 어느 장소에든지 그리스도인이라면 마땅히 해야 하는 학습법이라 생각합니다.

다윗이 골리앗을 이길 수 있었던 것은 다윗 혼자만의 힘이 아니었습니다. 다윗이 전능하신 하나님과 한 팀이 되어 골리앗과 싸울 때 그를 이길 수 있었습니다.

| 삼상 17:45 |

다윗이 블레셋 사람에게 이르되 너는 칼과 창과 단창으로 내게 오거니와 나는 만군의 여호와의 이름 곧 네가 모욕하는 이스라엘 군대의 하나님의 이름으로 네게 가노라.

다윗이 골리앗의 방식을 좇으면 그를 이길 수 없습니다.

오직 그가 하나님과 한 팀을 이루어 하나님의 방식으로 골리앗을 이긴 것입니다.

21세기에도 저는 여전히 다니엘을 꿈꿀 수 있다고 믿습니다.

우리 귀한 믿음의 후배들이 다니엘처럼 뜻을 정하고 오늘부터 하나님과 한 팀 되어 하나님 방식으로 시작한다면 얼마든지 꿈꿀 수 있다고 믿습니다.

이 책을 보는 귀한 믿음의 학부모님께서는 자녀에게 21세기 다니엘이 되는 비전을 심어 주며 양육해 주시길 주님의 이름으로 간곡히 부탁드립니다.

이 책을 보는 귀한 믿음의 후배들에게는 여러분이 바로 21세기 다니엘이라는 것을 깨닫고 지금부터 그것을 위해 준비하시길 간곡히 주님의 이름으로 부탁드립니다.

하나님을 찬양합니다!

앞으로 책이나 설교, 강의를 통해서 저 역시 21세기의 사역을 펼쳐 갈 겁니다. 정말 부족하고 연약한 믿음의 선배지만 믿음의 선배로서 먼저 본을 보일 수 있도록 최선을 다해 노력하겠습니다. 그리고 하나님이 맡겨 주신 제 사명을 감당하기 위해 열심히 치료받고 열심히 노력하겠습니다. 믿음의 후배들은 저를 발판 삼아 더 높은 곳으로 나아가기 바랍니다. 하나님께서 여러분을 저보다 더 정교하게 훈련시키고 다듬으셔서 이 시대의 다니엘로 사용하시리라 확신합니다. 저는 그 일을 위한 사다리가 될 것을 다짐합니다. 신앙과 실력 면에서 저보다 100배 더 준비된 하나님의 일꾼을 앞으로 30년 동안 300명을 배출하는 것이 제 꿈과 비전입니다.

생각날 때마다 저를 위해 기도해 주십시오. 영적으로 육적으로 건강하고 그래서 하나님의 사명을 잘 감당하도록 기도해 주십시오. 설사 완쾌가 되지 않더라도 저는 하나님께 감사합니다. 오직 하나님의 사명만 잘 감당하고 천국에 갈 수 있도록 기도해 주십시오.

하나님께서 제게 베푸신 모든 일들로 인해 저는 그분을 찬양합니다.

전지전능하시고 광대하며 높으신 그분을 찬양합니다. 영원히 변하지 않고 사랑이 많으시고 자비로우며 따스하신 그분을 찬양합니다. 비록 나의 육신의 부모가 나를 버리더라도 나를 버리지 않고 끝까지 사랑하실 하나님을 사랑합니다.

저는 인생의 황금기를 병으로 고생하며 때로는 좌절도 많이 했습니다. 부끄러운 고백이지만 하나님이 주신 소중한 삶을 자포자기하려고도 했습니다. 그럼에도 나는 예수님이 있다는 그 사실만으로 감사할 수 있었습니다. 예수님의 다정다감한 위로와 격려가 없었다면 저는 도저히 그 시절을 견딜 수 없었을 것입니다. 한때는 너무나 괴로워서 어떻게 하면 천국에 빨리 갈 수 있을지 헤아려 보기도 했습니다. 육체적으로 너무 아프면 영적인 건강도 지켜 내기 힘듭니다. 아픈 몸을 쳐서 일어나 새벽마다 눈물로 기도하지 않으면 도저히 하루를 살 수 없었습니다. 그렇게 기나긴 시간을 눈물로 지냈습니다. 금식기도원에 가서 하나님께 매달릴 수밖에 없던 시절이었습니다.

돌이켜 보면 그 모든 일은 하나님께 더욱더 가까이 가려는 몸짓이었습니다. 고난이 제게 유익하다는 것을 조금씩 깨닫습니다. 제 주위에 아무도 없었을 때 오직 하나님만은 저를 버리지 않고 끝까지 함께하시며 어루만져 주셨습니다. 저보다 더 힘든 분들이 많을 줄 압니다. 사람을 의지하지 마시고 오직 철저하게 하나님을 의지하십시오. 그분을 당신의 위로자와 격려자로 삼으십시오. 그분께 철저히 의지하고 눈물로 그분의 인자하심을 구하십시오.

하나님은 눈에 보이지 않지만 분명히 계십니다. 정말 살아 계십니다. 예수님은 인간의 아들이 아닌 하나님의 아들입니다. 우리는 그분을 우리의 죄를 구속하신 구세주로 믿고 고백합니다. 우리는 그리스도인입니다. 그것만으로도 우리는 이미 충분합니다. 저도 충분합니다. 우리 크리스천은 하나님 한 분만으로 만족하며 그분 때문에 기뻐하는 존재입니다. 우리는 그런 존재입니다. 그런 존재가 되도록 은혜를 베푸신 하나님께 온 마음 다해 감사드립니다.

하나님, 감사합니다. 하나님, 사랑합니다. 주님이 맡겨 주신 사명을 온 마음과 힘과 생명을 다해 주님의 뜻대로 감당하길 원합니다. 천국 가서 직접 주님을 뵙고 충성된 종이라고 칭찬 받길 원합니다. 주님을 뵙고 싶습니다. 주님과 함께 영원한 안식을 누리길 소원합니다. 이 책을 통해 하나님께서 홀로 영광 받으시길 원합니다.

부록

다니엘 아침형 Study Map

Study Map을 통해 다니엘 아침형 학습법을 실천해 나갈 구체적이고 효과적인 방법을 제시합니다. 차례대로 책을 보시고 아침형 학습법을 몸에 익혀 하나님의 준비된 일꾼으로 거듭나길 바랍니다.

가. 초등학생(1-4학년)과 유치원생의 경우

>> 책 보는 순서

1. 어린이 다니엘 학습법

우선 『어린이 다니엘 학습법』을 통해 하나님의 자녀들이 왜 공부를 해야 하는지 구체적인 동기 부여와 마음의 결단을 할 수 있습니다.

2. 다니엘 아침형 학습법

『어린이 다니엘 학습법』을 통해 선명한 동기 부여를 받고 하나님의 방식으로 공부하기로 뜻을 정한 다음 『다니엘 아침형 학습법』을 통해 실질적으로 어떻게 하나님과 한 팀이 되어 공부할 것인지 구체적으로 실천할 수 있습니다. 총 7단계의 단계별 학습 계획이 상세하게 나와 있어서 하나님과 한 팀이 되어 자기 주도형 다니엘 아침형 학습을 체계적으로 적용할 수 있습니다. 한 가지 유의할 부분은 부모님과 함께 다니엘 마음관리 시간을 갖고 부모와 자녀가 함께 다니엘 아침형 학습을 실천하는 것이 중요하다는 점입니다.

3. 다니엘 마음관리 365일

다니엘 아침형 학습을 본격적으로 시작하면서 함께 보는 책입니다. 매일 아침 다니엘 마음관리 시간을 통해 규칙적인 마음관리를 하여 왜 공부해야 하는지에 대한 선명한 목적을 다시 확인하고 지치거나 낙심될 때 다시금 마음을 북돋아 주어 마음에 더러운 찌꺼기들을 거르게 해 줍니다. 공부에 대하여 의욕이 많이 떨어지거나 뜻대로 공부가 잘되지 않을 때 성경 다음으로 학생들에게 꼭 필요한 마음의 보약이 되는 책입니다.

4. 다니엘 학습 플래너

매일 아침 다니엘 마음관리 시간을 이용하여 1시간 단위로 공부 계획을 구체적으로 세울 수 있는 플래너입니다. 하루 생활하는 동안 수시로 플래너를 보면서 시간 관리, 목표 관리, 영성 관리를 하며 자신이 지금 계획한 목표대로 가고 있는지 방향 관리까지 할 수 있는 만능 학습 플래너입니다.

5. 다니엘 건강관리법

다니엘 마음관리로 매일 영혼을 관리해 주고 『다니엘 건강관리법』을 통해 매일 규칙적인 신체 건강을 관리할 수 있습니다. 청소년 시절 건강관리를 잘못 하면 아무리 공부를 열심히 하고자 해도 그 목표를 이루기가 어렵습니다. 청소년 시절 찾아오는 다양한 질병들을 어떻게 예방하고 효과적으로 치료하며 건강하게 학업에 임할 수 있는지에 대한 구체적인 건강관리 지침서입니다.

나. 초등학생(5-6학년)과 중·고등학생, 시험을 다시 준비하는 학생의 경우

>> 책 보는 순서

1. 다니엘 학습법

우선 『다니엘 학습법』을 통해 하나님의 자녀들이 왜 공부를 해야 하는지 구체적인 동기 부여와 다니엘처럼 마음에 결단을 할 수 있습니다.(이미 초등학교 1-4학년에 『어린이 다니엘 학습법』을 본 학생들도 학년이 올라가 5학년 이상이 되면 다니엘 학습법을 보게 하는 것이 매우 좋습니다.)

2. 다니엘 아침형 학습법

『다니엘 학습법』을 통해 선명한 동기 부여를 받고 하나님의 방식으로 공부하기로 뜻을 정한 다음 『다니엘 아침형 학습법』을 통해 실질적으로 어떻게 하나님과 한 팀이 되어 공부할 것인지 구체적으로 실천할 수 있습니다. 총 7단계의 단계별 학습 계획이 상세하게 나와 있어서 하나님과 한 팀이 되어 자기 주도형 다니엘 아침형 학습을 체계적으로 적용할 수 있습니다. 한 가지 유의할 부분은 부모님과 함께 다니엘 마음관리 시간을 갖고 부모와 자녀가 함께 다니엘 아침형 학습을 실천하는 것이 중요하다는 점입니다.

3. 다니엘 3년 150주 주단위 내신관리 학습법

『다니엘 아침형 학습법』과 병행하여 매 주 어떻게 공부를 해야 하는지 중학교 3년, 고등학교 3년 총 6년의 스터디 맵을 담고 있습니다. 주 단위의 정교한 학습 방법으로 실력을 업그레이드할 수 있습니다. 특별히 내신 관리와 대학 입시 준비에 큰 도움을 줄 수 있습니다.

4. 다니엘 마음관리 365일

『다니엘 아침형 학습』을 본격적으로 시작하면서 함께 보는 책입니다. 매일 아침 다니엘 마음관리 시간을 통해 규칙적인 마음관리를 하여 왜 공부해야 하는지에 대한 선명한 목적을 다시 확인하고 지치거나 낙심될 때 다시금 마음을 북돋아 주어 마음에 더러운 찌꺼기들을 거르게 해 줍니다. 공부에 대하여 의욕이 많이 떨어지거나 뜻대로 공부가 잘되지 않을 때 성경 다음으로 학생들에게 꼭 필요한 마음의 보약이 되는 책입니다.

5. 다니엘 건강관리법

다니엘 마음관리로 매일 영혼을 관리해 주고『다니엘 건강관리법』을 통해 매일 규칙적인 신체 건강을 관리할 수 있습니다. 청소년 시절 건강관리를 잘못 하면 아무리 공부를 열심히 하고자 해도 그 목표를 이루기가 어렵습니다. 청소년 시절 찾아오는 다양한 질병들을 어떻게 예방하고 효과적으로 치료하며 건강하게 학업에 임할 수 있는지에 대한 구체적인 건강관리 지침서입니다.

6. 다니엘 학습 플래너(

매일 아침 다니엘 마음관리 시간을 이용하여 1시간 단위로 공부 계획을 구체적으로 세울 수 있는 플래너입니다. 하루 생활하는 동안 수시로 플래너를 보면서 시간 관리, 목표 관리, 영성 관리를 하며 자신이 지금 계획한 목표대로 가고 있는지 방향 관리까지 할 수 있는 만능 학습 플래너입니다.

다.
학부모님의 경우

1. 우선 『다니엘 자녀교육법』을 봅니다. 『다니엘 자녀교육법』에는 김동환 목사를 어려서부터 어떻게 하나님의 방식으로 양육했는지에 대한 상세한 방법들이 들어 있습니다. 김동환 목사의 어머니인 박삼순 전도사의 구체적인 신본주의 학습 원리들을 그대로 담고 있습니다. 크리스천 학부모로서 어떻게 자녀를 하나님 방식으로 양육해야 하는지 고민하는 학부모님들이 자녀들을 양육하기 전에 먼저 보아야 할 책입니다.

2. 『다니엘 자녀교육법』을 다 보았다면 자녀의 나이에 맞는 책을 위에 설명한 대로 준비하셔서 자녀와 부모가 함께 그 책을 꼭 읽어야 합니다. 가급적 아이에게 주기 전에 먼저 부모가 읽은 다음 자녀에게 권하는 방법이 매우 효과적입니다.

다니엘 리더스 스쿨에 크리스천 청소년들을 초대합니다.

안녕하세요? 『다니엘 학습법』의 저자 김동환입니다.

5년간 준비해 온 아주 특별하고 기쁜 소식을 전해 드리게 되어 하나님께 감사드립니다.

순교자의 신앙과 자기 분야 최고의 실력, 그리고 따뜻한 인격을 겸비한 21세기 다니엘과 같은 하나님의 준비된 일꾼을 양성하기 위해 '다니엘 리더스 스쿨'이 하나님 은혜로 세워져서 신입생을 모집합니다.

그동안 '다니엘 학습'을 실천하고자 했으나 혼자 하기 버거워 중도에 포기한 학생들이 있었습니다. 이제 다니엘 리더스 스쿨에서는 학생들이 전원 기숙 생활을 하며 매일 새벽 4시 30분 저의 설교로 새벽예배를 시작하여 '다니엘 아침형 학습'을 저에게 직접 배우며 실천합니다. 하루 세 번의 예배를 통해 철저한 기독교 신앙으로 무장하며, 학생 개인의 실력과 진도에 따라서 학습자 중심으로 교육이 이루어지는 곳이 바로 다니엘 리더스 스쿨입니다.

저는 다니엘 리더스 스쿨에서 영어, 국어 교사와 교목으로 일하며 학생들과 매일매일 행복하게 교학상장 합니다. 다니엘 리더스 스쿨은 세계에서 신본주의 학습자 중심의 질적 교육이 가장 잘 이루어지는 것을 목표로, 학생 한 명 한 명에게 딱 맞는 학습 체제를 구축합니다. 이를 위해 저는 서울대 사범대학 교육학과 박사 과정에서 공부하며 학생들을 가르치고 있습니다. 더 준비된 하나님의 일꾼이 되고자, 더 준비된 선생님이 되고자, 세계 최고의 크리스천 인재를 양성하는 학교를 만들고자 부단히 공부한 것을 학생들에게 가르치며 학생들에게 배웁니다.

다니엘 리더스 스쿨은 공부를 왜 해야 하는지를 분명하게 가르치고, 매일매일 하나님 안에서 행복하고 치열하게 공부하는 곳입니다.

다니엘 리더스 스쿨은 나를 위해 몸 바쳐 피 흘려 생명을 주신 주님을 위해 생명 바쳐 공부하는 곳입니다.

다니엘 리더스 스쿨은 평생학습 공동체이자 신앙 공동체이자 가족 공동체입니다.

다니엘 리더스 스쿨은 학생을 살리는 곳입니다.

다니엘 리더스 스쿨은 주님 앞에 한없이 부족한 죄인이지만 나 같은 죄인을 위해 몸 바쳐 피 흘려 생명 주신 주님의 은혜에 감사하여 21세기 다니엘을 양성하기 위해 제가 생명 바쳐 일하는 곳입니다.

다니엘 리더스 스쿨 학생들은 매일 새벽기도를 마친 뒤 힘차게 저와 구호를 외치고 수학 공부를 시작합니다.

"오늘도 생명 바쳐 주님 위해 죽도록 공부하자!
오늘도 하나님께 효도하자! 부모님께 효도하자! 21세기 다니엘이 되자!
오늘도 하나님 안에서 행복하고 즐겁고 치열하게 공부하자!"

귀한 믿음의 후배 여러분, 그리고 학부모님! 아직 늦지 않았습니다. 하나님 자녀에게는 하나님 자녀에 맞는 신본주의 학습 원리가 있습니다. 이것을 지키지 않으면 돈은 돈대로 들고 성적은 성적대로 나오지 않고 아이들의 영혼은 죽습니다. 하나님 안에서 하나님의 방법으로 역전과 승리의 기회를 잡으십시오.

현재 성적이 최상위권이든 최하위권이든, 다니엘처럼 뜻을 정해 철저하게 하나님의 방식을 배우고 몸에 익혀 다니엘급 믿음의 인재가 되고자 하는 학생들을 찾고 있습니다.

늦었다고 포기하려 했던 학생들, 공부는 잘하지만 세상 방식에 젖어 믿음이 없는 학생들, 삭막한 인본주의 성적지상주의 교육체제 속에서 하나님이 주시는 비전을 포기한 채 무기력하게 시간을 흘려보내는 수많은 믿음의 학생들이 하나님 안에서 새롭게 꿈과 신앙과 실력을 회복할 수 있기를 소망합니다.

자녀를 21세기 다니엘로 교육시키고 싶으신 분들의 관심을 부탁드립니다.

이 사역을 위해 머리 숙여 기도 부탁드립니다.

김동환 드림

다니엘 리더스 스쿨

문의전화 02-3394-4033 | 02-3394-4037
홈페이지 www.dls21.net